多层次资本市场研究

2020年第2辑　总第4辑

谢　庚　徐　明　主编

中国金融出版社

责任编辑：石　坚
责任校对：孙　蕊
责任印制：丁淮宾

图书在版编目（CIP）数据

多层次资本市场研究．2020年．第2辑：总第4辑／谢庚，徐明主编．—北京：中国金融出版社，2020.7

ISBN 978-7-5220-0635-2

Ⅰ.①多…　Ⅱ.①谢…②徐…　Ⅲ.①资本市场—研究—中国　Ⅳ.①F832.51

中国版本图书馆CIP数据核字（2020）第086987号

多层次资本市场研究．2020年．第2辑
DUOCENGCI ZIBEN SHICHANG YANJIU. 2020 NIAN. DI-ER JI

出版
发行　中国金融出版社

社址　北京市丰台区益泽路2号
市场开发部　(010)66024766，63805472，63439533（传真）
网上书店　http://www.chinafph.com
　(010)66024766，63372837（传真）
读者服务部　(010)66070833，62568380
邮编　100071
经销　新华书店
印刷　保利达印务有限公司
尺寸　185毫米×260毫米
印张　17.25
字数　278千
版次　2020年7月第1版
印次　2020年7月第1次印刷
定价　48.00元
ISBN 978-7-5220-0635-2
如出现印装错误本社负责调换　联系电话(010)63263947

编者按

自1990年沪深交易所开市至今，中国资本市场迈入而立之年。历经30年的发展，不论是市场规模还是产品结构，不论是投资者数量还是交易模式，我国资本市场的深度、广度和开放度都在不断拓展。2020年3月1日，新《证券法》的实施，为打造一个规范、透明、开放、有活力、有韧性的资本市场提供了有力的法制保障，对于深化金融供给侧结构性改革，推进资本市场全面深化改革落实落地，有效维护资本市场平稳运行，切实保护投资者合法权益，更好地服务经济高质量发展，具有重要而深远的意义。本辑《多层次资本市场研究》以新《证券法》为主题，围绕资本市场法制建设、制度创新、信息披露、投资者保护四个不同角度，设专栏分享专家学者的思考和研究成果。

"资本市场法制建设篇"收录5篇文章。《基于"行为—主体区分"的〈证券法〉制度创新——在市场自由与公共规制之间》一文，通过历史纵向对比分析，详细论述了此次《证券法》修订的重点，并提出在国有企业改革、加强投资者保护、应对数字经济挑战三方面还存在进步和优化空间。《证券概念边界的中美比较：〈证券法〉改革进路评析》一文，系统梳理了我国《证券法》中证券概念的发展轨迹，并借鉴美国经验，针对我国国情提出现阶段证券立法应遵循的模式和路径。《多层次资本市场的经济解释与结构表现》一文，从市场存在和发展的基本经济学解释出发，对我国多层次资本市场所应具有的图谱特征进行了概述性分析。《新〈证券法〉中新三板的法律定位及其制度空间》一文，对新《证券法》框架下新三板的法律定位进行了评述，并建议从新三板在整个资本市场体系中的应有地位与固有功能出发，根据市场内在本质、运行规律和发展需要，寻求未来的制度空间。《关于〈证券法〉修改与新三板市场法制建设的思考》一文，聚焦新三板市场法制建设，对新《证券法》与新三板有关的内容进行了全面梳理和分析，并就新三板市场下一步法制建设提出建议。

“制度创新篇”收录3篇文章。新《证券法》在公开发行制度、上市公司收购制度、股东减持等方面作出了一系列制度改革。《上市公司收购制度中的“慢走规则”——持股变动5%的“刻度说”与“幅度说”》一文，从现行监管理论和实践争议入手，对新《证券法》第六十三条如何解释进行了辨析。《新〈证券法〉下大股东减持行为的法律规制研究》一文，梳理了有关大股东减持的监管法规，提出“疏堵结合”的立法思路。《新〈证券法〉下公司债券公开发行注册制的挑战和未来》重点关注公司债券公开发行注册制相关制度，并探讨了证监会、国家发展改革委主导的两套公司债券公开发行注册制存在的问题和面临的挑战。

“信息披露篇”收录2篇文章。新《证券法》进一步加强了证券市场信息披露规范，包括扩大信息披露义务人范围、明确公平披露原则等。《新〈证券法〉公平信息披露规则的问题与调适》一文，重点对新《证券法》中公平信息披露规则的“同时性”标准、“信息”范围可能引发的问题以及上市公司董监高信息“公平”披露保证义务的特殊性予以探讨。《从ESG的角度看强制环境信息披露义务与公司治理创新》通过介绍ESG理念的全球发展现状，以及成熟资本市场对于上市公司强制环境信息披露与内部治理的规则要求，呼吁从立法角度关注环境信息披露，创新公司治理结构。

“投资者保护篇”收录3篇文章。新增“投资者保护”专章是新《证券法》的一大亮点，包括引入股东权利代为行使征集制度、先行赔付制度、证券民事诉讼制度等。《基于投资者保护机构持股的公益股制度研究》一文，建议将“投资者保护机构”的持股设计成一种“公益股”，可以构成加强外部投资者保护的辅助机制。《证券集团诉讼的模式创新与制度设计》一文，对证券集团诉讼的两种模式——私人执行和公共执行进行了比较分析，并对《证券法》第九十五条关于集团诉讼公共执行模式的规定进行了配套制度设计。《投资者保护的程序法理——新〈证券法〉第六章相关条文评述》从民事诉讼法学的角度分析了证券市场投资者保护中蕴含的程序法理及可能的风险。

除“新《证券法》专题”栏目外，本辑还设置了“市场实践”栏目，继续关注资本市场业务和监管实践问题，共收录5篇文章。《直接融资视角下区域经济发展——基于青岛辖区的调研分析》一文，通过实地调研、问卷函调等方式，梳理分析了青岛辖区直接融资的现状、短板问题及影响因素。《新三板异常交易行为研究初探》对全球二级市场异常交易典型案例进行了归类分析，并结合新三板交易监管实践，重点分析了不同市场层级和交易方式下投资者交易行为对股票价格的联动影响。《新三板首次公开发行定价方式研究》回顾了全球范围内公开发行定价方式的历史演变，尝试为新三板发行人、承销商找到合适的公开发行定价方式。《行政监管措施中〈上市公司治理准则〉适用情况分析——浅析地方证监局的公司治理监管角色》通过梳理2016—2019年证监会对上市公司及相关主体采取的行政监管措施文书，总结了地方证监局在采取相关措施中对于《上市公司治理准则》的适用情况。《证券虚假陈述责任纠纷中涉机构投资者的相关争议问题研究》借助信托法理，对受托人和管理人主体资格、资管产品终止后以及消极信托是否影响主体资格等问题进行了分析。

目　　录

【新《证券法》专题】

·资本市场法制建设篇·

·制度创新篇·

·信息披露篇·

·投资者保护篇·

【市场实践】

新《证券法》专题

·资本市场法制建设篇·

基于“行为—主体区分”的《证券法》制度创新

——在市场自由与公共规制之间

蒋大兴* 谢 琳**

摘 要：《证券法》修订内容庞杂，但仍注目于证券市场发展中的监管与市场均衡，体现了尊重市场、强化公共规制的理念。新《证券法》基于“行为—主体区分”的逻辑，从以下方面对市场自由与公共规制进行了协调回应：对（拟）公开发行公司要求有所放宽，但对证券交易所、证券公司的要求有所从严；对普通投资者保护有所加强，对特别投资者仍予以严格规制；在与其他国家机关的关系中，证监会仍处于规制的主导地位，法院规制薄弱，立法规制迟缓，证监会应反思行政规制全覆盖、过于关注轻微违法行为，可能对经济发展产生的负面影响。新《证券法》虽然在国企关系处理、投资者保护的工具论及目的论、数字经济发展的促进等方面还存在进步空间，但毋庸置疑的是，其在吸引更多证券投资者、壮大证券投资者的力量、促进我国证券市场的转型方面将发挥积极作用，为我国《证券法》的下一步改革奠定了基础。

关键词：《证券法》 注册制 信息披露 投资者保护

* 蒋大兴，北京大学法学院教授、博士生导师。

** 谢琳，北京大学法学院博士生。

一、引论：制度创新与传统坚守

2020年3月1日，新修订的《中华人民共和国证券法》（以下简称《证券法》）正式实施。对《证券法》的修改方式，陈甦、陈洁等学者总结了两种思路：以技术完善为主导的集中力量打制度补丁或在立法理念转换的基础上进行制度重构①，此次修法基本遵循了后一种方式。从立法后评价来看，彭冰等还是坚持技术主导派的主张，他呼吁大家更多关注修法中的具体细节，而不仅仅是注册制之类的热点话题。② 二者之间其实并无必然的对立，关注宏观观念转换并不意味着不关注规范的技术细节，反之，若无宏观观念指导，技术细节会失去方向。任何理念都是体现在细节之中，任何细节也都隐藏着理念背景。但本文坚持"观念优先、关注规范"的逻辑，试图从宏观理念转变的维度，评价此次《证券法》改革的规范成败。这是因为：

一方面，《证券法》自1998年颁布至今20余年，历经多次修订，看似规范琐碎，实则无不透露着需持续关注的理念——规范设计如何在市场自由与公共规制之间博弈。此种博弈也常见于其他国家的证券市场。例如，Daniel指出，在中国，是证券监管行为困扰着证券业；而在美国，是证券业的问题困扰着联邦证券监管。③ 证券监管代表着公共规制，证券业代表着证券市场。Daniel的判断揭示了偏市场自由与偏公共规制的两种不同规制理念，始终在《证券法》以及证券市场的发展中竞争。

另一方面，立法中的细节问题是难以穷尽的，"法律必然'有漏洞'"④，明晰了理念问题有助于具体规则解释的展开与漏洞的填补。当然，解释需要以条文为基础。此外，在证券市场日趋激烈的全球竞争背景下，路径依赖也仍然坚挺，不仅影响着公共规制方式，也塑造着市场发展走向。⑤ 这也为《证券法》修订提出了既要符合国情，又要紧跟国际潮流；既要回应历史遗留的旧问题，

---

① 参见陈甦，陈洁．《证券法》的功效分析与重构思路［J］．环球法律评论，2012，34（5）：6－24。

② 参见彭冰．魔鬼隐藏在细节中：《证券法》大修中的小条款［J］．中国法律评论，2019（4）：155－162。

③ 参见Daniel M. Anderson. Taking Stock in China：Company Disclosure and Information in China's Stock Markets［Z］．88 Geo. L. J. 1919，1934－1935，2000。

④ 参见［德］卡尔·拉伦茨．法学方法论［M］．陈爱娥，译．北京：商务印书馆，2013。

⑤ 参见蒋大兴．国民性、资本市场与法律的深层结构——民众的"好赌性"与市场调控法则［J］．北方法学，2009，3（1）：5－18。

又要迎接未来提出的新挑战的多维度要求。这意味着《证券法》修改需要在坚守过往的基础上创新：在坚守《证券法》传统框架的基础上，借助证券交易所、证券公司等角色的强化，实现证监会职能的转变，增强对公司的吸引和对投资者的保护。在此过程中，无时不伴随着市场自由与公共规制的平衡与协调。

（一）形式上的变革：第二次大修

从具体条文来看，此次修改，章数由修订前的12章增加到现在的14章，主要是增加了独立章分别规范“信息披露”和“投资者保护”。条文数量由修订前的240条降低到当前的226条，一共减少了14条，删减条文较多的章为“证券交易”（删减21条）、“证券公司”（删减6条）、“法律责任”（删减4条）。其中，“证券交易”一章中主要删减在“证券上市”一节，该节条文数量由原来的15条删减为4条，一共减少了11条。此外，有些章条文数量有增加，除了新增的独立章外，“证券监督管理机构”“证券交易所”相应章都增加了2条，“证券登记结算机构”增加了1条。除了章节结构变化导致条文的章节内部迁移外，条文的删减与增加在一定程度上体现的是规制的放松与加强。从条文的增减变化可以较为直观地看出证券监管侧重点由独立的市场主体转向肩负公共规制使命的机构。如表1所示。

表1　新《证券法》与2014年《证券法》章节条文变化对比

条文数量变化	新《证券法》		2014年《证券法》	
	章节标题	条文序号	章节标题	条文序号
减少1条	第一章总则	第一条至第八条	第一章总则	第一条至第九条
减少1条	第二章证券发行	第九条至第三十四条	第二章证券发行	第十条至第三十六条
减少21条	第三章证券交易	第三十五条至第六十一条	第三章证券交易	第三十七条至第八十四条
条文数量无增减	第一节一般规定	第三十五条至第四十五条	第一节一般规定	第三十七条至第四十七条
减少11条	第二节证券上市	第四十六条至第四十九条	第二节证券上市	第四十八条至第六十二条
减少10条			第三节持续信息公开	第六十三条至第七十二条
条文数量无增减	第三节禁止的交易行为	第五十条至第六十一条	第四节禁止的交易行为	第七十三条至第八十四条

续表

条文数量变化	新《证券法》		2014 年《证券法》	
	章节标题	条文序号	章节标题	条文序号
减少 1 条	第四章上市公司的收购	第六十二条至第七十七条	第四章上市公司的收购	第八十五条至第一百零一条
增加 10 条	第五章信息披露	第七十八条至第八十七条		
增加 8 条	第六章投资者保护	第八十八条至第九十五条		
增加 2 条	第七章证券交易场所	第九十六条至第一百一十七条	第五章证券交易所	第一百零二条至第一百二十一条
减少 6 条	第八章证券公司	第一百一十八条至第一百四十四条	第六章证券公司	第一百二十二条至第一百五十四条
增加 1 条	第九章证券登记结算机构	第一百四十五条至第一百五十九条	第七章证券登记结算机构	第一百五十五条至第一百六十八条
减少 1 条	第十章证券服务机构	第一百六十条至第一百六十三条	第八章证券服务机构	第一百六十九条至第一百七十三条
条文数量无增减	第十一章证券业协会	第一百六十四条至第一百六十七条	第九章证券业协会	第一百七十四条至第一百七十七条
增加 2 条	第十二章证券监督管理机构	第一百六十八条至第一百七十九条	第十章证券监督管理机构	第一百七十八条至第一百八十七条
减少 4 条	第十三章法律责任	第一百八十条至第二百二十三条	第十一章法律责任	第一百八十八条至第二百三十五条
减少 2 条	第十四章附则	第二百二十四条至第二百二十六条	第十二章附则	第二百三十六条至第二百四十条

此外，除了条文数量与篇章结构的变化外，从内容上看，只有约不到原条

文四分之一的条文没有任何变动。[①] 超过四分之三的条文都有修改。因此，此次修订被学者称为“《证券法》第二次大修”[②]，毫不为过。注册制改革是此次修改的一个重点，甚至可以说是核心。在被修改的条文中，许多涉及“核准”的表述被改成“注册”。其他一些制度的修订，如信息披露、投资者保护等也都是围绕注册制度改革展开。这样一次大修，其本质上体现了我国证券监管角色的一大转变，即通过注册制改革进一步发展证券市场，激发证券市场活力，此为本次《证券法》制度的核心创新之处。这也符合我国资本市场改革放权于市场的趋势。从一开始的上市配额制度，发展成审核制，再到如今的注册制，市场自由的空间越来越大。当然，对市场主体的友好是通过对其他相关主体的规制强化来获得的。注册制的核心在于“权力型”证监会的转型，它并不意味着证监会的隐退，相反在某种意义上意味着我们需要一个更强大的证监会[③]。这一理念也体现在证监会与证券市场主要参与者之间关系的转变上。

（二）实质上的坚守：规制方式的转换

即使形式上有超过四分之三的条文经过了修改，但《证券法》仍保留了其原来的框架：从行为与主体两个维度分章规范，除总则外的前三章分别规范证券发行、上市、收购三类公司在证券市场的基本行为，第五章开始区分公司、投资者、证券交易所、证券公司、证券登记结算机构、证券服务机构、证券业协会、证券监督管理机构等不同主体进行专章规范。从实质上来看，证券发行、上市、收购的行为规范中虽然也涉及后面各章所述的各个主体，但主要是对公司作出相应行为的义务要求。因而，整个《证券法》可以看作是以不同主体为类型化的标准，区分不同章对不同主体的权利义务进行了规范。这些主体又大致可以分为两类：一类是偏向市场化的主体，如公司、投资者等；另一类是偏向公共规制的主体，如证监会及带有公共规制职能的其他证券机构等。

本次《证券法》修订依然保留了前述框架，在此基础上，对各主体的权利义务进行了调整，或可称为重新分配：证券交易所、证券公司、证券服务机构获得了更大的市场参与权力，也对投资者承担了更多的公共使命；公司获得了更多的市场融资便利，也将承受更严格的责任追究；投资者将更加依赖市场信

① 经笔者核对，只有不到60条条文未经任何变动。

② 参见彭冰．聚焦《证券法》修改［J］．中国法律评论，2019（4）：129。

③ 参见蒋大兴．隐退中的“权力型”证监会——注册制改革与证券监管权之重整［J］．法学评论，2014，32（2）：39－53。

息作出投资决策，风险暴露更加明显，相应也受到了更多保护。《证券法》修改的核心可概括为两方面：一方面是由直接规制转向间接规制。证监会放松了对证券发行、上市、收购的规制，意味着放松了对市场的直接规制，加强了通过证券交易所、证券公司、证券服务机构等机构的间接规制；另一方面是由事前规制转向事后规制。注册制改革等措施导致证券市场准入门槛降低，与之相伴随的是法律责任普遍加强。简而言之，此次修订通过强化特定主体的公共规制使命，以换来更广泛的市场认同，吸引更多的公司和投资者。

二、行为区分的逻辑：放松对公司公开发行、上市及收购的监管

发行、上市及收购是《证券法》的三大行为，也是此次《证券法》修订的重点。此次《证券法》修订对待三类行为共同的趋势是事前监管放松，事后追责趋严。

（一）注册制：普通公司公开发行更为便利

所谓普通公司的公开发行更为便利，主要涉及股票、债券、存托凭证三类证券的公开发行。三类证券的公开发行都由“核准制”改成“注册制”，在具体的操作上有细微差别。

1. “核准制”改成“注册制”的一般规定

总体上，所有证券发行都由“核准制”改成证券发行“注册制”。2014 年《证券法》中关于“核准”的规定基本上都用“注册”替换。新《证券法》中关于注册制的规定可以概括为以下几个方面：

第一，一般性授权规范体系的建立。总体上证券发行注册制的具体范围、实施步骤以及具体办法都由国务院规定①。2020 年 2 月 29 日《国务院办公厅关于贯彻实施修订后的证券法有关工作的通知》中已经就“稳步推进证券公开发行注册制”进行了初步规定。② 依据该规定，对于股票公开发行注册制是要“分步实施”，对于公司债券公开发行注册制是要“落实好”，对于一般的证券公开发行注册制是要求“完善”。相应地，股票公开发行注册还可在《关于在上海证券交易所设立科创板并试点注册制的实施意见》的基础上进一步完善。而关于债券公开发行注册制，证监会、国家发展改革委、深圳证券交易所、上

① 新《证券法》第九条、第二十一条。

② 《国务院办公厅关于贯彻实施修订后的证券法有关工作的通知》，（国办发〔2020〕5 号）。

海证券交易所已于2020年3月1日出台了关于实施企业债券注册制的通知。①

第二，注册机构的确定。注册工作由证监会或者“国务院授权的部门”负责。② 具体工作包括确定发行人申报文件格式等技术性规定，③ 作出“予以注册”或者“不予注册”的决定，④ 还可以“撤销发行注册”。⑤

第三，注册前审核下移。注册前的审核工作，由证监会转移到“证券交易所”负责。此处需要注意的是并不是所有“证券交易场所”都可以审核。⑥ 原来证监会内设的发行审核委员会被废除。但并不意味着证监会完全没有权力，证监会通过保留不予注册或撤销注册的权力进行事后的审核监督。

第四，信息披露的一般要求。对发行人申请证券发行的文件有了“应当充分披露投资者作出价值判断和投资决策所必需的信息”的新要求，⑦ 并且要在注册后发行前进行公告。⑧ 如有隐瞒、编造，即使上市，证监会也可以责令发行人或者控股股东等买回证券。⑨

注册制改变了证监会与拟公开发行公司之间的核准关系，可以为证监会减负，让证监会“不再对股票的内在投资价值作出判断”。⑩ 在一定程度上解除了证监会与上市公司之间的捆绑性，增强了证监会的独立性。这虽然未必符合中国的国情，但确实会提升发行效率，减少证监会的寻租行为，但是否会导致寻租行为下移到交易所，以及交易所为商业利益而放松注册前审核，⑪ 仍有待观察。与注册制改革相配套，公司公开发行新股以及公开发行债券的条件都有所改变，另外还增加了公开发行存托凭证的规定。

---

① 《中国证监会办公厅关于公开发行公司债券实施注册制有关事项的通知》（证监办发〔2020〕14号），《国家发展改革委关于企业债券发行实施注册制有关事项的通知》（发改财金〔2020〕298号），《深圳证券交易所关于公开发行公司债券实施注册制相关业务安排的通知》（深证上〔2020〕129号），《关于上海证券交易所公开发行公司债券实施注册制相关业务安排的通知》（上证发〔2020〕13号）。

② 新《证券法》第二十一条。

③ 新《证券法》第十八条。

④ 新《证券法》第二十二条。

⑤ 新《证券法》第二十四条。

⑥ 新《证券法》第二十一条。

⑦ 新《证券法》第十九条。

⑧ 新《证券法》第二十三条。

⑨ 新《证券法》第二十四条。

⑩ 参见邢会强．股票发行注册制成功实施的三个体制机制条件［J］．财经法学，2016（5）：5－11、19。

⑪ 参见蒋大兴．隐退中的“权力型”证监会——注册制改革与证券监管权之重整［J］．法学评论，2014，32（2）：39－53。

2. 股票公开发行注册制

具体而言，公开发行新股的规定主要有两方面改变：一方面，区分了首次公开发行新股与非首次公开发行新股。对公开发行新股的约束仅适用于“首次”公开发行新股的情形，对于非“首次”公开发行新股的，《证券法》中没有具体规定，而是授权证监会规定。① 另一方面，对公司首次公开发行新股的条件基本放宽。具体体现：第一，原来要求发行人具有持续“盈利”能力，修改成只要求发行人具有持续“经营”能力。虽然，2014 年《证券法》中对于持续盈利能力没有具体解释，一般可能会看净利润、现金流量净额、资产收益率、经营性现金流等指标，表明财务状况良好。② 持续盈利在财务上至少应标明公司的净利润等财务指标是正向的，这也可能意味着公司有一定的现金流、净资产收益率良好。对持续盈利能力的要求，导致了公开发行制度只能是“锦上添花”，为好公司提供进一步融资渠道，而难以“雪中送炭”，为有潜力的公司解决暂时的资金困难。事实上，财务状况好的公司往往不缺钱，上市动机并不一定强劲。例如，华为、老干妈都没有上市。③ 而需要上市融资的公司往往财务状况不佳，持续盈利能力在会计报表的数据上难以展现。这样的公司将来是否会有盈利能力？此问题涉及诸多商业因素，法律难以解决，在此问题上市场拥有更强的话语权。“持续经营能力”虽然在新《证券法》中也没有明确规定，但是有其他规定可以参考，例如，《中国注册会计师审计准则第 1324 号——持续经营》(2016 年修订)。该准则指出：“持续经营假设，是指被审计单位在编制财务报表时，假定其经营活动在可预见的将来会继续下去，不拟也不必终止经营或破产清算，可以在正常的经营过程中变现资产、清偿债务。可预见的将来通常是指资产负债表日后十二个月。”④ 能够持续经营，不代表公司必然居于盈利状态，负债也可以持续经营；反之，能够盈利也不代表可以持续经营，如走私盈利，但因属非法经营不可能持续经营。当然，还可通过常识反推，某公司若无持续经营能力，往往是其已经陷入破产或邻近破产的情形。持

① 新《证券法》第十二条。

② 例如，《第十七届发审委 2018 年第 96 次会议审核结果公告》中要求创维数字股份有限公司发行人代表说明“2017 年净利润及经营活动产生的现金流量净额大幅下滑的原因，2018 年度净资产收益率是否仍将处于较低水平，经营性现金流是否会持续恶化，是否会出现其他影响持续盈利能力的情形。请保荐代表人说明核查过程、依据，并发表明确核查意见”。

③ 参见刘佳，梁雪．华为、老干妈、顺丰，它们为何不上市？[J]．经营与管理，2015 (6)：4 –7。

④ 《中国注册会计师审计准则第 1324 号——持续经营》(2016 年修订) 第二条。

续经营疑问可能体现在财务、经营以及其他方面[①]。总之，持续经营能力标准比持续盈利能力标准，表达更为全面和准确，就财务指标而言，也放宽了不少，能够更准确地描述企业所处经营/危机/风险状态。

第二，原来要求“最近三年财务会计文件无虚假记载，无其他重大违法行为”，现在只要求“最近三年财务会计报告被出具无保留意见审计报告”。其放宽具体体现在以下几点：一是从“财务会计文件”到“财务会计报告”很明显缩小了条件范围。“财务会计报告”包括在“财务会计文件”之内，而“财务会计文件”除了“财务会计报告”，还可能有会计账簿等材料。[②] 二是从“无虚假记载”到“无保留意见审计报告”，形式上更容易证明。“无虚假记载”需要证明其真实性，而如何证明其真实性，真实性要达到什么标准，在2014年《证券法》中并没有明确规定。是否存在“无保留意见审计报告”可以很轻易在审计报告中找到，因为每个审计报告都必须形成审计意见。[③]

公司发行上市实质条件的放宽，为公司发行上市提供更多便利，尤其是为非国有企业创造了更多机会。例如，Stuart 等认为改革将使众多新兴公司更多地进入资本市场。他认为，此前审核制下主要针对的就是规模较少的非国有企业，并举例说明几乎所有的中国互联网公司，没有一家是国有企业，都选择了

① 例如，《中国注册会计师审计准则第1324号——持续经营》（2016年修订）第八条规定：“被审计单位在财务方面存在的可能导致对持续经营假设产生重大疑虑的事项或情况主要包括：（一）无法偿还到期债务；（二）无法偿还即将到期且难以展期的借款；（三）无法继续履行重大借款合同中的有关条款；（四）存在大额的逾期未缴税金；（五）累计经营性亏损数额巨大；（六）过度依赖短期借款筹资；（七）无法获得供应商的正常商业信用；（八）难以获得开发必要新产品或进行必要投资所需资金；（九）资不抵债；（十）营运资金出现负数；（十一）经营活动产生的现金流量净额为负数；（十二）大股东长期占用巨额资金；（十三）重要子公司无法持续经营且未进行处理；（十四）存在大量长期未作处理的不良资产；（十五）存在因对外巨额担保等或有事项引发的或有负债。”第九条规定：“被审计单位在经营方面存在的可能导致对持续经营假设产生重大疑虑的事项或情况主要包括：（一）关键管理人员离职且无人替代；（二）主导产品不符合国家产业政策；（三）失去主要市场、特许权或主要供应商；（四）人力资源或重要原材料短缺。”第十条规定：“被审计单位在其他方面存在的可能导致对持续经营假设产生重大疑虑的事项或情况主要包括：（一）严重违反有关法律法规或政策；（二）异常原因导致停工、停产；（三）有关法律法规或政策的变化可能造成重大不利影响；（四）经营期限即将到期且无意继续经营；（五）投资者未履行协议、合同、章程规定的义务，并有可能造成重大不利影响；（六）因自然灾害、战争等不可抗力因素遭受严重损失。”

② 例如，王彦霖股东知情权纠纷二审民事裁定书，北京市第一中级人民法院（2016）京01民终2125号。

③ 《中国注册会计师审计准则第1501号——对财务报表形成审计意见和出具审计报告》（2016年修订）。

在中国以外上市。[①] 同样在 Horace 等的文章中也以许多中国大陆公司在香港上市为由对中国大陆证券市场过于严格的行政管制提出了批评。他们认为，过去上市名额稀少，很多公司采取虚假核算、贿赂等极端措施，以获得上市机会，市场的严格行政管制导致了生产失败者而不是赢家的不良影响。[②] Chenxia Shi 指出，只有政府放松对市场的严格控制，证券交易所和上市公司才能提高效率、透明度和流动性。[③] 此次《证券法》修订，放松了上市发行的条件，可能会有利于提升我国证券市场对更多拟公开发行公司的吸引力。

第三，在公司首次公开发行新股的条件中，新《证券法》还增加了“发行人及其控股股东、实际控制人”近三年不能存在特定刑事犯罪的规定。这些特定的刑事犯罪在原文中采用了列举式规定，即“贪污、贿赂、侵占财产、挪用财产或者破坏社会主义市场经济秩序的刑事犯罪”。[④] 此规定从形式上来看是为公开发行新股增加了规定，但从内容来看不必然是趋严，还存在解释空间。刑事犯罪显然应当依据《刑法》确定。此规定将面临如何与《刑法》衔接的问题。以下几个问题需要注意：（1）依据我国《刑法》的规定，“贪污”、“贿赂”可以有三种解释，第一种解释是单指“贪污罪”、“贿赂罪”，可能涉及《刑法》第八章关于罪名中涉及“贪污”、“贿赂”的规定，[⑤] 也可能涉及《刑法》第三章第一百八十三条、第五章第二百七十一条中规定的“贪污罪”，第三章第一百六十三条、第一百八十四条规定的“受贿罪”，第三章第一百六十四条规定的行贿罪；第二种解释是泛指《刑法》第八章“贪污贿赂罪”项下所涵盖的所有罪名。不过，如果是采用后一种解释，其中将还包括“挪用公款罪”，与本处后面所规定的“挪用财产”形成交叉，不符合常理；第三种解释是指《刑法》中有“贪污”“贿赂”行为的相关犯罪，这样范围可能更广泛，如可以涵盖《刑法》第二百八十七条利用计算机实施贪污罪。但此种罪名不多，且多依据关于贪污罪、贿赂罪的规定处罚。因而第一种解释似乎更为恰

---

① 参见 Stuart R. Cohn, Miao Yinzhi. The Dragon and The Eagle: Reforming China's Securities IPO Laws in the U.S. Model, Pros and Cons [Z]. 17 Wash. U. Global Stud. L. Rev. 327, 2018。

② 参见 Horace Yeung Flora Huang. One Country Two Systems as Bedrock of HONG KONG's Continued Success: Fiction or Reality? [Z]. 38 B.C. Int'l & Comp. L. Rev. 191, 2015。

③ 参见 Chenxia Shi. Protecting Investors in China Through Multiple Regulatory Mechanisms and Effective Enforcement [Z]. 24 Ariz. J. Int'l & Comp. L. 451, 490, 495, 2007。

④ 新《证券法》第十二条。

⑤ 2017 年《刑法》第三百八十二条、第三百八十五条、第三百八十七条、第三百八十八条、第三百八十九条、第三百九十一条、第三百九十二条、第三百九十三条、第三百九十四条。

当。(2) 关于“侵占财产”“挪用财产”的刑事犯罪。《刑法》中并没有直接以“侵占财产”“挪用财产”为名的罪名，可理解为它们并非特指专门罪名，而是形容与“侵占”“挪用”相关的犯罪，包括“侵占罪”①“职务侵占罪”②“挪用资金罪”③“挪用公款罪”④“挪用特定款物罪”⑤。(3) 关于“破坏社会主义市场经济秩序”的刑事犯罪，在《刑法》中第三章有专门的规定，涉及生产、销售伪劣商品罪，走私罪，妨害对公司、企业的管理秩序罪，破坏金融管理秩序罪，金融诈骗罪，危害税收征管罪，侵犯知识产权罪，扰乱市场秩序罪等类犯罪，每类罪名下又有多个具体罪名。可见“贪污、贿赂、侵占财产、挪用财产或者破坏社会主义市场经济秩序”这几个词难以形成并列关系，必须具体分析。此表述最早出现于2005年《公司法》第一百四十七条，在后来的《公司法》中也都得以保存下来。此次《证券法》修订直接照搬《公司法》中此规定一方面是与《公司法》保持了一致，另一方面也确需考虑如何界定其具体范围。

第四，公司公开发行新股应报送的文件有两个变化：一是招股说明书可以由“其他公开发行募集文件”替代，资金用途也可选择在招股说明书或者其他公开发行募集文件中规定。⑥ 二是对于与承销机构相关的资料不再强制要求所有公司提供，仅适用需要实行承销的公司提供，⑦ 更加符合发行方式的多元化要求。

3. 债券公开发行注册制

关于公开发行公司债券的规定主要有以下改变：一是放宽了实质要求。不再对公司净资产、累计债券余额有量化要求，也取消了对资金投向、利率水平的限定，⑧ 还取消了对前一次公开发行的债券是否募足的限定。⑨ 新增了概括性的规定“具备健全且运行良好的组织机构”。⑩ 为改变资金用途提供了具体落实

① 2017年《刑法》第二百七十条。
② 2017年《刑法》第一百八十三条、第二百七十一条。
③ 2017年《刑法》第一百八十五条、第二百七十二条。
④ 2017年《刑法》第一百八十五条、第二百七十二条、第三百八十四条。
⑤ 2017年《刑法》第二百七十三条。
⑥ 新《证券法》第十三条、第十四条。
⑦ 新《证券法》第十三条。
⑧ 2014年《证券法》第十六条。
⑨ 2014年《证券法》第十八条。
⑩ 新《证券法》第十五条。

途径。为可转换为股票的债券发行提供了例外。[①] 二是放宽了形式文件的要求，不再要求提交“资产评估报告和验资报告”。[②]

债券发行相对于股票发行而言，存在更多的保障，因此，对债券发行与股票发行条件采取区分对待的政策，设定更为宽缓的要求，是符合债券融资的实质的，通过促进债券发行自由化，也有利于公司债券市场的发展，避免所有公司涌入股票市场进行融资而产生融资途径单一的问题，这也是对实践中日益繁荣的债券发行市场的认可。尤其是取消对“前次发行是否募足的限定”，实质上属于认可企业可能存在的经营变化，不因一次发行得失成败论英雄，更符合经济发展的规律需求。

4. 其他证券公开发行注册制

此外，新《证券法》新增了关于公开发行存托凭证的规定，要求不仅要满足“首次公开发行新股的条件”，还要符合证监会规定的其他条件。

总之，从公开发行角度来看，证监会与公司的关系变化涉及注册制改革，也涉及公开发行新股条件、公开发行债券的放松，以及与《刑法》的衔接，并将存托凭证的公开发行纳入规范范围。公开发行的规制总体上呈现放松的趋势，这是证券规制放权的表现。姑且不论此种放松是否符合中国市场的实况，但确实为公司带来了更多的融资便利，应是不争的事实。

（二）公司证券上市交易更为宽松

新《证券法》已将证券上市交易的决定权完全交由证券交易所。删除了2014年《证券法》中关于证券上市交易的具体条件，删除力度较大，[③] 并且取消了暂停上市制度。[④] 与之相配套，新《证券法》第七章对证券交易所进行了大幅度修改与完善，确立了分层次资本市场的基本结构。

另外一个需要注意的问题是，第三十六条针对所有“证券”用的“转让”。第三十七条针对“公开发行的证券”用“交易”，针对非公开发行的用“转让”。“转让”“交易”与“买卖”三个词在新《证券法》中有时有区分，有时没有区分，在法教义学上，是否应该统一也值得继续考虑。

---

① 新《证券法》第十五条。
② 2014年《证券法》第十七条。
③ 新《证券法》第四十七条、第四十八条。
④ 新《证券法》第四十九条。

（三）上市公司收购监管放松

新《证券法》关于上市公司收购制度的监管也呈放松趋势。其修改主要集中于以下几个方面。

第一，规制的标准限缩为收购"有表决权股份"。2014年《证券法》没有限定收购股份的种类，只要交易达到一定标准就要采取报告、通知或者公告等措施。新《证券法》将收购的规制仅限缩于有表决权的股份，主要将影响以下几种情形：一是举牌标准变化。举牌标准由原来"持股达到5%时"或者"持股达到5%以后再变动达到一定比例时"的义务标准，变更为"持有表决权股份达到5%时"或者"持有表决权股份达到5%以后再变动达到一定比例时"，才需要采取报告、通知或者公告等措施。① 需要注意的是，持有表决权股份达到5%以后的变动标准在原来变化5%的需要举牌的基础上，增加了变动1%时的规制情形。在变动幅度为1%的情形下也需要通知和公告，不过不需要暂停交易。此外，此次修订中取消了书面公告的要求，但在内容上增加了对增持股份资金来源的公告要求。② 二是强制要约发出标准变化。原来标准为持股达到30%需要启动强制要约程序，新《证券法》中变更为持有表决权股份达到30%时才需要启动强制要约程序。③ 从"持股"标准到"持有表决权股份"的标准，反映了上市公司收购规制的理性化，一是认可了种类股的可能；二是更为精准地识别了可能导致上市公司控制权发生变动的因素，从规范持股到规范持有表决权股份，反映了《证券法》的规制立场更加理性和清晰，也有利于进一步推动上市公司收购的进行。

第二，增加要约收购情形下变更要约时的排除规定，即在"降低收购价格""减少预定收购股份数额""缩短收购期限"等情形下不得变更收购要约。④ 此规定限制了要约的不当变更。

第三，新增种类股要约收购制度。新《证券法》第六十九条新增了一款，规定了针对不同种类股份可以按照不同的收购条件收购。⑤

第四，删除了协议收购中持有表决权股达到30%时的强制要约免除申请程

① 新《证券法》第六十三条。
② 新《证券法》第六十四条。
③ 新《证券法》第六十五条。
④ 新《证券法》第六十八条。
⑤ 新《证券法》第六十九条第二款。

序，只要符合证监会的相关规定即可免除发出要约。[①] 按照当前规定，只要符合《上市公司收购管理办法》第六章的规定即可免除发出要约。此修改简化了免除发出要约的程序，即简化了豁免强制要约程序的适用。

第五，新增了上市公司分立合并报告制度。[②] 对此情形，仅要求向证监会报告，并予以公告，非要求审核批准。此修改在一定程度上也是便利了上市公司分立合并的进行。

第六，收购人交易锁定期由 12 个月延长至 18 个月。[③] 锁定期的延长可以解释为为了防止上市公司收购制度的滥用。

总体而言，上市公司收购制度的修改体现了对上市公司收购监管的放松趋势。

（四）信息披露义务的增强

与发行、上市、收购放宽相对应的是信息披露义务加强。新《证券法》设立专章来规范公司的信息披露义务。从形式上看，关于信息披露的规定从原来的单独一节“持续信息公开”升级成了当前的专门一章“信息公开披露”，条文数量上仍旧为十条，没有变化。从内容上来看主要有以下几大变化。

第一，义务人范围扩大。2014 年《证券法》对信息披露义务人的规定主要是列举式的规定，如“发行人”“上市公司”。随着多层次资本市场的完善，此列举式规定已经难以满足实际需要。因而，在新《证券法》中增加了兜底式的规定“其他信息披露义务人”。[④] 此种兜底安排解决了实践中上市公司收购中存在的多元信息披露义务主体，以及借用上市公司信批通道进行信息披露义务的责任主体能否独立认定的问题。

第二，披露标准提高。在原来要求“真实、准确、完整”的基础上增加了“简明清晰，通俗易懂”的要求。并且要求同时在境外公开发行交易的情形下，境内披露要与境外披露同时。[⑤] 明确了信息披露义务人的同时披露义务，[⑥] 明确禁止信息披露义务人对投资者的误导行为。[⑦]

---

① 新《证券法》第七十三条。
② 新《证券法》第七十七条。
③ 新《证券法》第七十五条。
④ 新《证券法》第七十八条。
⑤ 同注④。
⑥ 新《证券法》第八十三条。
⑦ 新《证券法》第八十四条。

第三，对披露的内容进行了调整。例如，新规定的重大事件临时报告制度明确了十一项属于重大事件的情形。[①] 此规定明确了在出现重大事件的情形下必须报告的义务。

综上所述，此次《证券法》修改在公开发行上市，及上市公司收购等方面都呈放松监管的趋势。从制度后评价的角度而言，可能需要特别关注的问题是，在若干行为制度都放松的情形下，哪一个制度会更受市场青睐？从当前研究来看，公开发行制度在我国比收购制度更受关注。例如，中国风险投资主要依赖公司公开发行退出，而美国主要依靠并购退出。[②] 此外，在前述制度都已放松规制的情形下，如何防止其被市场滥用？新《证券法》为此特别完善了信息披露制度。然而，仅依靠所谓理性的信息披露制度，是否足以起到同等甚至更好的规制效果？答案显然还有待斟酌。在美国，已有研究发现，信息披露可能被滥用以阻止对个体不利的交易。[③]中国市场的特殊性——机构投资者不发达、散在的投资者更相信市场传闻/小道消息而很少关注公开信息，信息披露哲学在中国市场上的发挥空间可能极为有效。

三、主体区分的逻辑：区别对待不同证券交易当事人

放松公司公开发行监管将导致证券市场证券供应量增加，交易者可选择区间扩大，投资机遇增强，交易甄别成本和风险也会相应增加。新《证券法》对于不同类型的证券交易当事人进一步扩大了区分对待，一方面是加强对一般交易当事人的保护，另一方面是加强对限制类、禁止类交易人员的规制。虽然从证券交易的形式上来看，这几类交易人员都出资购买了证券，都可以称为投资者，但是限制类或禁止类人员由于其特殊的身份而受到特别的规制。而如何从普通投资者中识别内幕人员也一直是证监会要解决的一个重要问题，新《证券法》延续区分对待政策，对投资者类型进行画像，区分普通投资者和特别投资者予以不同规制。

（一）加强对普通投资者保护

鉴于普通投资者的弱势形象，《证券法》对普通投资者主要采取“加强保

① 新《证券法》第八十一条。

② 参见 Lin Lin. Venture Capital Exits and the Structure of Stock Markets in China [Z]. 12 AsJCL1, 2017。

③ 参见 Andrew Verstein. Insider Tainting: Strategic Tipping of Material Nonpublic Information [Z]. 112 Nw. U. L. Rev. 725, 2018。

护”的政策，此种加强保护主要体现在以下几个方面。

首先，扩大了投资者准入的范围。2014 年《证券法》规定投资者开立账户只能是中国公民或者是中国法人，新《证券法》新增了合伙企业也可以申请开立账户。[①] 从而进一步开放市场，扩大可以进入市场的投资者类别。当然，从开放的角度而言，未来投资者类别还会/应当进一步扩大，凡营利性主体都可能成为投资者，甚至在满足一定条件下，非法人的非营利主体也可能成为投资者，如民办非企业单位，其法律性质上并非法人也非合伙企业，未来应在法律上允许成为直接的投资主体。新法在投资者准入范围中以国家另有规定除外作为开放其他投资者进入资本市场的技术方式，保持了投资者准入的灵活性。

其次，为投资者提供更多选择。除了通过公开发行条件的放松吸引更多公司发行证券外，新《证券法》还通过以下几个方面的修改为投资者提供更多选择：第一，增加交易场所的选择空间。新《证券法》第三十七条在完善公开发行证券交易渠道的基础上，还增加了非公开发行证券的交易渠道。在原来的“证券交易所”“全国性证券交易场所”的基础上，还增加了区域性股权市场，这实际上是认可地方的非理性竞争格局，将证券利益分散化的结果，但从电子化交易技术对证券市场统一性提供的可能而言，此种改革无异于纵容地方的非理性竞争[②]。第二，放松了对交易方式的规制，删除了 2014 年《证券法》第四十二条，该条是关于现货还是其他方式交易的规定。[③] 第三，加大了对操纵市场行为的规制。新《证券法》增加了不以成交为目的的申报、虚假信息诱导投资者、反向证券交易等操纵手段的禁止。[④]

再次，增加了投资者救济渠道。增加了“投资者保护”专门一章，通过给投资者保护机构充分权限、引入代表人诉讼制度、行政和解制度等加强对投资者保护。[⑤]

最后，强化了其他机构对投资者保护的安排。新《证券法》中的许多修改都可与投资者保护相联系，只是一些联系是直接的，一些联系是间接的。例

---

① 新《证券法》第一百五十七条。

② 参见蒋大兴．论场外交易市场的场内化——非理性地方竞争对证券交易场所的负影响［J］．法学，2013（6）：52－66。

③ 2014 年《证券法》第四十二条。

④ 新《证券法》第五十五条。

⑤ 信披一点通（xinpi2016），《证券法》修订了啥？看完这 36 大要点你就全懂了！https：//mp. weixin. qq. com/s/h0zYlrLsH4T6HL5hyCdapQ，最后访问于 2020 年 3 月 8 日。

如，加强公司的信息披露义务也是对投资者的一种保护，只是这种保护相对间接一些。另外，新法中也有较多地方直接规定了对投资者的保护措施。例如，强化了证券公司对投资者的保护作用，主要体现在以下几个方面：第一，提高了证券公司从业人员的门槛，新增了“品行良好”“专业能力”的要求。[①] 第二，降低了证券公司交易风险准备金的缴纳要求，原来只在有税后利润的情形下才提取交易风险准备金，新法中将“税后利润”标准调整为“业务收入”标准。第三，明确规定了证券公司业务活动要符合保护投资者合法权益的要求。[②] 第四，明确规定了要建立证券公司客户信息查询制度。[③] 原来只规定要妥善保管客户资料，但并未规定客户的查询权利，此一安排，使客户资料保管的功能效果可以得到更大程度的发挥。

（二）从严规制短线交易人员

短线交易是特定人员谋利的方式，新《证券法》加强了对短线交易人员的规制，主要体现在以下几个方面。

第一，设置总则性规定。新《证券法》第三十六条增加了对一些特定人员交易规则的总括性规定，提示了持有股份份额超过百分之五以上的股东、董事、监事、高级管理人员等有特殊的规则需要遵守。

第二，适用范围扩大。在原来短线交易仅适用于上市公司的基础上扩及至也适用于“股票在国务院批准的其他全国性证券交易场所交易的公司”。[④] 并且，在原来仅适用于“持有股份份额超过百分之五以上的股东、董事、监事、高级管理人员”的基础上也扩及至适用于前述人员的“配偶、父母、子女”，以及其他被利用来持有的人。[⑤] 此外，持有类型也不再限于股票，还包括“具有股权性质的证券”。[⑥]

此外，新《证券法》对会计师、律师等证券服务机构及其工作人员的责任限制有所加强，这些加强规制体现在以下几方面：第一，受限标的证券范围扩张。服务机构承担发行的审计服务、法律服务等，承销期内和期满后六个月内

① 新《证券法》第一百二十五条。
② 新《证券法》第一百三十条。
③ 新《证券法》第一百三十七条。
④ 新《证券法》第四十四条。
⑤ 同注④。
⑥ 同注④。

不得买卖的标的范围由“股票”扩及至所有“证券”。[①] 第二，受限服务机构范围扩大。承担其他相关业务“自接受委托之日起至上述文件公开后五日内，不得买卖”的受限服务机构，由为“上市公司”提供服务的机构扩及至为“发行人及其控股股东、实际控制人，或者收购人、重大资产交易方”提供相关服务的机构，[②] 受限服务机构主体范围明显进一步扩张，对服务机构的规制更为全面和严格。

（三）从严限制禁止交易类人员

在证券交易场所、证券公司、证券登记结算机构、证监会等单位工作的人员一般都禁止从事证券交易。新《证券法》对于禁止从事证券交易人员的限制有所扩大。

第一，禁止人员范围扩大。在证券公司、证券登记结算机构的从业人员、证监会工作人员和其他依法禁止从事股票交易的人员的基础上，对证券交易所从业人员的限制扩及至所有的证券交易场所从业人员。[③] 此类人员通常是内幕信息知情人员。在新《证券法》第五十一条对于此类人员的界定进行了完善。此外，新《证券法》还新增加了一类禁止交易人员，即传播媒介及其从事证券市场信息报道的工作人员。

第二，禁止交易范围扩大。禁止从事证券交易的人员的禁止交易的范围有所扩大，在禁止股票交易的基础上增加了对“具有股权性质的证券”的交易禁止。[④] 并且，不再限于基于内幕信息而进行交易，扩及至所有与职务相关的未公开信息。

第三，保密义务加强。原来只要求相关人员“为客户开立的账户保密”，[⑤] 新《证券法》将保密义务扩及至“投资者的信息”，而不再限于账户信息。[⑥] 并且增加了不得泄露商业秘密的规定。[⑦]

四、规制机关之间的协调

前已述及，在新《证券法》修订中，规制机关的规制手段有了很大变化。

---

① 新《证券法》第四十二条。
② 同注①。
③ 新《证券法》第四十条。
④ 同注③。
⑤ 2014 年《证券法》第四十四条。
⑥ 新《证券法》第四十一条。
⑦ 同注⑥。

如何评价此种变化，以及此种变化在《证券法》历史中的地位需要考虑到证监会与其他国家机关的关系，尤其是法院与立法机关，涉及证券执法、证券司法与证券立法之间的权力分配。中国证券市场中，目前这三大权力的运行还存在功能不协调的一面。例如，行政规制权力较大，司法规制极为薄弱，立法规制较为缓慢。

（一）证券监督管理机构

在此次《证券法》修改中，证监会的职能定位有较大转变，可以概括为宏观上赋权，微观上放权。从宏观上来看，证监会的职能由原来的“维护证券市场秩序，保障其合法运行”转变成“维护证券市场公开、公平、公正，防范系统性风险，维护投资者合法权益，促进证券市场健康发展”。① 总之，新的《证券法》在证监会原来维护市场秩序的使命基础上突出了对系统性风险的防范和对市场健康发展的重视，并且突出了投资者权益保护的重要使命。相应地，其具体职责也增加了两项：市场风险监测与处置，以及投资者教育。《证券法》的本质/主导功能是促进经济的发展，无论是投资者保护或者系统性风险的防范，最终都是为了促进证券资源的配置，因此，证监会对投资者保护以及市场风险的控制本质上都是手段功能，是为了实现经济发展这一目标功能而存在的。所以，《证券法》第一条规定：“为了规范证券发行和交易行为，保护投资者的合法权益，维护社会经济秩序和社会公共利益，促进社会主义市场经济的发展制定本法。”可见，促进市场经济发展是《证券法》的最终目标。《证券法》的规范配置，包括对证监会的功能设置都不能忽略其对经济发展的终极促进作用。

微观上的放权主要体现在以下几个方面：第一，证券公开发行审核职能放权给证券交易所。第二，不再管理证券从业人员的资格标准。相应地，在新法中，删除了关于聘任不具有从业资格人员的处罚规定。② 第三，新法对于证监会可采取的措施也进行了规范。例如，在封存的基础上增加了扣押职能，在查询的基础上增加了复制职能，对于冻结或查封措施明确规定了期限及其延长限制。③ 并且增加了中止调查以及终止调查的规定。④ 第四，规定了举报奖励制

① 新《证券法》第一百六十八条。

② 2014年《证券法》第一百九十八条。

③ 新《证券法》第一百七十条。

④ 新《证券法》第一百七十一条。

度，注重调动市场力量促进监管。①

在证券市场中，证监会的行政规制一直是最有效率的。但证监会的行政规制应当抓大放小，注意行政制裁的比例原则，以实现促进经济发展的最终目标。证监会不能“为规制而规制”，不能过于将自己局限于大量无关紧要的微观执法行为中，一叶障目不见泰山。在行政执法力量有限的情况下，要有所为，有所不为，一些轻微的违法行为应交由市场自我规制，着重将力量放在重大违法行为的打击上。目前，证监会采取全覆盖的执法方式，实际上是未能区分轻重，自以为关注轻微违法行为，杀鸡骇猴就能遏制重大违法行为，实质上基于自身力量不够，在过于关注轻微违法行为（如某些无关紧要的信息披露违法行为）的打击时，放纵了对重大违法行为的制裁。尤其是，水至清则无鱼。没有一个市场能完全消灭违法，还可能从根本上直接影响到经济的发展。因此，作为证券市场的主要规制机关，证监会需要反思行政执法的重点和力度，特别要注意在采取执法措施时，对比例原则的维护。

（二）司法机关

关于证券执法，一般有私人执行和公共执行两大类。Robin Hui Huang 认为，强有力的投资者保护规则在促进证券市场发展中起着关键作用，而投资者保护制度的有效性取决于实质性规则和执行机制的共同作用。他概括《证券法》的执行机制一般分为私人执行和公共执行两大类，公共执行中不论结果如何公务员都会获得薪水，私人执行的后果取决于诉讼的成功。② 而对于中国如何处理证券法的私人执行与公共执行之间的关系，学界存在强化私人执行、强化公共执行以及私人执行与公共执行双重重视等不同观点。

第一种观点认为，要加强私人执行。Teresa 批评，中国对违反《证券法》的行为缺乏有效的民事救济。私人诉讼权的效力可能受到三个缺陷的阻碍：中国法院的腐败和偏见、官僚主义的复杂化以及缺乏集体诉讼机制。③ 加强私人执行实际上是要加强法院的地位与作用。

---

① 新《证券法》第一百七十六条。

② 参见 Robin Hui Huang. Rethinking the Relationship Between Public Regulation and Private Litigation: Evidence from Securities Class Action in China ［Z］. 19 Theoretical Inq. L. 333，2018。

③ 参见 Teresa A. Teng. Mismatched Regulatory Regimes: How Chinese Reverse Mergers——and China Mediaexpress Holdings, INC. ——Evaded Scrutiny Through Regulatory Conflicts and Loopholes, 11 N. Y. U. J. L. & Bus. 397，2014。

第二种观点认为，要加强公共执法。Marlon 指出，在中国目前的法律和政治环境中，各种障碍阻碍了私人执法在市场监管中发挥重要作用。法院的体制过于薄弱，无法有效地为受委屈的投资者提供救济。更可行的战略是加强行政执法。它更有可能在中国目前的环境下有效，它将改善投资者保护，并已被证明对市场发展有积极影响。[①] 对此，也有学者抨击证监会调查的低效率。例如，Han Shen 指出，中国股市的这三个独特特征：多数非流通股、股份分类制度和单一股东的支配地位的相互作用，使中国股市的市场效率大打折扣。当市场效率更高时，股价更准确，利用非公开信息的机会更少。证监会的政治与投资者保护双重作用、调查资源不足、资金资源不足等决定了证监会调查的低效率。[②]

第三种观点认为，公共执行与私人执行都重要。Robin Hui Huang（黄辉）认为，私人执行一般以公共执行为程序先决条件，他认为此先决条件暂时还不用废除。实证研究发现，中国私人诉讼中获得的偿付率高于美国，并认为前置程序的存在也是其中原因之一。[③]

强调公共执行的学者多是从现实中行政机关执行力强、效率高的角度出发，不过在肯定此观点时也多会强调其当前适用的特点。从长远来看，还是要发动私人执行的力量。此次《证券法》修订增加了证券代表诉讼，为投资人接近法院提供了新的途径。如果法院认识到《证券法》在纠纷解决机制方面的此种变化，能够更大胆、独立地参与证券诉讼，则不仅通过法院可以提升投资者保护水平，还可以通过法院对监管机构的行为进行妥当性与合法性监督，在中国会形成证券市场中另一种有力的监管力量。但从中国法院目前的结构以及《九民纪要》中对证券纠纷的基本立场而言，此种期望不宜太高，中国法院面对证监会的强权监管本身存在畏缩心理，不敢直接触碰、矫正证监会一些不合规则的行政处罚，这意味着法院还是不愿意在证券监管中过于出头，因此，寄望于中国法院在证券市场中能够更勇武地发挥其对正义的维护功能，这注定将是一个长期培养的过程。

---

① 参见 Marlon A. Layton. Is Private Securities Litigation Essential For the Development of China's Stock Markets［Z］. 83 N. Y. U. L. Rev. 1948，2008。

② 参见 Han Shen，A Comparative Study of Insider Trading Regulation Enforcement in the U. S. and China［Z］. 9 J. Bus. & Sec. L. 41，2008。

③ 参见 Robin Hui Huang，Private Enforcement of Securities Law in China：A Ten – Year Retrospective and Empirical Assessment［Z］. 61 Am. J. Comp. L. 757，2013。

（三）立法机关

一个国家的立法水平是证券市场能否良性发展的重要因素。相对于市场的自然发展而言，立法虽然有其滞后的一面，但立法也可能有形成市场的功能。例如，在新《证券法》颁布之前，《证券法》中的核准制已被科创板注册制突破。[①] 这表明立法可以创建市场，也可能印证了两种现象：一是基于我国目前的集权型政治体制，我国历来有效率的改革方式，多为自上而下的改革，即由政府先行试点，然后再上升为立法。二是可能意味着投资人意识还未完全觉醒、力量还未充分强大（或是我国立法机关中，投资人的代表还不够多）。

立法是成本最小的改革方式。以立法方式推动改革远比以司法方式推动改革要来得快捷。因为通过司法机关的表达，只能是个案的表达，通过立法机关意志的传递，才是最普遍的改革方式。当前投资者数量和力量都较为薄弱。据统计，2018 年，我国 A 股账户自然人投资者数量为 1.45 亿，只有约 1/10 的中国公民为投资者。[②] 这在绝对数量上虽然不占多数，但相对数量已不在少数，很少有一项交易行为能吸引 1/10 的人口，购买消费品的生活性交易除外。当然，从绝对数量来说，这可能也说明我国投资者还存在很大的开发潜力，如果考虑到投资者的跨国界竞争，吸引更多投资者参与中国的证券市场，不断扩大市场规模，维持市场活力，可能始终是未来中国证券市场发展的不可忽视的重点，而吸引投资者的前提是要加强投资者保护，只有通过立法方式将投资者保护上升到足够水平，才可能借助立法的透明度，提升中国证券市场的现实竞争力，为《证券法》的私人执行与公共执行奠定良好的基础。

（四）强化其他机构地位

除了前述机构之外，《证券法》还规定了证券交易场所、证券公司、证券登记结算机构、证券服务机构、证券业协会等专门机构。这些机构同时肩负公共规制的使命和促进市场发展的任务。一方面，前述机构的设立都有比较严格的要求与门槛；另一方面，这些机构都基于其特别的定位而为市场提供不同的服务，如提供场所、技术、信息咨询等。此次《证券法》修改也涉及前述机构的角色的调整，其中变化较大的是证券交易场所、证券公司、证券业协会。

---

① 参见陈洁．科创板注册制的实施机制与风险防范［J］．法学，2019（1）：148－161。

② 小金论股，中国的注册股民大概有多少?，https：//www. sohu. com/a/321133047_ 120170718，最后访问于 2020 年 3 月 1 日。

1. 放权证券交易场所

新《证券法》对证券交易场所的调整可以概括为放权，而且这种放权是多方面的，不仅包括对交易场所类型的放权，还包括对交易场所管理自治的放权。具体阐述如下。

一方面，是对证券交易场所类型的放权。新《证券法》为多层次证券交易场所的设立提供了法律基础，由修改了证券交易所概念的适用范围，将证券交易所的概念扩大至所有全国性证券交易场所。例如，《证券法》规定，证券交易所、国务院批准的其他全国性证券交易场所为证券集中交易提供场所和设施，组织和监督证券交易，实行自律管理，依法登记，取得法人资格，从立法上直接确认了证券交易所以外的国务院批准的其他全国性证券交易场所的法律地位，为新三板市场等全国性市场的发展提供了法律依据。同时，还认可了证券市场的层次性，根据新《证券法》的规定，证券交易场所可以分为全国性的和区域性的证券交易场所，还可以分为公开发行证券和不公开发行证券的证券交易场所。① 而且，全国性的证券交易场所内部也可以进一步设立不同市场层次。② 在多层次资本市场中，证券交易场所也将面临更多来自其他证券交易场所的竞争。多层次资本市场也获得了“内部多层”和“外部多层”的多种发展可能，为电子化技术的运用设置了空间。③

另一方面，是对证券交易场所自治权的放权，具体体现在以下几方面：第一，新《证券法》明确规定了证券交易所的“自律管理职能”。④ 第二，新《证券法》将原来由证监会履行的审核证券发行的职权下放给证券交易所。⑤ 在注册制下，证券交易所获得了更大的自主决定权。为了强化、规范交易所的自治监督，新《证券法》在要求证券交易所在设立理事会的基础上增加了监事会。第三，加强了对证券交易所权益的保护，明确了证券交易即时行情的权益的法律归属，即证券交易即时行情的权益由证券交易所依法享有。未经证券交易所许可，任何单位和个人不得发布证券交易即时行情，从而有助于统一证券

---

① 新《证券法》第九十六条、第九十八条。

② 新《证券法》第九十七条。

③ 参见蒋大兴．论场外交易市场的场内化——非理性地方竞争对证券交易场所的负影响［J］．法学，2013（6）：52－66。

④ 新《证券法》第九十九条。

⑤ 新《证券法》第二十一条。

市场的即时行情发布、保护交易所的智力成果权[①]。第四，扩大了证券交易所的处置措施。在遇到突发性事件时，原来证券交易所仅可以采用"技术性停牌"的措施，在新《证券法》中还增加了"临时停市等处置措施"、"取消交易、通知证券登记结算机构暂缓交收等措施"。[②] 并且还新增规定了在"重大异常波动"时"限制交易、强制停牌等处置措施"的使用。[③] 并且新法豁免了证券交易所因采取前述措施需要承担的民事赔偿责任，除非其有重大过错。[④] 总之，证券交易所处置措施种类增多，适用情形也扩大。"等处置措施"的弹性设计，意味着交易所可以采取的处置措施并不限于规定中所列举的措施，为交易所应对临时/紧急情况的需要预留了解释空间。

2. 强化证券公司角色

证券公司在证券市场中起着中间连接的作用。第一端连接着投资者。证券公司是投资者参与证券交易的必经渠道。[⑤] 证券公司是投资者通往证券市场的桥梁。第二端连接着证券交易所和证券业协会。证券公司一般是证券业协会和证券交易所的会员，[⑥] 只有会员才能在证券交易所交易。[⑦] 截至2020年2月底，中国证券业协会有133家证券公司为其法定会员。[⑧] 最新数据显示，上海证券交易所[⑨]及深圳证券交易所[⑩]都有118家证券公司为会员，两家证券交易所会员单位相同，只不过有证券公司在不同证券交易所可能使用不同名称，例如在深圳证券交易所为中信证券华南股份有限公司，在上海证券交易所登记的为曾用名广州证券股份有限公司。此外，证券公司还连接着证券登记结算机构、证券服务机构等证券市场参与者，并且受到证监会的监督。前已述及，此次修法强化了证券公司对投资者的保护作用。除此之外的修改多与证监会对证券公司监

① 新《证券法》第一百零九条。
② 新《证券法》第一百一十一条第一、二款。
③ 新《证券法》第一百一十三条。
④ 新《证券法》第一百一十一条第三款。
⑤ 新《证券法》第一百零六条。
⑥ 新《证券法》第一百零五条、第一百六十四条。
⑦ 新《证券法》第一百零五条。
⑧ 中国证券业协会会员单位名单，https://jg.sac.net.cn/pages/publicity/hydw-list.html，最后访问于2020年3月24日。
⑨ 上海证券交易所"会员公司列表"，www.sse.com.cn/market/othersdata/memberdata/memberlist/，最后访问于2020年3月24日。
⑩ 深圳证券交易所"会员列表"，http://www.szse.cn/aboutus/member/，最后访问于2020年3月24日。

管方式的调整相关，详情如下。

首先，放松了对证券公司形式和公司治理的要求。新《证券法》删除了原来关于证券公司必须采取有限责任公司或者股份有限公司形式的规定。① 原来证券公司任免董事、监事、高级管理人员需要证监会核准，新的《证券法》只需要备案。② 并且相应删除了证监会对于撤销证券公司董事、监事、高级管理人员任职资格的规定。③ 此种改革尊重了公司治理自治的需求。证券公司本质上也是公司，其内部公司治理如何，通常仅需遵守法律的一般禁止性规定，其他事项则完全由公司自己决定。目前，证监会及其派出机构对证券公司的董、监、高管理过于严格，即便实行备案制，还存在事实上的各种没有实质意义的管制，如对董、监、高曾任职单位工作鉴定的强制要求，特别是对“无违法违纪行为”的鉴定要求，就是意义不大的管制措施。在备案过程中过于强调此种法律并无要求的资格条件，实际上是将备案转化为了核准。

其次，放松了对证券公司域外竞争的规制。删除了原来关于证券公司“在境外设立、收购或者参股证券经营机构，必须经国务院证券监督管理机构批准”的规定。④ 此项规定，可能会促进证券公司进一步全球化。

再次，调整证券公司的业务范围。新《证券法》在证券公司的业务范围增加了证券融资融券和证券做市业务。⑤ 相应地调整了原来对证券公司为股东等提供融资或者担保的限制。⑥ 证券资产管理业务没有再出现在证券公司业务的典型列举中，而是另行规定了其应符合证券投资基金等相关法律规定。⑦

最后，证券业务专属性细微调整。2014 年《证券法》规定，未经国务院证券监督管理机构批准，任何单位和个人不得经营证券业务。⑧ 在新法中删除了此表述，代之以在不同条文中的分散表述。一方面是将此表述转换成了“未经国务院证券监督管理机构批准，任何单位和个人不得以证券公司名义开展证券业务活动。”⑨ 此规

① 新《证券法》第一百二十三条、第一百二十六条。
② 新《证券法》第一百二十四条。
③ 2014 年《证券法》第一百五十二条。
④ 2014 年《证券法》第一百二十九条。
⑤ 新《证券法》第一百二十条。
⑥ 例如，新《证券法》第一百二十三条。
⑦ 2014 年《证券法》第一百二十五条第（六）项，新《证券法》第一百二十条第三款。
⑧ 2014 年《证券法》第一百二十二条。
⑨ 新《证券法》第一百一十八条。此外，第一百三十四条也对他人以证券公司名义从事证券集中交易的禁止进行了强调。

定反向解释可得：不以证券公司名义就可以开展证券业务活动。另一方面，还要结合另一新增规定进行体系解释“除证券公司外，任何单位和个人不得从事证券承销、证券保荐、证券经纪和证券融资融券业务。”① 结合此规定，似乎其中未明确列举的证券业务即可由非证券公司从事。例如，证券投资咨询，与证券交易、证券投资活动有关的财务顾问，证券做市交易，证券自营，以及其他证券业务。如是，则非证券公司存在介入证券业务的可能。

证券公司排他性业务的集中及规制，还可以从保荐业务与承销业务的规范改革中窥见一斑。例如，依据2014年《证券法》第十一条规定，保荐人并非只能是证券公司，只要是“具有保荐资格的机构”，就可以担任保荐人。而新《证券法》第十条已经将保荐人限定为“证券公司”。依据新《证券法》第一百二十条规定，唯证券公司才能经营的“排他性业务”不仅只有保荐业务，还有证券承销、证券经纪和证券融资融券业务，前述业务都只有取得证券公司资格才可经营。可见，对证券公司的专营业务范围进一步从严规制。

再如，关于证券承销业务，新《证券法》在原来禁止不正当竞争的基础上增加了对虚假宣传、误导宣传等其他违反规定行为的禁止。② 另外，对于承销团的要求适用范围扩大，取消了向不特定对象发行证券票面总值超过五千万元的应当采取承销团承销的限制，③ 只要是“向不特定对象发行证券聘请承销团承销的，承销团应当由主承销和参与承销的证券公司组成”。④ 在美国，承销商本质上是筛选市场上不值得的投资，因为承销商承担着不出售股票的风险。随着时间的推移，投资者开始依靠承销商作为市场上的筛选机制，并依靠承销商作出投资决策。⑤ 改革前，公众主要依靠中国证监会的权力来筛选不良投资，而非承销商及保荐人。有学者主张，在注册制下“让中介机构承担起实质审核的职能，提高证券市场投资者的专业能力，为注册制改革提供坚实基础。”⑥ 具体到我国，也就落在了证券公司的定位转变之上。对于证券公司而言，这是考

① 新《证券法》第一百二十条。

② 2014年《证券法》第二十九条，新《证券法》第二十九条。

③ 2014年《证券法》第三十二条。

④ 新《证券法》第三十条。

⑤ 参见Teresa A. Teng. Mismatched Regulatory Regimes: how Chinese Reverse Mergers——and China Mediaexpress Holdings, INC. ——Evaded Scrutiny Through Regulatory Conflicts and Loopholes [Z]. 11 N. Y. U. J. L. & Bus. 397, 2014。

⑥ 参见李美慧．注册制改革背景下信息披露制度的完善——基于政府与市场的法律边界［J］．北方金融，2019（11）：34－39。

验，更是机遇。证监会在审核上市条件中卸掉的一些负担也将转移到对证券公司的监督上来。

3. 落实证券服务机构职责

新《证券法》一方面放宽了证券服务机构的准入门槛，将2014年《证券法》中证券服务机构从事证券服务业务经批准为原则的规定，调整为备案为原则，批准为例外。依据新《证券法》证券服务机构只在从事证券投资咨询服务业务时才需要证监会核准，从事其他证券服务业务只需要向证监会或主管机关备案。另一方面增加了证券服务机构对客户信息和资料的保护义务，并且明确规定了保存义务，保存期限不得少于十年。① 此外，还放宽了对证券服务机构从业人员的要求，删除了2014年《证券法》对证券服务机构人员二年以上经验、从业资格等规定。

证券登记结算机构和证券业协会的职能也有相应调整。例如，随着证券交易场所范围的扩大，需要存管在证券登记结算机构的证券也扩大至所有的全国性证券场所。② 又例如，适应投资者保护标准的提高，赋予了证券业协会在投资者保护方面的教育和保护职责。③

五、余论：历史、现在与未来

（一）历史遗留：国有企业如何适应新的证券市场

国有企业在我国证券市场的发展中有着举足轻重的地位。此次《证券法》修订对国有企业会有什么影响？对国有企业的影响可以从上市、交易及收购三个角度来看。第一，新的《证券法》中第六十条对于国有企业在证券市场中的交易有了新规定，国有独资企业、国有独资公司、国有资本控股公司买卖上市交易的股票，必须遵守国家有关规定。第二，对于没有上市的国有企业拟上市的情形没有特殊规定。第三，在收购方面，2014年《证券法》第一百零一条“收购上市公司中由国家授权投资的机构持有的股份”须经批准的规定被删除。即便《证券法》开始取消特别优待或管制，对国有企业采取一视同仁的政策，也可能无法消除域外研究者对我国证券市场中国有企业特殊地位的批评。此类

① 新《证券法》第一百六十二条。
② 新《证券法》第一百五十条。
③ 新《证券法》第一百六十六条。

声音自我国证券市场产生一直伴随至今。

例如，有学者指出，中国20世纪80年代开始发行股票是因为可以帮助陷入困境的国有企业吸引闲置的个人储蓄。[①] 20世纪90年代，在我国证券市场正式建立的时候，有学者概括我国当时为了保持政府在经济中的主导作用，使国家和公共组织持有大部分股份，将股票分为国家股、法人股、个股、外资股等不同类别。[②] 有学者指出，中国不会依据市场自由主义，利用证券体系将国有资产私有化。即使证券管理制度借鉴西方的做法，但仍会坚持保留持股制度公有制优势的特色。[③] 有观点担心，新兴的证券市场缺乏监督国有企业的有效手段。[④] 也有学者担心，国有企业的管理者不能作出合理的项目投资决策，因为他们缺乏关于自己公司市场决定的资本成本的信息，无法合理确定股价，证券市场难以对国有企业适用市场规律。[⑤]其后，关于证券市场中国有企业地位的批评也越来越细化。有的批评国有大型企业治理中存在内在利益冲突，导致上市公司管理者无法对投资者承担责任，其高度集中的股权结构妨碍了公司治理的公平公正。[⑥] 还有的学者指出，证监会有政治任务，要为国有企业提供获得资本市场资源的优先准入权，并且有必要推迟可能对国有资产产生负面影响的行动。[⑦] 此外，还涉及对证券服务机构的批评，有学者指出，中国注册会计师协会在资金等方面依赖政府缺乏独立性，难以发现上市国有企业的财务缺陷。[⑧]

---

① 参见 Daniel M. Anderson. Taking Stock in China: Company Disclosure and Information in China's Stock Markets [Z]. 88 Geo. L. J. 1919, 1934 -35, 2000。

② 参见 Minkang Gu & Robert C. Art, Securitization of State Ownership: Chinese Securities Law [Z]. 18 MICH. J. INT' L L. 115, 122, 1996。

③ 参见 Andrew Xuefeng Qian. Riding Two Horses: Corporatizing and the Emerging Securities Regulatory Regime in China [Z]. 12 UCLA Pac. Basin L. J. 62, 1993。

④ 参见 Matthew D. Latimer. Gilding the Iron Rice Bowl: The Illusions of Shareholder Rights In China [Z]. 69 Wash. L. Rev. 1097, 1105 -06, 1994。

⑤ 参见 Matthew K. Wong. Securities Regulations in China and Their Corporate Finance Implications on State Enterprise Reform [Z]. 65 FORDHAM L. REV. 1221, 1238 -40, 1996。

⑥ 参见 Dina Jie Yin, Investor Regulations: an American Anseer to A Chinese Problem [Z]. 57 Rutgers L. Rev. 397, 2004。

⑦ 参见 Han Shen. A Compararive Study of Insider Trading Regulation Enforcement in the U. S. and China [Z]. 9 J. Bus. & Sec. L. 41, 2008。

⑧ 参见 Teresa A. Teng [Z]. Mismatched Regulatory Refimes: how Chinese Reverse Mergers——and China Mediaexpress Holdings, INC. ——Evaded Scrutiny Through Regulatory Conflicts and Loopholes [Z]. 11 N. Y. U. J. L. & Bus. 397, 2014。

2018 年，仍有学者在批评我国证券市场体系存在不平等现象，整体偏爱国有企业。①

虽然这些批评有很多可待商榷之处，但是这些观点的提出及伴随中国证券市场的发展，反映了我国证券市场发展中国有企业的重要作用。国有企业如何适应新的证券市场，证券市场如何继续更好地与国有企业改革相结合等课题都值得进一步探索。客观来说，之所以会形成这些认识，与我国资本市场建立之初确实有为国有企业融资解困的目的不无关联，当时的市场化并不充分，上市公司能否合理定价也是次要的。而在注册制下，无论是否国有，上市公司的股价都将由市场决定。这样的价格决定机制将进一步倒逼我国国有企业的改革，同时也会为证券市场的进一步发展供给特色问题，如国有企业可否诉诸投资者保护机构给予特别保护，反之，投资者保护机构可否对国有企业采取特别措施?

（二）当前热点：投资者保护是工具还是目的

此次《证券法》修改极大提升了对投资者的保护，需要注意的是提升到什么程度，这涉及投资者保护在《证券法》中的地位问题，即投资者保护是《证券法》的工具还是目的。此问题也是不同地区《证券法》都会面临的问题。Matthew 指出，中国证券市场的稳定和增长，取决于这些市场的投资者受到保护的程度。②

此次《证券法》修改将投资者保护提升到一定的高度，也开拓了代表诉讼、投资者保护机构调解等新的保护措施。但是仍然没有改变的是，投资者保护本身在《证券法》制度中的地位问题。即投资者保护是目的还是工具，如果可以上升为目的，是主要目的还是次要目的。《证券法》第一条此次并没有修改。规范证券发行和交易行为仍然位于保护投资者的合法权益之前。这也在一定程度上说明了投资者保护虽然得到了重视，但是也仍然不是主要的目的。Teresa总结，美国和中国一些法定条款类似，特别是关于信息披露的类似要求，但是推动证券制度的不同动机决定了两国证券监管环境的不同。美国 1933 年《证券法》和 1934 年《证券交易法》的主要目标是保护投资者免受发行人的侵害，并通过披露制度阻止投机狂热；而中国的证券制度一直受到政治利益和增

① 参见 Stuart R. Cohn, Miao Yinzhi. The Dragon and the Eagle: Reforming China's Securities IPO Laws in The U. S. Model, Pros and Cons [Z]. 17 Wash. U. Global Stud. L. Rev. 327, 2018。

② 参见 Matthew D. Latimer. Gilding the Iron Rice Bowl: The Illusions of Shareholder Rights in China [Z]. 69 Wash. L. Rev. 1097, 1105 -06, 1994。

长机会的影响，当经济发展和在世界舞台上竞争成为优先时，投资者保护被降低为次要目标。① Chenxia Shi 指出，自中国证券市场产生，上交所、深交所成立以来，政府对市场和交易所采取了直接的行政管制。由于政府的广泛作用，自建立市场以来，投资者保护一直存在问题。应培育和发展以投资者保护为中心的多层次监管框架，政府监管和自我调节都参与规范市场。② 显然，在此次《证券法》修订中，投资者保护还没有成为中心。注册制强调以信息披露为中心，③ 仍然是为了方便公司上市融资，吸引投资者，而不是为了阻止狂热、盲目投资者。但是，中国资本市场的投资者存在“好赌性”。④ 又决定了中国资本市场的普通投资者天生具有的狂热性、盲目性。如何更好地保护投资者仍然是一个需要回答的问题。

当然，此次《证券法》修订关于投资者保护的规定已经是一个进步。下一步，应当激励投资人协助政府管理市场。⑤ 让投资人也可以在维护资本市场的正义中切实获得自己的利益。这对投资者来说，付诸行动的成本要小、利润要高。比如，证券诉讼不仅要能容易启动，而且要可以得到很好的执行。投资者保护制度的完善将有利于吸引更多投资者。推至极致，如果所有公民都成为证券投资者，那么上市公司将成为“全民企业”，为国有企业改革提供另一个可供思考的角度。

（三）未来挑战：数字经济时代的挑战

本次《证券法》修改总体上仍然是在传统《证券法》的框架下进行，尚未对数字经济的发展进行充分回应。数字经济在证券监管方式、监管主体、监管对象及产品等方面都提出了挑战。⑥ 此问题也是其他国家可能面对的问题。例如，有研究指出，美国当前的证券监管框架源于大危机时代，难以应对公有

① 参见 Teresa A. Teng. Mismatched Regulatory Regimes: How Chinese Reverse Mergers——and China Mediaexpress Holdings, INC. ——Evaded Scrutiny Through Regulatory Conflicts and Loopholes [Z]. 11 N. Y. U. J. L. & Bus. 397, 2014。

② 参见 Chenxia Shi. Protecting Investors in China Through Multiple Regulatory Mechanisms and Effective Enforcement [Z]. 24 Ariz. J. Int'l & Comp. L. 451, 490, 495, 2007。

③ 参见唐应茂. 证券法、科创板注册制和父爱监管 [J]. 中国法律评论, 2019 (4): 130－140。

④ 参见蒋大兴. 国民性、资本市场与法律的深层结构——民众的“好赌性”与市场调控法则 [J]. 北方法学, 2009, 3 (1): 5－18。

⑤ 参见 Sharon M. Lee. The Developmenr of China's Securities Regulatory Framework and Tje Insider Trading Provisions of The New Securities Laq [Z]. 14 N. Y. Int'l L. Rev. 1, 2001。

⑥ 参见谢琳. 数字经济对证券监管制度改革发展影响的评估与展望 [J]. 人工智能法学研究, 2019 (1): 17－31、205－206。

区块链中的资金募集，公有区块链中的资金募集具有分散性、全球性、匿名性等特征。①

此外，数字经济时代信息传播更加迅速，导致对信息高度依赖的证券市场国际化强于诸多领域。各国证券市场相互影响程度扩大。例如，2020 年 3 月受新冠肺炎疫情影响，各国股市普遍大跌。② 即使新修改的《证券法》充满着对证券市场规制的放松也难以改变在受疫情影响下股票处于低位的情形。是新冠肺炎疫情影响过于严重，还是《证券法》修改仍未到位？此问题的答案或许要等到疫情影响消除才可知。但是也给《证券法》修改提出了一个新的问题：如何在数字经济时代保持我国证券市场的健康发展。数字经济在带来了机遇的同时也带来了挑战。新冠肺炎疫情的爆发更加凸显了在数字经济中可能遇到的挑战。此为《证券法》修改的国际化提出了更高层次的要求，即不仅要在原来的框架下完善，更要注意如何创新制度抵御来自国际市场的不良影响。

总而言之，新《证券法》颁布，证监会相对于上市公司、证券交易所、证券公司的定位有所改变。相对于上市公司，管制相对放松，而相对于证券交易所、证券公司，管制可能会进一步加强，当然方式也有所转变。相对于上市公司原来最严格的是事前审核其上市资格，而对于证券交易所、证券公司更多的是事后监督。这个转变体现了证监会放权于市场，对市场活力的尊重。而相对于投资者、法院、立法机关，其角色仍然大体维持。这也是《证券法》下一步继续发展的一个方向。从对投资者保护的工具性定位这一特色来看，新《证券法》仍然是一部过渡时期的《证券法》，当前证券投资者占全体公民比例还有很大的提升空间。可以预见的是，新《证券法》将极大促进我国证券市场的发展，从而吸引更多的证券投资者，壮大证券投资者的力量，从而为我国《证券法》的下一步转型奠定基础。可以预见，其仍然会面临来自历史遗留的国有企业治理，以及来自数字经济时代的信息技术洪流等问题，其解决关键都将是以公共规制调整之不变以应对市场自由要求之万变。

---

① 参见 Randolph A. II Robinson. The New Digital Wild West：Regulating the Explosion of Initial Coin Offerings [Z]. 85 Tenn. L. Rev. 897，2018。

② 参见广发期货吴施志．新冠肺炎疫情与次贷危机中美股大跌的差别 [N]．期货日报，2020－03－24（003）。

证券概念边界的中美比较：《证券法》改革进路评析

黄　辉*　王　超**

摘　要：在《证券法》修订过程中，一个重要的问题是我国是否应引进美国联邦《证券法》规定并被联邦最高法院多次界定的“投资合同”等兜底条款。通过系统梳理我国《证券法》中证券概念的发展轨迹，深入考察美国经验，并结合我国国情，包括立法和司法机关能力、分业监管体制和金融体系特征等，建议我国现阶段证券立法应沿袭列举模式，循序渐进增加新型证券类型，不宜照搬美国经验，急切引入“投资合同”等条款和大一统证券定义。但作为过渡性措施，其他未列举证券的二级市场监管可以逐步交由证监会统一负责，以解决监管套利等问题，并为将来金融监管体制的深化改革奠定基础。

关键词：证券定义　投资合同　兜底条款　金融监管体制　监管套利

一、引言

随着市场的发展，新的证券和金融投资工具不断涌现。为了全方位监管各种实质意义上的证券，美国1933年《证券法》（*Securities Act of* 1933）和1934年《证券交易法》（*Securities Exchange Act of* 1934）等制定法在列举法定证券种

* 黄辉，香港中文大学法学院教授、博士生导师，中组部“千人计划”特聘专家，华东政法大学“经天学者”荣誉教授。感谢香港政府RGC Direct Grant和PICO Public Policy Research Funding Scheme研究基金的支持。

** 王超，香港中文大学法学院博士后、研究助理。

类之外设置了“投资合同”和“除非文中另有规定”兜底条款。①联邦最高法院通过判例法对兜底条款予以限定和补充，如在 1946 年的 Howey 案中完善了“投资合同”界定标准。② 20 世纪 90 年代以来，证券概念兜底条款被引进我国《证券法》，即国务院依法认定的其他证券。实践中，国务院很少认定其他证券，导致很多金融创新产品被作为非法集资处罚。很多理财产品、P2P 网络借贷产品具有证券属性，但没有被纳入《证券法》调整范围和证监会监管范围。③ 2019 年修订、2020 年生效的《证券法》（新《证券法》）沿袭了列举式立法体例，增加了存托凭证。④

有学者探讨了我国是否应学习美国“投资合同”条款，形成全方位覆盖证券种类和交易活动的统一《证券法》。⑤ 本文将在已有研究的基础上，深入考察美国证券概念及其发展和运行的制度背景，然后结合我国国情进行分析，提出我国《证券法》证券定义立法体例的完善建议。文章结构如下：第一部分是引言；第二部分对我国证券概念的法律移植与进化轨迹进行梳理，分析了新《证券法》对证券概念的改革路径与立法体例；第三部分考察了美国联邦《证券法》和判例中的证券概念厘定方法，分析了其发展路径和主要特征，纠正了已有研究中的一些误解；第四部分提出完善我国证券定义的政策建议；第五部分是结论。

二、我国证券概念的法律演化

（一）《证券法》概念改革进路

证券的定义决定了《证券法》的调整范围，是证券法律制度的初始问题。1999 年生效的我国第一部《证券法》规定了证券是指股票、公司债券和国务院依法认定的其他证券。政府债券被排除在外，其发行和交易由法律、行政法

① 1933 年《证券法》第 2（a）节；1934 年《证券交易法》第 3（a）节。

② SEC v. W. J. Howey Co., 328 U. S. 293, 1946.

③ 关于我国 P2P 等新型金融模式的监管，参见 Hui Huang. Online P2P Lending and Regulatory Responses in China: Opportunities and Challenges［J］. European Business Organization Law Review, 2018, 19（1）: 63；黄辉．网络借贷平台的风险保障金机制研究［J］．清华法学，2018（6）：43－58。

④ 新《证券法》第二条。存托凭证是我国为了吸引海外优质企业回归国内证券市场而移植美国制度的产物。关于我国《证券法》的法律移植，参见王超．中国持股权益披露制度：法律移植与比较研究［J］．投资者，2019（5）：192－207。

⑤ 参见邢会强．我国《证券法》上证券概念的扩大及其边界．中国法学，2019（1）：244－263。

规另行规定。[①] 这一证券概念范围十分狭窄的原因在于当时的立法者认为我国《证券法》所处的阶段还不能全面接轨国际做法，仅应规定我国已有实践经验、并有经济发展现实需要的证券品种。[②] 股票和公司债券正是立法者所认可的有一定经验和现实需要的核心证券种类，体现了立法者对1997年金融危机后的过渡期安排。[③]

《证券法》在2004年、2013年、2014年被修正，但没有对证券概念进行修改。2005年修订、2006年生效的《证券法》（2006年《证券法》）对于证券概念的边界进行了扩展，证券衍生品种的发行与交易、政府债券和证券投资基金份额的上市交易被纳入《证券法》调整范围。[④] 除了《证券法》外，很多地方性法规和国务院部门规章对证券类型进行了限定。这些不受《证券法》规制的证券仍在市场上流通，有学者建议扩宽《证券法》的适用范围，增强《证券法》对部门规章的协调能力，通过立法机关的解释或授权行政部门制定规章来处理问题。[⑤]

2015年以来，《证券法（修订草案）》的讨论伴随着证券概念的激烈争论和立法反复。2015年的一读稿给证券下了统一定义："代表特定的财产权益，可均分且可转让或者交易的凭证或者投资性合同。"[⑥] 一读稿列举类型增加了企业债券、存托凭证和资产支持证券等受益凭证、权证。2019年三读稿第二条删除了一读稿的统一证券定义，并去除了对企业债券、资产支持证券等受益凭证、权证的列举，保留了存托凭证。立法犹豫不定反映了证券概念边界难以厘定。

新《证券法》没有采用大一统的证券定义方式，列举的证券类型包括股票、公司债券、存托凭证和国务院依法认定的其他证券。政府债券、证券投资基金份额的上市交易适用《证券法》，资产支持证券、资产管理产品发行、交易的管理办法由国务院依照《证券法》原则规定。[⑦]

---

① 1999年《证券法》第二条。

② 参见李飞．关于如何确定证券法的调整范围问题［J］．中国法学，1999（2）：25－28。

③ 参见吴志攀．《证券法》适用范围的反思与展望［J］．法商研究，2003（6）：13－22。

④ 2006年《证券法》第二条。

⑤ 同注③。

⑥ 2015年《证券法（修订草案）》第三条。

⑦ 新《证券法》第二条。资产支持证券和资产管理产品的相关规则由国务院制定，可以解决立法的统一性问题，但仍需努力解决执法的统一性问题，以实现行为监管的真正统一。参见黄辉．资产管理的法理基础与运行模式：美国经验及对中国的启示［J］．环球法律评论，2019（5）：128－142。

（二）《证券法》立法体例评价

新《证券法》保留了列举式立法体例，只有符合《证券法》规定的金融工具才算《证券法》意义上的证券。某些金融工具即使符合证券学理定义也不能受到《证券法》规制，如一些受到中国人民银行和国家发展改革委监管的金融工具。证券概念宽窄问题不仅是逻辑问题，更是划分部门监管职权的现实经验问题。[①] 自《证券法》颁布以来，证券概念始终坚持列举式立法体例，极少补充新证券种类。国务院依法认定的其他证券是我国证券概念边界的兜底条款，被新《证券法》继承保留下来。

新型证券的认定权交由国务院是一个现实明智的选择。全国人大及其常委会不经常行使认定证券种类的立法权。《证券法》只有在大幅度修订的时候才会涉及增加新型证券种类，因此将认定权交由国务院体现了灵活立法策略。证监会与发展改革委、中国人民银行等金融监管部门属于国务院下属的平级单位。证券概念涉及如何划分国务院部门间的职权边界，由国务院这一上级单位来切蛋糕会防止部门之间的权力争夺和监管混乱。然而在实践中，国务院认定的新证券种类为数不多，认定文件仅包括《企业债券管理条例》等。[②] 国务院认定权的沉睡反映了兜底条款的失效，造成新型证券认定权行使领域的跑马圈地、群雄逐鹿局面，认定权事实上由各个部委通过部门规章等方式来行使。[③] 这些通过部门规章认定的新证券种类的合法性备受质疑。[④]

新《证券法》将存托凭证加入法定证券列举种类。存托凭证是指由一国的存托银行收集、保管本国投资者于境外投资所获得的有价证券后，向该等投资者发行的、代表投资者对原始有价证券享有证券权益的可流通证券。[⑤] 这一起源于美国的证券衍生品种移植到我国，目的是吸引海外中国企业回归国内证券市场。《证券法》的修订配合了近年来证监会大力推动的存托凭证改革的步调。2018 年 3 月 30 日，国务院办公厅转发了证监会《关于开展创新企业境内发行股票或存托凭证试点的若干意见》（以下简称《存托凭证意见》）。2018 年 6 月

---

① 参见邢会强．我国《证券法》上证券概念的扩大及其边界［J］．中国法学，2019（1）：244－263。

② 参见叶林．证券法［M］．北京：中国人民大学出版社，2013。

③ 例如，央行制定了《全国银行间债券市场金融债券发行管理办法》。参见注②。

④ 参见吕成龙．我国《证券法》需要什么样的证券定义［J］．政治与法律，2017（2）：138－150。

⑤ 存托凭证的上位概念是证券衍生品种，参见叶林．证券法［M］．北京：中国人民大学出版社，2013。

6 日，证监会正式发布《存托凭证发行与交易管理办法（试行）》（以下简称《存托凭证办法》）。[①] 证监会的《存托凭证意见》得到国务院办公厅的转发和背书，存托凭证被作为新型证券类型加入新《证券法》似乎是顺理成章的。

三、美国证券概念的发展与修正

美国证券概念的边界是由联邦《证券法》规定并被联邦最高法院等多次界定的“投资合同”和“除非文中另有规定”兜底条款所厘定的。为了对我国证券概念进行科学合理界定，本文梳理了美国联邦证券成文法（1933 年《证券法》和 1934 年《证券交易法》）和联邦法院系统对证券概念的发展进路。

（一）联邦成文法和判例法

美国 1933 年《证券法》第 2（a）节列举了证券的外延，即除非文中另有规定，证券是指任何票据、股票、库存股票……投资合同证书……或被普遍视为证券的任何权益或票据，或与上述任何一项相关的权益或参与证书、暂时或临时证书、凭证、担保证书、认股权证或认购权、购买权。[②] 1934 年《证券交易法》第 3（a）（10）节规定了相似的证券定义。一些证券被排除在《证券法》适用范围之外，如任何为宗教、教育、慈善等目的而组建营运的非营利公司发行的证券。[③]“投资合同”和“除非文中另有规定”兜底条款使证券定义具有了开放性。除了国会可以立法补充外，法院可以通过判例解释将新型金融工具纳入和排除出证券定义。这被学者称为功能包涵（Functional Inclusion）和功能排除（Functional Exclusion）。[④]在确定什么是符合联邦《证券法》规定的证券上，1933 年《证券法》没有授权证券交易委员会（SEC）加入新的证券种类，而联邦法院却享有几乎不受限制的自由裁量权。[⑤] SEC 负责新型证券的初步鉴定，但证券的最终认定权力落在联邦法院身上。[⑥]

首先，联邦法院采取了功能包涵路径。联邦法院在确定新型证券认定标准

---

① 《存托凭证办法》第二条。

② 中国证券监督管理委员会．美国《1933 年证券法》及相关证券交易委员会规则与规章［Z］．2015。

③ 1933 年《证券法》第三节。

④ 参见 Gary S Rosin. Functional Exclusions from the Definition of a Security［Z］. 28 S TEX L REV 333, 1986。

⑤ 参见 Frederick H C Mazando. The Taxonomy of Global Securities: Is the U. S. Definition of a Security Too Broad［Z］. 33 NW J INT'L L & BUS 121, 2012。

⑥ 参见 United Housing Foundation. Inc. v. Forman, 421 U. S. 837, 848, 1975。

的时候对“投资合同”进行了发展，依据经济实质方法和文义解释方法判断一个投资工具是否是证券。[①]在1943年的SEC v. C. M. Joiner Leasing Corp. 案中，联邦最高法院采用了经济实质方法，认为证券概念的范围足够宽泛，可以涵盖新奇、不寻常或不规则的投资工具。法院仅以笼统的商业属性来判断一个新型投资工具是否属于“投资合同”或“被普遍视为证券的任何权益或票据”。[②]在1946年SEC v. W. J. Howey Co. 案中，联邦最高法院进一步完善了“投资合同”标准，将其定义为一个人将其资金投资于一个共同的事业，并仅通过发起人或第三方的努力获得利润的合同、交易或计划。[③]最高法院在Howey案中强调了经济实质和《证券法》的补救目的。[④]它体现了一种灵活的而不是静态的原则，确立的证券定义要素包括投资者提供资金并分享收益和利润，以及发起人管理、控制和经营企业。[⑤]投资工具的认定与该企业是否具有投机性或该投资工具是否具有独立内在价值无关。[⑥]

其次，联邦法院也采取了功能排除路径。法院在1975年的UnitedHous. Found. , Inc. v. Forman案中将一项投资工具排除在证券定义之外。尽管股票是法定定义中列出的证券种类之一，法院却认为非营利性住房公司的股票不是联邦《证券法》规定的证券，理由在于其不具备通常与股票有关的显著特征。该交易的经济实质并不是为了获利而进行的投资，而是为了获得低成本的租赁住房。[⑦]在1976年Touche Rose案和1984年Arthur Andersen案中，联邦第二巡回上诉法院列出若干种属于“除非文中另有规定”的金融票证，视其为一个家族。[⑧]除了经济实质方法，联邦法院也会不时采用文义解释方法。在1985年的

---

① 参见Douglas M Branson, Karl Shumpei Okamoto. The Supreme Court's Literalism and the Definition of Security in the State Courts'［Z］. 50 WASH & LEE L REV 1043, 1993。

② 如果有证据表明这些新奇的投资工具是根据商业上的“投资合同”或“被普遍视为证券的任何权益或票据”的交易条款或程序而广泛发行交易的，这些投资工具就是证券。参见SEC v. C. M. Joiner Leasing Corp. , 320 U. S. 344（1943）. 商业属性比投资性的外延更广，也更为模糊。为了进一步清晰界定证券概念，1946年的Howey案对投资性具体标准进行了界定。

③ 参见SEC v. W. J. Howey Co. , 328 U. S. 293（1946）。

④ 同注①。

⑤ 投资合同具体要件包括：包含金钱投资的计划；共同利益体；获利期望；利润完全来自他人的努力。

⑥ 参见SEC v. W. J. Howey Co. , 328 U. S. 293（1946）。

⑦ 参见United Hous. Found. , Inc. v. Forman, 421 U. S. 837, 1975。

⑧ 参见余涛．论美国证券法中“其他证券”的界定：规则演变及相互关系［J］．证券市场导报，2020（2）：69－78。

Landreth Timber Co. v. Landreth 案中，联邦法院关注了证券属性的字面含义（Plain Meaning）。[①]最高法院认为，如果一个投资工具被标签为股票并具有股票的所有典型特征，法院将不需要审视其经济实质以确定其是否是《证券法》意义上的证券。文义解释方法的使用表明了法院希望使联邦《证券法》的适用更具可预测性。法院认为，只有当案件涉及的投资工具是不寻常的且不易被划归证券时，才有必要对交易的经济实质进行审查。然而，在 1990 年 Reves v. Ernst & Young 案中，最高法院确立了以家族相似性（Family Resemblance）标准为核心的 Reves 规则。新型投资工具是否列入该家族取决于买卖双方的动机、分配计划、投资者的合理预期、是否存在其他风险防范或救济措施。[②] Reves 案的判决似乎又回归到了经济实质方法。

州法院对 Howey 等联邦判例法规则进行了发展。1971 年，夏威夷州最高法院确立了风险资本规则（Risk Capital Test），认为 Howey 规则不能充分保护投资者。法院不应纠缠于对“仅通过”等词的解释，而应关注证券交易的经济实质：被要约人将初始价值提供给要约人；初始价值受制于某一实体的风险；要约人对被要约人的价值回报承诺；被要约人对实体的管理决策不享有实际的控制权。[③]

（二）证券定义的非统一性

美国联邦《证券法》的历次改革主要是为了应对金融危机或公司会计丑闻，使投资者免受欺诈和重获信心。这决定了法定证券定义范围较为宽泛，但美国证券定义边界并非大一统的界定方式，诸多因素对美国证券定义的统一性和扩张性产生了约束作用。如前所述，联邦最高法院在行使证券的认定权过程中采用了不同方法，对不同案件中“投资合同”边界进行限定的尺度不一，[④]在

① 参见 Landreth Timber Co. v. Landreth, 471 U. S. 681, 690, 1985。

② 参见 Reves v. Ernst & Young, 110 S. Ct. 945, 945 – 960, 1990。

③ 参见 State by Commissioner of Securities v. Hawaii Market Center Inc. , 52 Haw. 642, 647 – 648, 1971。

④ 在 1943 年 SEC v. C. M. Joiner Leasing Corp. 案和 1946 年 SEC v. W. J. Howey Co. 案中，联邦最高法院采用了经济实质方法，广泛应用了“投资合同”定义，强调了《证券法》的补救目的。而在 Landreth Timber Co. v. Landreth 案中，联邦最高法院适用了文义解释方法而非经济实质方法，认为不需要审视股票的经济实质以确定其是否是证券法意义上的证券。参见 Douglas M Branson and Karl Shumpei Okamoto. The Supreme Court's Literalism and the Definition of Security in the State Courts［Z］. 50 WASH & LEE L REV 1043, 1993。

不同历史阶段也采用了不同的裁判立场。①除了联邦最高法院，SEC 和金融监管体制也对证券概念具有强大的塑造作用。

首先，由于受到自身部门利益的影响，SEC 对待不同联邦证券法律文件中的证券定义时采用了不同标准。美国 1940 年《投资公司法》（*Investment Company Act of* 1940）对证券的定义范围与 1933 年《证券法》和 1934 年《证券交易法》略有不同。在 1982 年之前，SEC 的立场与所有联邦证券立法中的证券定义是对等的。在 1982 年后，联邦最高法院限制了 1933 年《证券法》和 1934 年《证券交易法》对证券的定义。②因此，SEC 的立场发生了变化，认为 1940 年《投资公司法》规定的证券定义比《证券法》和《证券交易法》范围更宽。③通过使用行政程序，SEC 有时会制定与相关联邦证券法规和判例法不一致的实质证券规则，将新的实质性的标准移植到现有法规或规则中。④有学者支持 SEC 对不同联邦成文法中证券概念的不对等立场，认为 1940 年《投资公司法》具有不同于《证券法》的监管目标。⑤也有学者反对 SEC 的不对等立场，认为所有联邦立法中的证券定义应该具有对等性，SEC 试图通过扩大证券的定义来扩大其管辖范围，这超出了公平法律解释的范围，且与《投资公司法》的立法史和判例法不一致。⑥

其次，美国分业监管的金融体制根深蒂固，限制了证券定义的扩张。1929 年经济危机造成的巨大损失促使国会通过了分业经营的 1933 年《银行法》

---

① 例如，1943—1967 年，法院采取了扩张主义的立场，倾向于扩大证券法的适用范围以保护投资者；20 世纪 70 年代，法院转而采取限制主义的立场，限缩了证券定义的适用范围。随后，法院在两种立场之间不断摇摆。参见 Randall W Quinn and Paul Gonson. Development of the Securities Law in the Supreme Court: The Definition of Security and the Implication of Private Rights of Action [Z]. 35 HOWARD LJ 319, 1992。

② 在 1982 年的 Marine Bank 诉 Weaver 一案中，最高法院审议了联邦保险存款证明（Federally Insured Certificate of Deposit）是否为 1934 年《证券交易法》第 10（b）条所指的担保。美国政府提交了一份简报，承认存款证明不是一种《证券交易法》下的证券，但应属于《投资公司法》下的证券，因为《投资公司法》呈现了一个明显不同的背景。联邦法院认为，每项交易都必须根据所涉文件的内容、预期的目的和整个事实背景进行分析和评估。参见 Marine Bank v. Weaver, 455 U. S. 551, 560 n. 11, 1982。

③ 参见 C Steven Bradford. Expanding the Investment Company Act: The SEC's Manipulation of the Definition of Security [Z]. 60 OHIO ST LJ 995, 1999。

④ 参见 Lewis D Lowenfels. SEC No – Action Letters: Conflicts with Existing Statutes Cases and Commission Releases [Z]. 59 VA L REV 303, 1973。

⑤ 参见 Joseph A Franco. The Investment Company Act's Definition of Security and the Myth of Equivalence [Z]. 7 STAN JL BUS & FIN 1, 2001。

⑥ 参见 C Steven Bradford. Expanding the Investment Company Act: The SEC's Manipulation of the Definition of Security [Z]. 60 OHIO ST LJ 995, 1999。

（*Banking Act of* 1933，又称《格拉斯—斯蒂格尔法》，*Glass - Steagall Act of* 1933），用来保护银行存款人免受与股市波动相关的额外风险。商业银行在法律上不被允许从事证券、保险等金融业务。[①] 1933 年《银行法》人为分割了金融服务和市场，形成了银行业、证券业和保险业分业经营的局面。美国主要的分业监管机构包括美联储、证券交易委员会和商品期货交易委员会等。这种分业监管体制被称为机构监管，且移植到了我国。[②] 20 世纪 80 年代后，美国金融创新不断涌现，银行、证券和保险之间的经营界限日益模糊，于是 1999 年《格莱姆—里奇—布里雷法》（*Gramm - Leach - Bliley Act*）引入了功能监管。2008 年的国际金融危机暴露了功能监管的不协调问题，催生了 2010 年《多德—弗兰克法》（*Dodd - Frank Act*），设立了金融稳定监督委员会来应对金融体系稳定性问题。然而，利益集团的影响使美国金融监管体制仍没有转变模式，分业监管的金融监管体制对 SEC 的监管权力扩张产生了约束作用。[③]

四、我国证券概念的未来之路

（一）兜底条款的学理争论

在改革方向上，很多学者主张在列举证券种类的同时归纳一个全方位的证券定义。[④] 在具体路径上，《证券法》应借鉴美国经验特别是“投资合同”概念，将第二条第一款修改为股票、公司债券、投资合同和国务院依法认定的证券。[⑤] 有学者将“投资合同”概念细化，凡是符合投资性、横向共同性和风险未受规制性三个核心特征的产品都应纳入《证券法》调整范围。[⑥] 风险未受规制性可谓该证券概念兜底条款，体现了被动接受的属性。其他部委不进行监管的证券种类自然落到《证券法》和证监会监管范围内。这种兜底条款模式将新型证券种类的认定权让渡给其他部门，使证监会享有剩余监管权力。

本文认为，风险未受规制性不能较好地解决证券定义的边界问题。首先，

---

① 参见 Julia Kagan. The Gramm - Leach - Bliley Act of 1999（GLBA），Investopedia，https://www.investopedia.com/terms/g/glba.asp，最后访问日期：2019 年 7 月 18 日。

② 参见黄辉．中国金融监管体制改革的逻辑与路径：国际经验与本土选择［J］．法学家，2019（3）：124 - 137。

③ 2008 年 3 月，美国财政部公布金融体制改革的建议稿，主张转向双峰监管模式。参见注②。

④ 参见陈洁．金融投资商品统一立法趋势下“证券”的界定［J］．证券法苑，2011（5）：1 - 23。

⑤ 参见李有星，杨俊．论我国证券法定范围引发的问题及其解决方案［J］．时代法学，2012（4）：74 - 83。

⑥ 参见邢会强．我国《证券法》上证券概念的扩大及其边界［J］．中国法学，2019（1）：244 - 263。

风险未受规制性并没有真正解决部门监管职权打架问题，反而使证监会和交易所系统处于极其被动的地位。[①] 在国务院很少行使认定权的情况下，证监会与国家发展改革委、中国人民银行等部委是省部级平级单位，没有足够权威使对方让渡对某一金融工具的监管权力。证券概念的边界必须与现实金融监管政治格局相符合。[②] 如果《证券法》采用大一统的学理证券概念，而在现实中不被金融监管权力格局所接受，反而会损害其权威。

其次，风险未受规制性的证券认定方式可能会降低《证券法》的权威。美国1933年《证券法》第2（a）节规定了证券定义的豁免情况，法院可根据案件具体语境来认定一个投资工具不是证券，即使它可能符合法定证券定义。[③]在1982年Weaver v. Marine Bank案中，联邦法院认为银行存款证书的发行人不必承担联邦《证券法》的反欺诈条款责任，理由是银行存款证书的持有人已经受到联邦银行法的充分保护了。[④]有学者批判了法院的这种根据案件语境来判决的思维，认为法院的做法无视了联邦《证券法》的立法史，并且损害了《证券法》的基本目标。[⑤]相比之下，风险未受规制性的证券排除方式同样会损害我国《证券法》的权威性和可预测性。

（二）循序渐进地逐步改革

本文建议，我国《证券法》循序渐进地增加列举成熟的新型证券，而不是急切加入“投资合同”等兜底条款从而形成大一统的证券概念。作为混业金融监管体制的过渡性措施，我国现阶段证券立法模式仍应沿袭列举式立法体例。学者在具体领域提出了扩大证券范围的建议，包括非法集资[⑥]、集合投资计划[⑦]等。政出多门造成专门监管机关与其他监管机关在具体问题上发生利益与责任

---

① 根据公共选择理论，政府监管部门的决策是从自身利益最大化的角度出发，对各种不同利益集团诉求的最终权衡结果。参见黄辉．中国金融监管体制改革的逻辑与路径：国际经验与本土选择［J］．法学家，2019（3）：124-137。

② 关于我国的金融监管格局，参见注①。

③ 参见Marc I Steinberg，William E Kaulbach. The Supreme Court and the Definition of Security：The Context Clause，Investment Contract Analysis，and Their Ramifications［Z］. 40 VAND L REV 489，1987。

④ 参见Weaver v. Marine Bank，637 F. 2d 157，159（3d Cir. 1980），rev'd，455 U. S. 551，1982。

⑤ 参见Marc I Steinberg and William E Kaulbach. The Supreme Court and the Definition of Security：The Context Clause，Investment Contract Analysis，and Their Ramifications［Z］. 40 VAND L REV 489，1987。

⑥ 参见彭冰．非法集资活动规制研究［J］．中国法学，2008（4）：44-56。

⑦ 参见季奎明．论金融理财产品法律规范的统一适用［J］．环球法律评论，2016（6）：93-106。

的摩擦，使法律条文内容具有妥协性和模糊性，执法具有部门保护主义。① 为了解决监管套利等问题，并为将来监管体制的结构性改革创造条件，中国人民银行、国家发展改革委等监管发行的实质证券的二级市场监管权力可以逐步交由证监会统一负责，其交易活动涉及欺诈投资者的，应由证监会进行处罚和纠正，并允许投资者发起民事诉讼索赔。

上述改革建议的主要依据在于：首先，大一统证券概念是对美国《证券法》的误读，“投资合同”和“除非文中另有规定”被联邦和州法院严格限定解释。美国证券外延认定标准并不具有绝对统一性，而是随着历史时代和认定机构不同而变化。联邦法院通过几十年的判例才积累了对兜底条款的成熟界定经验，而我国目前没有具备此能力的对应机构。全国人大及其常委会、国务院和最高法院都将难以承担有效认定新型证券的任务。全国人大及其常委会相对缺乏经验，修法频率不高。国务院极少行使认定权，且受制于各部委的经验指引和游说。同 SEC 一样，证监会等部委具有扩张部门监管权力的天然欲望，可能产生监管俘获问题。②法院对证券案件缺乏办案经验和积极性。③

其次，金融监管格局对于证券定义的边界起着决定性作用，学理证券概念对部门监管权力划分很难有实质意义，“修改法律也只能在现实的情况下来考虑问题”。④ 决定证券概念边界的不是逻辑上的学理证券概念，而是部门之间监管权力的平衡。⑤证监会与人民银行、银保监会等部委在国务院领导下的分工合作关系类似于香港分业监管体制下证监会与金管局、保监局、积金局的关系。⑥证券概念边界厘定本质是重塑金融监管体制的问题，是各个部委间划分职权、切蛋糕的过程，应考虑金融监管部门的分工现状。任何缺乏现实配套机制支撑

---

① 参见吴志攀.《证券法》适用范围的反思与展望［J］. 法商研究，2003（6）：13－22。财政部、中国人民银行、国家外汇管理局、税务总局、环保局等对证券监管有部分权力，但并不承担直接的责任。

② 参见 Donna M Nagy. Judicial Reliance on Regulatory Interpretations in SEC No－Action Letters：Current Problems and a Proposed Framework［Z］. 83 CORNELL L REV 921，1997—1998。

③ 参见 Robin Hui Huang. Private Enforcement of Securities Law in China：A Ten－Year Retrospective and Empirical Assessment［J］. 61（4）American Journal of Comparative Law 757，2013。

④ 参见吴志攀.《证券法》适用范围的反思与展望［J］. 法商研究，2003（6）：13－22。

⑤ 正如美国财政部报告所总结的那样，证券监管系统是历史发展的产物，而不是单一的总体原理决定的。参见 The Department of the Treasury，Blueprint for A Modernized Financial Regulatory Structure，2008.

⑥ 参见 Douglas W. Arner and Evan Gibson. Financial Regulatory Structure in Hong Kong：Looking Forward in Robin Hui Huang and Dirk Schoenmaker，Institutional Structure of Financial Regulation：Theories and International Experiences 2015。

的大一统证券概念都会遇到现实阻力，加大改革成本甚至沦为一纸空文，有损《证券法》权威和徒增监管部门之间争拗。

再次，中美金融体系性质和证券监管立场不同。美国金融体系以资本市场为主，商业银行在创新资本形成中作用不强。① 我国公司融资模式仍以银行间接融资为主，存在所有制信赖和抵押品信赖，银行体系缺少股权投资文化和介入公司治理的基因。② 如果《证券法》将大量债权性证券的监管权全部交给证监会，将会触及整个金融体系的稳定与健康发展。中国人民银行等中央部委已经积累了大量的监管经验，更适合对于债权融资类的证券进行监管。此外，中美证券监管的立场不同。我国证券概念的界定是为了明确企业的各种合法融资渠道和促进财富合法流通增值，而美国宽泛的证券定义是为了将各种证券纳入《证券法》监管框架。两国《证券法》发展路径不同决定了证券管理立场的不同。③

最后，《证券法》中证券概念对于存托凭证的列举式引进方式体现了实用主义的立法取向，更符合立法者对新型证券的监管职权划分需要。存托凭证在不改变现行法律框架的基础上为境外上市公司在 A 股上市提供了便捷通道，使境外公司无须拆除 VIE 架构。④ 这项改革意义重大，但存托凭证属于证券衍生品种的一类，新《证券法》将存托凭证与证券衍生品种并列，这产生了逻辑上的冲突，可以归因为立法者的实用主义策略。存托凭证是证监会全力推动的重大改革项目之一。一旦改革落实，存托凭证自然会由证监会按照《存托凭证办法》来监管。《存托凭证意见》得到国务院办公厅的转发，乃至存托凭证加入《证券法》证券列举类型，是国务院和全国人大对于证监会监管权力的背书和确认。

五、结论

我国新《证券法》沿袭了证券定义的列举方法，增加了存托凭证类型，保留了“国务院依法认定的其他证券”的兜底条款。实践中，国务院很少行使新

---

① 参见每日经济新闻．中基协洪磊：深化供给侧结构性改革，推动创新资本形成［EB/OL］［2019－05－31］（2019－06－14）．http：//www.nbd.com.cn/articles/2019－05－31/1338435.html。

② 同注①。

③ 参见吕成龙．我国《证券法》需要什么样的证券定义［J］．政治与法律，2017（2）：138－150。

④ 参见杨琨，杨宗杭．中国存托凭证试点的意义和风险［J］．证券市场导报，2018（4）。

型证券的认定权。美国联邦最高法院通过一系列判例确立了作为证券概念兜底条款的“投资合同”和“除非文中另有规定”的判断标准。但鉴于现阶段国情，我国不应直接照搬美国经验采纳大一统证券概念，简单地将符合投资性、横向共同性和风险未受规制性的金融产品都纳入《证券法》调整范围。上述定义标准不能有效解决证券定义的边界问题，也难以真正解决部门监管职权划分的问题，最终有损《证券法》的权威性。《证券法》应循序渐进地增加列举成熟的新型证券，而不是急切加入“投资合同”等兜底条款从而形成大一统证券概念。作为将来金融监管体制深化改革的过渡性措施，我国现阶段的证券立法模式仍应沿袭列举式立法体例。而在行为监管方面，中国人民银行、国家发展改革委等监管发行的实质类证券的二级市场监管职责可以逐步统一交由证监会行使，以解决监管套利等问题。

多层次资本市场的经济解释与结构表现

郑 彧*

摘　要：新《证券法》确立了以证券交易所、国务院批准的其他全国性证券交易场所、按照国务院规定设立的区域性股权市场为结构的三层资本市场结构体系。本文从市场存在和发展的基本经济学解释出发，对我国多层次资本市场所应具有的图谱特征作出概述性分析。

关键词：多层次资本市场　《证券法》

多层次资本市场一词虽已广为人知，但到底什么才是现代经济（金融）意义上的多层次资本市场却仁者见仁，智者见智。尽管新《证券法》确立了以证券交易所、国务院批准的其他全国性证券交易场所、按照国务院规定设立的区域性股权市场为结构的三层资本市场结构体系，① 但是否应该就此止步于多层次市场层次划分的讨论则永未停止。为此，本文试图另辟蹊径，从市场存在和发展的基本经济学解释出发，就新时代背景下多层次资本市场所应具有的图谱特征作出粗略分析。

一、简单的溯源：市场的发展及其基本规律

市场（Market）一词大家都耳熟能详，但对于到底什么是市场却未必众人皆知。经济学家通常认为，市场是将某种产品、服务或者资源的买方（需求

* 郑彧，法学博士，华东政法大学国际金融法律学院教授。

① 当然在每一个层次中还可以继续进行分层，如交易所市场的主板、中小板、科创板、企业板，新三板中的基础层、创新层和精选层。

方）和卖方（供给方）联系在一起的一种机构或者机制。[①] 简单地讲，市场就是一个从事商品交换的场所。这里面包括三个要素：第一个要素是要有标的——商品；第二个要素是从事交换（即交易）这个活动；第三个要素是在一个特定的场所进行这样的交换。其中，对于交换一词的含义，亚当·斯密在其著名的《国富论》一书中是这样认识的"给我那我需要的，你就可以获得这你需要的，是每项交易的意思"；而对于场所，市场不应局限地被认为只是一个有形的地方，因为任何无形但可提供商品交易的方式也可以构成一种交换的场所，这也是科斯在其《企业市场与法律》中把市场定义为"是方便交换而存在的制度，市场的存在是为了减少开展交易活动的成本"的原因。由此，更通俗地说，市场可被理解成买者和卖者决定价格并交换物品或劳务的机制，这也是著名经济学家萨缪尔森所说的"市场是买者和卖者相互作用并共同决定商品或者劳务的价格和交易数量的机制"[②] 的原因。因此，如果从"市场是商品交换的场所"这个定义出发，我们不难回溯到从古至今，市场变迁的基本脉络（见图1）。

图1　市场变迁基本脉络

（一）进化的开始：路边摆摊

从人类发展的历史时期上看，很明显，市场并非是天然存在的一种交换机制。在远古时代，当人类尚且需要为自身的温饱而四处流浪时，早期的捕猎与生产只是解决自身的温饱需求。随着人类从单纯的狩猎、摘取的食物采集者转向以种植、养殖为标志的食物生产者时，[③] 当人类在解决自身生存前提以外还能出现剩余物品时，为了更好满足生活需要使人与人、部落与部落之间的不同产品的交换成为可能。但是，受限于剩余商品的数量与产生的时间，交换活动

---

① 参见［美］坎贝尔·麦克康耐尔，斯坦利·布鲁伊著．经济学：原理·问题和政策（上）［M］．陈晓，等，译．北京：北京大学出版社，2000。

② 参见［美］保罗·萨缪尔森，威廉·诺德豪斯著．经济学（第16版）［M］．萧琛，等，译．北京：华夏出版社，2003。

③ 有关此间转变过程及原因可参见［美］斯塔夫里阿诺斯．全球通史：从史前史到21世纪．［M］．吴象婴，梁赤民，董书慧，王昶，译．北京：北京大学出版社，2017。

虽已逐渐开始，但交换并不是生活的必然场景，只是一种随机性的活动。所谓随机性，是因为虽然人类已经成为食物的生产者，但这种食物生产的过程并不稳定，食物的产量还是需要取决于大自然的恩赐。因此，交换的出现需要取决于食物产量相对于需求是否过剩，只有多的物品才有进行交换的可能。此时的交换存在时间、空间上的约束，有剩余则交换，无剩余就不交换，交换不成也不会对剩余产品的生产者有任何的影响。

（二）进化的发展：庙会、集市

随着人类生产能力的进一步提高，出现剩余物品的机会越来越多，持有剩余物品的人们产生了越来越多以物易物的需求。此时，以路边摆摊的形式虽然可能将剩余物品实现交换，但这种类似于守株待兔式的交换不仅取决于是否有剩余物品的产生，还要取决于三个要素：一是在路边是否会出现买家；二是出现的买家是否有交换的需求；三是买家用以交换的物品是否是摆摊的卖家所需要的。只有满足这三个要素，路边摆摊的交换才有可能发生。因此，从经济学的视角上，这种路边摆摊交换的形式在寻找交易对手上的交易成本是非常高的，根本不适用于出现大规模剩余物品的交换情形。为了更大规模的交换，人们需要有更为有效（换句话说更少交易成本）的交换方式，而庙会、集市这种方式正是对于人类此等诉求的有意识创新。庙会、集市是在特定的时间、特定的地点进行的重复性交易。它的好处在于使任何潜在的交易方有了一个可以较为容易寻找自己交易对手、达成交换机会的预期。相较于一个个独自寻找交易对象的交换方式，这种定期举办的庙会、集市会比较容易找到交易对手，实现对自身剩余物品的出售或者自己所需物品的采购。庙会、集市是逐渐自发形成的市场的雏形，但尚不能称为一种有组织的制度安排。

（三）进化的升级：固定市场的形成

庙会、集市只是一个定期的交换场所，其解决的是在特定时期对各自所持有的剩余物品的交换。但随着社会分工的进一步发展，特别是手工业者阶层的出现以及作为一般等价物的货币的出现，使以围绕货币交换为载体的经常性的交换成为可能。此时，庙会、集市的方式已经不能满足以手工为业的那类人的日常生活、生存需要，更大范围的交换需要有着更为便捷、更省成本的交易方式，因此在庙会、集市的基础上进一步生成具备固定性、连续性的交易市场，使人们可以在一个固定的场所开始从事想要的交换。这类场所可以是专门性的交换场所（如针对马匹出售），也可以是种类综合的交换场所（如大米、蔬菜、手工艺品等），经济学意义上那种交换安排的“机制”开始形成，经济学意义上具有制度安排特征的“市场”由此出现。

（四）进化的定型：有组织性市场的出现

固定市场的形成只是自发性质的庙会、集市的延伸，是一个市场的自然演化过程，但当人类有意识地组织市场、形成市场的时候，有组织的集中市场其实就成为一项人为的制度设计或者制度安排了。比如，早期围绕行业协会而形成的有组织的信息收集、信息交换到商品交换的整个过程；又或者说产生了专门为交易提供撮合、居间服务的场地服务商，出现了有目的、有组织、具备专门中介性质的新型市场类型。其间，典型代表就是以中央化、集中化交易为标志的那些中央商场、百货公司和证券交易所等有组织化的交易场所，这些交易场所是专门为了帮助交易双方达成交易而人为组织的场所，它为交易双方进一步提供了更为便捷、快速、低成本的交换途径。

（五）进化的未来：虚拟化的交易市场

进入20世纪90年代以来，随着电子计算机技术的日益发展，现代技术的应用也深刻地影响到市场的存在形式，特别是远程交易和支付系统的支撑，使交换可以不需要通过有形的场所进行（如阿里巴巴的天猫、淘宝，美国的Amazon网站），许多金融产品的交易也不需要通过固定的场所进行交易（或者即便存在固定的场所，交易者也不需要现身于这种固定的场所进行交易），交易越来越信赖于可远程寻单、下单、交割的电子化系统。由此，市场也越来越呈现一种工具化的色彩，交易的双方无须彼此见面，纵使相隔天涯海角，交易也能便捷地完成。而随着以分布式记账凭证技术（Distributed Ledger Technology，DLT）的运用，未来的市场会呈现一种去中心化，甚至去组织化的交易结构。这些虚拟化、去中心化的新型市场在组织形态上虽有别于传统的集中化、物理化的市场形式，但其却与传统市场存在形非神同的效果。

二、历史的视角：市场发展的经济学解释

从历史上看，商品经济语境下的市场是一个自发的渐进演变过程。在这个演进过程中，虽然市场的形态与方式不尽相同，但我们不难管窥到其中的共同规律：总体而言，从那种零散的路边摆摊到未来的区块链市场，市场之所以能够产生并存在的根本原因在于其向交易双方提供了一种低成本的交易机会。经济学的研究告诉我们，任何交易（决策）都是有成本的，人类活动的基本规律

逃离不脱“成本—收益”的比较分析。我们可以看到，早先的路边摊摆的随机性在某种程度上取决于可交换物品在出售人生活中的剩余程度，只有存在超出生活所需以外的剩余物品时，闲暇之余出来的摆摊不仅不会影响到其自身的生产、生活，反倒有可能额外用剩余物品交换到其所没有的物品（或者货币），从而增加出售者的净收益。生产力的特点决定了路边摆摊的随机性对于摆摊的人是成本最小但收益最高的方式，出售人无须为了出售而产生四处游荡或四处推销的时间成本和机会成本，也不发愁交换无法完成的后果；但当出现了社会分工以后，随着社会分工的细化，相互之间的交换就变得必须且必要（如手工匠人与农民之间的交换），这个时候如果还只靠路边摆摊的随机性，根本无法满足特定人群的需要，因此他们需要在力所能及的范围内寻找最有可能的交易机会，寻找一切可以寻找的机会来兜售自己的商品以换取生存的物质资料。比如，在中国古代，我们经常会看到“商贾”一词。“商、贾何谓也？商之为言，商其远近、度其有亡、通四方之物，故谓之商也。贾之为言固，固有其用物以待民来，以求其利者也。行曰商，止曰贾”①。这就是中国古代人在相互交换和互通有无中使用的“通财鬻②货曰商”③。由于出现了专门的商人，这些商人从事交易的过程同样面临着如何寻找有效的交易对手，如何快速地买到货物或者出售货物的问题，原本单一的“一对一”的交易方式虽能帮助交易的达成，但所要花费的时间大大增加了商人们的交易成本。考虑到无论买方还是卖方都存在着前述交易成本问题，所以集中统一的市场能够帮助商人们快速地找到潜在交易对手（按照现代的话术称之为潜在的优质客户），迅速达成交易。而且固定的场所还能减少商人们不断搬运、运输、寄存货物所需要花费的其他成本，统一的交易市场的出现大大降低了交易的费用，利弊相较，市场能够得以顺利的出现和发展也就成为历史的必然。

基于以上原因，我们不难发现，历史上市场的存在形式大都是以一种“集中化”“中心化”的场所形式出现。因为在当时的历史条件下，这种集中化、中心化的市场方式能够帮助市场的各方主体实现“成本—收益”的最优化（事实上，在实现市场参与个体的“成本—收益”最优化的同时，统一的市场机制

① 参见《白虎通·商贾》。
② “鬻”：拼音 yù，意为卖。
③ 参见《汉书·食货志（下）》。

也为实现全社会商品流动过程中的“成本—收益”最优化提供了实现的机会)。但这并不代表未来的市场仍会是一个集中化、中心化的场所。因为随着电子计算机技术、互联网等现代技术的运用，信息的网络化、支付的电子化可以使交易在一个大的虚拟空间内完成，线上交易、线下交付的“水泥+鼠标”方式使去中心化、去集中化反而成为一种“成本—收益”最大化的交易方式。所以从这个意义上，如果考虑到市场存在的意义和目的就是在于减少市场参与主体之间的交易成本的话，那以电子商务、区块链为代表的新的交易方式只是市场形式的更新，而非代表着具有丰富历史传承的市场这一现象的落寞。

三、资本市场的反应：资本对于市场的需求与体现

资本（Capital）一词的含义比较多，如按照马克思主义政治经济学的观点，资本是一种可以带来剩余价值的价值，它在资本主义生产关系中是一个特定的政治经济范畴，它体现了资本家对工人的剥削关系；而按照西方主流经济学的讲法，资本是包括劳务、土地、资金在内的生产资料向公司进行转移的成果。由此进一步延伸至金融的角度，资本可被理解为企业用于从事生产经营活动以为投资者带来未来经济利益的经济资源，也是企业为购置从事生产经营活动所需的资产的资金来源。由此，资本可以分为自有资产的投入（股本）和负债的投入（负债)，即权益资本与债务资本之分。权益资本是归属于股东权益的资本，股东对其享有利益；而债务资本是归属于债权人权益的资本，债权人对资本的本金及利益享有权益。姑且不论股东资本和债务资本在请求权方面的差异，仅就持有这些资本的投资者而言，单纯的投资并持有没有问题，可一旦需要提前将投入的资本变现，其就跟前述自家剩余物品的路边摆摊所遇到的问题类似，其需要面对寻找交易对手的成本。以16世纪资本主义萌芽时期欧洲股份有限公司（Limited by Share）的股票交易为例，早期的股份交易只是一种“一对一”的交易方式，交易的成功取决于交易双方共同的交易意愿，交易价格的形成需要双方通过谈判形成。由于没有一个集中的交易市场，这种“一对一”的股份买卖对于交易双方而言都存在着对交易对象的搜寻、信息不对称、交易违约的风险等一系列的成本。而且“一对一”的交易方式对于同一家公司的股份交易价格来说并不统一，不能形成未来交易的参照。随着股份公司数量的剧增，以“一对一”的谈判方式转让股份已经不能满足市场（投资者）对股份交易数量与频率的要求，阻碍了以自由流通为特征的股份有限公司股份交

易的成功率，增加了投资者交易股份的成本。此时，专门收集资本转让信息的中介就应运而生，这些专门商的出现就如同定期的集市般有助于交易者减少买卖资本的成本。比如，1786 年波士顿的报纸就开始刊登政府证券价格，1789 年开始定期刊登证券价格，一些报纸还跟踪国际事件分析这些事件对证券价格的影响。随后，这些从事交易服务的经纪商发现，如果能够将各自的信息集中起来进行配对，其时间成本和人力成本会比“一对一”的交易要更为有效和节省成本，于是开始固定、有组织地进行证券的配对活动。这些配对早期是通过“咖啡馆”（类似于固定交易的市场）的方式进行。随着加入“咖啡馆”队伍的经纪人数量的增加和交易数量的增长，咖啡馆这种业余的交易场所已经不能满足证券经纪人的需求，由此固定的交易场所被经纪人们提上议事日程。1790 年，10 位商人创立了费城交易所，开始买卖银行股票和政府债券，形成美国历史上第一个正式的股票交易所。1792 年 5 月 17 日，24 位在街头买卖股票的经纪人聚集在华尔街 68 号前的一棵梧桐树下讨论出举世闻名的《梧桐树协议》（*Buttonwood Agreement*）而成就了纽约交易所。相似地，伦敦证券交易所也是在股票转让交易需求的热潮中，于 1773 年在伦敦柴思胡同的约那森咖啡馆中由股票经纪商组织而成。[①]

由此可见，作为市场的一个类型，以证券交易所（Stock Exchange）为代表的资本市场实际上就是指在一个有组织的系统中为证券的买卖提供一个竞价市场的交易场所。[②] 在证券市场发展过程中，集中的证券交易所在很大程度上是为了降低交易成本而进行的制度创新。它的主要作用是要实现聚集买卖双方的意愿，提供集中撮合服务以最大限度地增加证券交易的成功率，实现资本在不同的时间、地区和行业之间进行转移，完成资本资源的有效配置。在这个基础上，以证券交易所为代表的资本市场的形成就具有了两层含义：一是集中交易市场的形成；二是交易所这一经济组织的诞生。[③] 前者是指通过集中统一的市场进行信息、价格的集合和交易撮合，后者是指这种撮合的功能是通过设立一个有形的组织机构来完成，各市场参与主体围绕着交易场所进行一系列的市场交易行为，因为集中交易的证券交易场所在时间与空间上的集中交易、降低

---

① 参见符启林. 证券法：理论·实务·案例 [M]. 北京：法律出版社，2007。

② 参见 Merriam – Webster's Dictionary of Law。

③ 参见施东晖. 证券交易所竞争论：全球证券市场的角逐方略 [M]. 上海：上海远东出版社，2001。

信息费用等方面具有显著优势。[①] 如同一般的提供交换场所的市场一样，由于可用于在资本市场上投资的资金总量有限、市场的投资者数量有限、资本市场并不是一个效率可被无限放大的市场，资本市场对于市场参与各方提供资源配置的效率仍然要取决于在特定市场从事交易可能带来的成本，这些成本大体上包括交易所自身从事交易撮合所发生的运营成本、证券监管机关和证券交易所从事证券交易监管的成本、市场参与者获取潜在交易对象信息的成本、投资者选择交易对象的机会成本、市场参与者投资失败的成本，基于这些成本的客观存在，为了实现以最小成本、最大效率提供交易的目标，特定的证券交易所可服务的上市证券的数量必然不是无限量的。

四、多层次资本市场的结构：过去、现在与将来

如前所述，由于从分散化、偶然化的市场走向中心化、固定化的市场在本质上是出于减少交易成本、提高交易效率的考虑，因此有关多层次市场的理解也应建立在这个市场的本质基础上考虑：多层次资本市场中的“多层次”是指能够满足不同主体需求、适应不同交易成本的市场结构。无论是所谓的主板市场、创业板市场、新三板还是区域股权市场，多层次资本市场的错位发展与有机联系的本质在于清晰地定位市场功能的相同点与不同点：从相同点的角度而言，如之前所述，资本市场的存在都是为了提供高效、快速的交易服务，减少市场参与人的成本，这是共性；而从不同点的角度，是因为标的公司的不同会产生不同层次、不同方面的交易需求，由此出现合而不同的市场，各个市场间呈现互相竞争、互相合作的关系。总体来看，多层次资本市场一定是一个既有竞争又有合作的市场，并且因为各自市场存在的目的、服务的价值不同，因此也就会有彼此的竞争，不同层次的市场各自在满足各自目标对象的基础上形成对服务价值不同的理解和认知，从而采取不同的上市标准，形成横向的对于挂牌主体的资源竞争关系，促进市场的纵深发展。打个比喻，资本市场的多层次跟现实生活中的商场结构本无很大的不同：在现实的世界，市场的形式可以有精品百货店、大卖场，也可以有农贸批发市场、Shopping Mall 等不同类型，因此，多层次的资本市场当然也可以允许赚钱的企业、亏钱的企业、发展成熟的

---

① 参见 Donald C. Langevoort. Information Technology and the Structure of Securities Regulation [Z]. 98 Harvard Law Review, Vol. 98, No. 4, p. 747。

企业、初创企业进入市场寻求融资机会和交易机会，发行人与投资者各求所爱、各取所需。

从一些发达国家的经验来看，其证券市场的结构层次丰富，建立了包括主板市场、二板市场、场外交易市场和地方性产权交易市场在内的、健全的、多层次的市场体系。在分层次的证券市场体系中，各个市场的功能各不相同。场外交易市场主要是为处于创业过程初创阶段后期和幼稚阶段初期的企业提供筹集资本性资金的场所，以及解决这些企业资产价值（包括知识产权）的评价、风险分散和创业投资的股权交易问题。同时，它也可以承接从主板退市的公司股票交易的功能。二板市场主要解决的是创业过程中处于幼稚阶段中后期和产业化阶段初期的企业在筹集资本性资金方面的问题，以及这些企业的资产价值（包括知识产权）评价、风险分散和创业投资的股权交易问题。主板市场主要解决已成型的高新技术产业的后续融资问题。各个层次的市场的定位与功能要不同，相互之间的分工要有差异性，市场之间要具有明显的相互承接性，从而形成一种梯状的、能进能退的、体系健全的梯级市场体系。比如，20 世纪 70 年代初全美证券商协会推出的 NASDAQ 市场，其定位原本就是收集和发布场外交易非上市股票的证券商报价，但随着市场的需求，其开始针对创业型、科技发展型的企业提供股份转让的报价服务（挂牌交易），这些初创企业在早先并不符合纽交所的选择胃口，但却成功地连接了创业企业与风险资本之间的联系，NADSAQ 提供了这些风险资本和后续资本退出与购买的机会，从而在间接上推动了前端的风险资本对于初创企业的投资动力。而随着市场的进一步扩大和初创企业“冒险”的成功，NASDAQ 在其内部系统也逐渐分离出了针对不同上市资源的纳斯达克全国市场系统和纳斯达克常规市场（纳斯达克小型市场）。2006 年 7 月，纳斯达克又通过引入更高的上市标准，成立了纳斯达克全球精选市场，同时将纳斯达克全国市场更名为纳斯达克全球市场，纳斯达克小型资本市场更名为纳斯达克资本市场，由此形成满足不同投资和上市需求的三个不同层次的市场板块以满足不同投资者和发行人的融资、挂牌和交易需求。在 NASDAQ 市场向上竞争的压力下，纽约证券交易所也呈现了向下扩张的趋势，其通过 20 世纪前十年的一系列并购形成了 NYSE（类似于我国的主板）、NYSE Arca（类似于我国的创业板）和 NYSE MKT（类似于我国的中小板）三个市场层次，不同交易所之间、同一交易所不同板块之间互相竞争、互相融合，形成为发行人和投资者提供最佳交易效率和最低交易成本的市场结构，由此实现多层次资本市场之间资源的互换，各个层次市场之间可以实现优势互补，形成良性循环。

除此之外，由于与传统市场同样存在着严格的成本劣加性[①]的特点，这使现代资本市场到目前为止呈现的仍然是一个从分散化到中心化的集中交易体系，其背后的根本原因无非也是基于外部交易成本内部化下的规模经济（E-conomies of Scale）考虑。但随着计算机技术的发展，以服务创新为代表的制度可能会促成资本市场类型和结构的进一步转变，特别是以区块链为代表的分布式记账凭证技术将使我们原先那种按照中心化的大小所形成的多层次资本市场结构重新打乱成分散的、去中心化的结构，由于投资者的可触及性机会增加，市场结构很有可能出现扁平化而非层次化的结构：在高速发展的互联网时代，投资者有机会通过更为直接的信息播放、信息传播和信息收集系统了解彼此的交易需求，有着可能相对于进场交易更为便利和更为节省成本的技术手段进行交易，此时原来集中、统一的证券交易所可能反而倒显出其内部不经济性。所以当以人工智能、区块链为代表的新技术在金融领域开始运用时，科技对于证券交易方式变革的影响可能再一次得以呈现。国际货币基金组织（IMF）曾经预测金融科技的发展会对金融市场所产生的四个方面的影响：第一，金融科技的发展会使金融市场的分工变得越来越模糊，即市场主体之间的角色边界变得越来越模糊；第二，金融科技的发展会使传统上以资金、专业、网络为特征的市场进入壁垒产生瓦解，市场准入的壁垒产生根本性的变化；第三，在金融市场上，信用问题仍是金融市场发展的重要因素；第四，金融技术的进步会大大提升跨境交易的能力。[②] 具有防伪性的分布式账簿技术适用于资本市场领域将对交易成本产生以下方面的改变：一是为投资标的从发行到交易无须其他中介提供了可能，运用区块链技术，完全可以实现投资标的在创设尚未进入证券市场时就已满足相关要求；二是拓展了证券结算的时间范围设置。目前证券清算与结算往往需要 T + n（n 大于等于 1），而分布式账本技术可以在理论上实现

---

① 成本劣加性（Cost Subadditivity）是指如果在某行业中某单一企业生产所有各种产品的成本小于若干个企业分别生产这些产品的成本之和，则该行业的成本就是劣加的。它表明由一个主体提供整个产业的产量的成本小于多个主体分别生产的成本之和，其所提供的产品或服务的成本随着数量的增加而具有弱增性，该行业属于自然垄断行业而严格的成本次可加性就是强调在产量区间内的任一产出水平上，处处都存在着平均成本递减的情况，其成本函数具有严格的弱增性或劣加性。

② 参见 Dong He，Ross Lechowetc. Fintech and Financial Services：Initial Considerations［R］. IMF Staff Discussion Note No. 17/05，p. 5。

实时结算的功能。在此背景下，2016 年 6 月欧盟证券市场管理局曾发表了《分布式账本技术在证券市场之运用》的讨论报告（ESMA/2016/773），从公共政策层面详细分析分布式账本技术在证券市场（特别是交易后的过户、结算、支付领域）运用的前景，① 日本证券交易所（JPX）的一项专题研究表明，分布式账本技术很有可能通过鼓励新业务的发展，提高运行效率，减少成本从而改变资本市场的现有结构。② 而纳斯达克甚至已经于 2015 年底通过 NasdaqLinq 项目已完成了证券的非公开性交易，而 2017 年 12 月澳大利亚证券交易所为实现实时交易的交易效果，已经在全球第一个金融市场的清算和结算系统中全面使用分布式账本系统。③ 基于这些发展的事实，我们可以大胆地预测一下：在不远的将来，不管是传统证券交易场所中出现以私有链为核心的区块链的交易平台还是在某些技术企业中出现以“技术 + 金融”形式出现的公有链形式的分布式账本平台，④ 多层次资本市场的结构不仅包括了以上市标准为区分的主板、中小板、创业板、新三板，还将涵盖以交易方式划分的线上交易、线下交易市场，以中心化和去中心化划分的场内市场和场外市场之分，可能那种以 7 ×24 小时不间断交易为标志的全球化、多元化资本市场离我们已为期不远。

① 参见 ESMA，The Distributed Ledger Technology Applied to Securities Markets，https：//www. esma. europa. eu/system/files_ force/library/dlt_ report_ －_ esma50 －1121423017 －285. pdf，最后访问日期：2018 年 6 月 20 日。

② 参见 Atsushi Santo ect，Applicability of Distributed Ledger Technology to Capital Market Infrastructure，JPX working paper Vol. 15 （August 2016），pp. 5 －6，https：//pdfs. semanticscholar. org/2d5b/bbdf08e597 e3342864aff26943231c7d1bdd. pdf，最后访问日期：2018 年 5 月 10 日。

③ 虽然澳大利亚证券交易所的这个试验现在看来不是那么成功，但它代表着一个方向。

④ 区块链技术可以分为全开放（开源）和封闭（闭源）两种类型：开源型区块链也被称为公有链，即任何参与方都可以随时加入系统读取数据、发布信息、竞争记账的区块链；而闭源型区块链也称为私有链，其意味着只有获得邀请或者授权的参与方才能加入系统进行数据的读取、信息的发布或者承担记账任务。

新《证券法》中新三板的法律定位及其制度空间

陈　洁*

摘　要：新《证券法》将原第五章"证券交易所"修改成第七章"证券交易场所"，从法律上确认了我国多层次资本市场的基本构架及各层次市场的法律地位。在新《证券法》背景下，如何准确把握新三板的基本定位进而促成新三板与交易所市场、区域性股权市场的良性互动是推进我国多层次资本市场建设的核心环节。本文认为，既不能拘泥于新三板现有的运行机制，也不能满足于现有相关制度的条文解释，而应从新三板在整个资本市场体系中的应有地位与固有功能出发，根据新三板的内在本质、运行规律和市场发展的需要，在更广大和更深入的层次上研究新三板的特殊结构及其内在机理，寻求新三板未来发展的制度空间。

关键词：新《证券法》　多层次资本市场　新三板

建立健全多层次资本市场体系，使其更好地服务于实体经济，是完善我国社会主义市场经济体制、充分发挥市场在资源配置中的决定性作用的重要举措。我国经济发展的不平衡、市场参与者的差异化以及证券市场形态的丰富性等诸多因素，决定了加强多层次资本市场建设是我国当前以及未来相当长时期资本市场发展的重要任务。基于现实的迫切需求，2013 年 1 月，在原有老三板代办系统的基础上，国务院批准设立全国中小企业股份转让系统（俗称新三

* 陈洁，中国社科院法学所商法研究室主任，研究员、博士生导师。

板）。新三板的成立运营，标志着我国资本市场多层次框架的正式形成。但遗憾的是，直到2019年底《证券法》的修订，才将原《证券法》第五章“证券交易所”修改成新《证券法》第七章“证券交易场所”。由“所”改成“场所”，这一字之加，终于从法律上确认了我国多层次资本市场的基本构架及各层次市场的法律地位；彻底结束了过往《证券法》都只重视证券交易所市场并专章规定“证券交易所”而对游离于交易所之外的其他层次的证券交易场所视而不见的状况；标志着经过多年的实践探索，我国多层次资本市场建设进入了一个崭新的历史发展阶段。

新三板是我国资本市场服务民营中小实体经济的重要阵地，在我国整个多层次资本市场体系中居于承上启下、上接下连的枢纽地位，在新《证券法》背景下，如何准确把握新三板的基本定位进而促成新三板与交易所市场、区域性股权市场的良性互动是推进我国多层次资本市场建设的核心环节。本文认为，要准确界定新三板的法律定位及其在我国多层次资本市场中的结构功能，既不能拘泥于新三板现有的运行机制，也不能满足于现有相关制度的条文解释，而应从新三板在整个资本市场体系中的应有地位与固有功能出发，根据新三板的内在本质、运行规律和市场发展的需要，在更广大和更深入的层次上研究新三板的特殊结构及其内在机理，进而寻求新三板未来发展的制度空间。

一、新《证券法》中新三板的基本法律定位

新《证券法》第七章“证券交易场所”以三个条文（第九十六条、第九十七条、第九十八条）对证券交易所、全国性的证券交易场所和区域性股权市场进行了三分法的规定，使我国资本市场的层次性得以确立和明晰。就新三板而言，新《证券法》明确了新三板市场的定位属性，并初步勾勒了新三板与证券交易所以及区域性股权市场的联系与界分。

（一）新三板是全国性的证券交易场所

新《证券法》第九十六条将新三板界定为“国务院批准的其他全国性证券交易场所”，表明了新三板和证券交易所同属全国性的证券交易场所。全国性证券交易场所的基本内涵包括三个方面：其一，全国性证券交易场所是由国务院代表国家批准成立的，其设立、变更和解散均由国务院决定。相应地，全国性证券交易场所也是由国家管理的，属于国务院证券监督管理机构直接管理的单位。无论是上海证券交易所、深圳证券交易所还是新三板，都是中国证监会

的会管单位。中国证监会不但对其业务、人事、财务、行政等各方面进行管理，其高级管理人员也由中国证监会直接任命。至于地方性的证券交易场所，依据新《证券法》第九十八条之规定，只能由地方根据国务院的规定设立，并非由国务院批准。它的设立、变更和解散也非由国务院决定，其人事、财务、行政等各方面也由地方进行管理。其二，申请在全国性证券交易场所发行上市和挂牌的企业以及提供市场服务的中介机构来自全国各地。从沪深证券交易所上市公司以及新三板挂牌公司来看，这些公司及其券商，以及会计师事务所、律师事务所、证券咨询机构、资产评估机构等中介机构同样来自全国各地。至于区域性市场的挂牌公司绝大多数具有本地化属性，基本上是该区域的地方性企业。即使有外地企业在该地交易场所挂牌上市，其本质上也是例外的。其三，全国性证券交易场所的发行、上市、交易、结算等各种制度安排是全国统一的，标准是一致的，对市场参与者，包括上市公司和挂牌公司、中介机构、投资者的监管也是全国统一的。换言之，无论是国家立法机构、国务院行政机关和国务院证券监督管理机构发布的涉及全国性证券交易场所的法律、法规、部门规章和规范性文件，还是沪深证券交易所、全国股转公司作为自律管理机构发布的各项业务规则、业务细则等，其效力适用范围均覆盖全国。

（二）新三板是集中的场内市场

新《证券法》在第七章“证券交易场所”中明确新三板是全国性的证券交易场所的基础上，在第九章“证券登记结算机构”中进一步界定了新三板是集中的场内市场。关于场内市场与场外市场的划分标准，传统上主要有“场所说”和“组织说”两种观点。“场所说”的观点认为，场内市场与场外市场的实质区别是证券交易场所的不同。“组织说”的观点则认为，二者的实质区别是有组织的市场和无组织的市场，有组织的市场是指经过有关部门批准的，以正式的证券交易所为固定地点集中进行交易的场所；无组织的市场则指由经纪人或买卖证券的双方当事人聚集于一个临时的地点进行直接交易的场所。其实，无论是“场所说”还是“组织说”，二者都强调了交易场所物理形态的差异，而物理形态的差异只是形式上的差异，并不能准确反映场内市场和场外市场的实质区别。在实践中，随着互联网及电子技术的发展，传统的有形市场前提下所谓场所乃至组织的概念已经日益模糊，场内市场与场外市场的根本区别已经不在于其提供交易市场或者设施的基本经济功能上，而主要看其是否采取集中竞价撮合成交的证券交易结算模式以及特殊的法律制度安排。

首先，就交易结算模式而言，我国场内市场必须将其场所内证券的登记、存管、清算、交收统一集中在中国证券登记结算公司，而场外市场对此并无强制性要求。新《证券法》第一百四十八条规定："在证券交易所和国务院批准的其他全国性证券交易场所交易的证券的登记结算，应当采取全国集中统一的运营方式。前款规定以外的证券，其登记、结算可以委托证券登记结算机构或者其他依法从事证券登记、结算业务的机构办理。第一百五十条规定："在证券交易所或者国务院批准的其他全国性证券交易场所交易的证券，应当全部存管在证券登记结算机构。证券登记结算机构不得挪用客户的证券。"结合市场实践，在整个交易链条中，投资者完成证券交易后，买卖双方还需要通过清算交收才能实现交易目的，即证券的卖方获得资金，证券的买方获得证券。由于场内交易场所具有和证券登记结算机构集中统一的业务关系，因而能顺畅地将交易的最后环节很好地执行下去，保证买卖双方的履约，从而实现买卖双方的交易目的。但从场外市场的交易模式来看，其所涉证券的登记、结算、存管、交收并不要求采取全国集中统一的运营方式，实践中视不同市场、不同交易品种而做法各异。

其次，就法律制度安排而言，场内市场往往具有特殊的设立条件、内部的治理结构、特定的自律监管职责以及政府监管方面的强制性要求。这些法律和监管上的差异，使场内市场和场外市场相比较，设立条件更高，规则更加统一严密，市场公开透明、监管严格、处罚严厉，因此风险一般要小于场外市场。例如，就规则而言，证券交易所或者国务院批准的其他全国性证券交易场所通过法律、法规、部门规章、规范性文件以及自律管理规则等组织和监督证券交易，通过发行规则、上市（挂牌）规则、交易规则、会员管理或者券商管理规则等业务规则、业务细则分别对发行人、上市公司或者挂牌公司、证券市场交易参与人、证券中介机构等实施管理和监督。除统一的制度规则外，新三板和证券交易所一样，为证券集中交易提供场所和设施，组织和监督证券交易，实行自律管理。这些要素都是证券集中交易市场所具备的，也是集中市场的本质特征之所在。

（三）新三板本身也是个多层次市场

新三板是我国多层次资本市场体系的重要构成，而且新三板本身也是个多层次市场。新《证券法》第九十七条规定："证券交易所、国务院批准的其他全国性证券交易场所可以根据证券品种、行业特点、公司规模等因素设立不同的市场层次。”依此规定，探究新三板在我国多层次资本市场体系中的定位功能，可以从两个层面加以分析。

从宏观层面来看，我国资本市场整体上体现为三个层次：一是证券交易所层面，由上海证券交易所和深圳证券交易所构成的市场；二是国务院批准设立的其他全国性证券交易场所市场，即新三板市场；三是区域性股权转让市场，由全国各省市自治区的地方股权交易中心构成。这三个层次体现为金字塔式的逐次向上的模式。区域性资本市场为金字塔的底部，新三板市场为金字塔的中部，证券交易所为金字塔的顶部。位于塔底的区域性资本市场是我国多层次资本市场的基础，在这一层面聚集着极为广泛的企业，这些企业初次进入资本市场，目的就是和资本市场有所嫁接，而区域性资本市场为这些企业进一步向上进入更高级的全国性资本市场奠定了基础。位于塔中的新三板市场中的企业在数量上要远远少于塔底的区域性资本市场中的企业，但其规范性、经营状况和经营规模应该高于区域性市场中的企业。新三板市场在资本市场中处于承上启下，上接下连的地位，其对下既可以吸纳区域性市场中的头部企业，对上还可以将自己的头部企业输送给证券交易所市场。位于塔尖的证券交易所市场中的企业在数量上远远少于新三板市场中的企业，但这些企业在规范性、经营状况和经营规模上要高于新三板市场中的企业。可以说，这三个层次的证券交易场所按照《证券法》和相关法规的规定，各自履行职责，在证券的发行、上市、交易、转让等方面发挥着各自的作用。

从微观层面看，各个证券交易场所本身也都是多层次市场，其内部也设立了不同的资本市场层次。虽然它们都有各自的多层次市场，但具体到每一个交易场所，各自的多层次市场也不尽相同，目的和任务也存在差异。在证券交易所层面分别有上海证券交易所和深圳证券交易所，上海证券交易所内又分成主板和科创板两个层次板块，深圳证券交易所又分成主板、中小板、创业板三个层次的板块；与沪深证券交易所叫“板”不同的是，新三板市场设有不同的“层”，具体有基础层、创新层和精选层三个层次；在各股权交易中心也设有不同的板块，如上海股权交易中心设立 Q 板、N 板、科技创新板等。可以说，各个证券交易场所本身的多层次就是为了更好地发挥各个交易场所应有的功能，更好地对应服务不同的实体经济和不同的投资者，最终是为了更好地为实体经济服务。

二、新《证券法》对新三板的立法谦抑及现实的认识分歧

（一）新《证券法》对新三板立法谦抑的考量因素

尽管新《证券法》第七章对“国务院批准的其他全国性证券交易场所”予以明确定位，在该法的其他章节中对新三板也有多处规定，但和证券交易所的有关规定相比，新《证券法》对新三板的规定相当有限。尤其该法在第七章“证券交易场所”22 条规定中仅有 2 条规定了新三板的相关内容，而对证券交易所规定的内容达到 21 条。可见该章名义上为“证券交易场所”，实质还是“证券交易所”专章，和未修订之前的《证券法》并没有实质性区别。

推究这样立法谦抑的缘由，一方面，体现了立法者对我国资本市场的现状，包括证券交易所以及其他全国性交易场所客观发展现实的尊重；另一方面，实际上是给国务院批准的其他全国性证券交易场所的发展预留了法律空间。对于证券交易所，各主要资本市场均有成熟的经验，各国立法对证券交易所的规定也较为完备，证券交易所的规则体系、监管经验也很成熟。结合我国的实际情况，沪深证券交易所成立近 30 年，原《证券法》已经对证券交易所作出了专章规定，因此，在法律上对证券交易所进行较为细致的规定实属顺理成章。至于新三板，因历史成因，其定位属性并不像沪深证券交易所那样清晰。事实上，新三板是在具有场外性质的“老三板”及全国部分高新技术园区的基础上诞生的，其复杂性要远远高于沪深证券交易所，而且新三板在发展过程中，其定位和属性也有过反复。此外，新三板的快速发展致使其挂牌公司急剧增长，这些海量挂牌公司质量参差不齐、差异极大。新三板发展的不成熟及其市场属性的复杂性使该市场的很多问题还需要进一步的研究和探索。因此，在立法上详细规定和固化新三板不但时机不成熟，还会给新三板的实践和探索形成制约。基于上述考量，新《证券法》明确了新三板法律地位并在大的框架下将目前可以把握的问题先行规定，对其他问题则留待国务院行政法规的形式加以规定，待未来时机成熟时再上升为法律，这样立足当前又兼顾长远的立法方式不失为一种明智的立法选择。也正因为如此，《证券法》第九十六条第三款规定了“国务院批准的其他全国性证券交易场所的组织机构、管理办法等，由国务院规定”。

（二）新《证券法》下对新三板的主要认识分歧

尽管新三板和沪深证券交易所都是全国性的证券交易场所，但在新《证券

法》中对后者直接规定为“证券交易所”，对前者则称为“国务院批准的其他全国性交易场所”。辨析“场所”和“所”一字之差，从立法本意以及市场运行机理出发，鉴于新三板和沪深证券交易所在性质、特点、属性、总体定位等大的方面都是相同的，二者只是在具体属性、服务对象、单位类型、发行上市交易的具体方式、市场分层、投资者的适当性管理等方面有些不同，因此，新三板的“场所”和证券交易所的“所”并无本质上的区别。但在实践中，“场所”和“所”一字之差给市场造成极大的认识上的困扰。归纳起来，市场对新三板的认识分歧主要集中在两个方面。

1. 新三板是否为公开市场

基于一直以来新三板以定向发行为主的发行方式，市场对新三板是否为公开市场争议不休。从《证券法》的基本原理出发，公开市场针对的是非公开市场即私募市场。一个证券交易场所是公开的还是非公开的主要依据该市场证券发行、交易方式来确定的。一般来说，能够采取公开发行的方式发行证券的都是公开市场，而在交易方式上，公开市场的投资者也是通过公开方式进行交易的；非公开市场的证券发行方式只能采取私募的形式。新《证券法》第三十七条规定“公开发行的证券，应当在依法设立的证券交易所上市交易或者在国务院批准的其他全国性证券交易场所交易。非公开发行的证券，可以在证券交易所、国务院批准的其他全国性证券交易场所、按照国务院规定设立的区域性股权市场转让”；第九十八条规定“按照国务院规定设立的区域性股权市场为非公开发行证券的发行、转让提供场所和设施，具体办法由国务院规定”。依据上述规定，在我国的证券交易场所中，只有在证券交易所和国务院批准的其他全国性证券交易场所可以公开发行证券，而在按照国务院规定设立的区域性股权市场是不能公开发行证券的。由此可见，新《证券法》澄清了证券交易所和新三板市场是公开市场，区域性股权转让市场则是私募市场。

2. 新三板是否为独立市场

证券交易所是独立的市场，在理论和实践中是不存在争议的，但就国务院批准的其他全国性证券交易场所是否为独立市场却有不同的看法。一部分人认为，新三板不是一个独立的市场，而是沪深证券交易所的预备板，是专门为沪深证券交易所服务的市场板块；另一部分人则认为，新三板市场就是独立的市场。

上述不同观点反映了各方对新三板定位的不同认识，但新三板市场是否为独立市场并不仅仅拘泥于预备板的问题上。实际上，在不同的证券市场之间，上市公司或挂牌公司相互转板是企业的自我选择，也是正常的市场行为。一般来说，低层次或中小型企业市场的上市公司在其发展到一定规模，寻求更大的证券市场是其应有之义，当其达到另一个证券市场发行上市标准时，出于经营和未来发展的要求希望在另一个市场上市也是无可厚非的。各国资本市场的上市公司重新上市、交叉上市、多地上市等并不为奇。因此，判断一个市场是否是独立的市场，并不以该市场是否转板为前提。法理逻辑上判断证券市场是一个独立的市场，至少应当包括四个方面：（1）独立的规则体系；（2）独立的技术系统；（3）独立的市场要素；（4）独立的管理组织。其中，独立的市场要素主要包括三个方面，即上市公司（挂牌公司），中介机构，投资者。独立的管理组织，是指一个独立的证券市场应当有一套独立的管理组织。证券交易场所不仅仅是物理上的场地的概念，最为重要的是有一个能够保证证券交易场所正常运营的组织体系。新三板和证券交易所不仅具备一定的场所和设施、规则体系、技术系统，也具有独立的管理组织。而且，新三板和证券交易所都是适用同样的结算体系，这是由我国法律明确规定的。因此，新三板无疑是独立的市场。值得一提的是，尽管新三板也坚持独立市场定位，但新三板与交易所市场定位不同，在监管制度上也存在差别。改革之后的新三板也不会与沪深交易所形成竞争关系，新三板推出的精选层及转板机制等制度安排本质上为了能够便利精选层与交易所市场的更好衔接，以真正实现我国多层次资本市场的互联互通。

三、新《证券法》背景下新三板未来的制度空间

在2005年《证券法》修订时，新三板尚未成立。因此，2005年《证券法》主要适用于上市公司和证券交易所，对挂牌公司的信息披露、内幕信息知情人与重大事项范围以及相关法律责任等未作具体规定，对于新三板作为证券交易场所的组织机构、权利义务等也缺乏基础安排，从而致使其自律管理的合法性、权威性频受质疑。新《证券法》充分考虑了我国多层次资本市场的建设需求，构建了以证券交易所、新三板和区域性股权市场为主体的多层次资本市场体系，并通过概念延展、新增规定等方式将新三板全面纳入。与2005年《证券法》相比较，新《证券法》关于新三板的规定内容更加丰富、逻辑更加清晰，在一定程度上能够夯实新三板的法律基础。但是，如前所述，新《证券

法》也考虑到新三板市场的实际情况，为兼顾新三板与交易所的共性与个性，按照“共性一体适用，个性留出空间”原则为新三板市场留有了较大的余地。因此，《证券法》对新三板的规定并不像证券交易所那样详尽具体，而是将具体的操作性内容下放给国务院行政法规制定。在目前国务院相关规定尚未出台的背景下，如何积极推动新三板市场行政法规及相关配套规范性文件的出台，以加强新三板的法律地位、充实新三板的具体条款无疑是当务之急。其中，以《新三板条例》为目标导向，处理好以下几个制度设计，是进一步改进和夯实新三板改革发展法治环境的重中之重。

（一）全国股转公司自身运行机制的规范化

新三板不等同于全国股转公司。新《证券法》将全国股转公司定义为国务院批准的其他全国性证券交易场所，与沪深证券交易所相同。全国股转公司是新三板市场的运营机构，提供相关场所和设施，承担着对新三板市场发行挂牌交易市场的组织、监督和管理。因此，它是一个组织体，是法人组织。从全国股转公司的组织结构来看，它是我国第一家公司制的全国性证券交易场所，按照《公司法》的规定运营。在公司治理上，按照股东会、董事会、监事会和经理层三会一层的公司治理结构管理和营运新三板市场。而沪深证券交易所则是会员制的证券交易场所，在交易所的管理构架上是按照会员大会、理事会、监事会和经理层三会一层的治理结构管理和运营沪深交易所市场。尽管新《证券法》已经为公司制证券交易场所预留空间，并形成会员制和公司制并存的二元结构，但新《证券法》法律条文还是围绕会员制交易所的特质展开。因此，在未来《全国性证券交易场所管理办法》或《新三板条例》中应明确新三板作为公司制证券交易场所的属性，并进一步细化公司制证券交易场所的设立、性质、职责、章程、组织构架、公司治理、权利义务、监督管理等，以弥补新《证券法》注重证券交易所并且只规定会员制交易所存在的问题和不足，在满足我国业已出现的多种性质的证券交易场所的发展需求的同时，也更好地顺应国际资本市场的发展趋势并与域外证券交易所的发展实践接轨。

（二）新三板自律规则的体系化

经过不断的探索，新三板已经形成了较为严密的业务规则体系。在纵向上，主要形成了以基本业务规则为核心，以业务细则为具体操作，以指引和指南、问答等为补充的三级业务体系。这个纵向体系实际上是一个由大到小，由粗到细逐步演进的过程；在横向上，新三板业务规则体系涵盖了发行、挂牌、分层、交易、结算、再融资、公司治理、信息披露、投资者适当性管理、市场监察、自律监管和纪律处分等方面。但总体而言，新三板市场业务规则的质量还有待进一步提高。具体而言，从形式上看，现有规则体系与中国证监会涉及市场基本制度、交易方式和交易品种创新、涉港澳台及境外机构重大事项以及涉及市场主体权利义务关系重大调整事项等，均应当制定基本业务规则的要求还有差距。从实质与内容上看，部分条文、规则要求不明确，实践落地困难，可操作性差；涵盖内容不全面，有些常规监管问题未做明确规定，不同部门之间把握也不一致；有些规则简单照搬沪深证券交易所规则，未深入分析市场的个性与共性等。因此，要进一步完善业务规则起草制订工作，在深入研究和科学论证的基础上制定业务规则，切忌囫囵吞枣，照搬照抄，以建立完善符合新三板和挂牌公司特点的自律规则体系。

（三）新三板监管制度的法治化

法律的实施需要强有力的监管支持，但是目前新三板市场监管体系还不够规范，监管的力度和权威性都存在不足。在自律监管方面，自由裁量空间大，部分处罚存在争议。在行政监管方面，自律监管与行政监管协作空间广阔。无论是挂牌公司的日常监管，还是现场检查均尚未充分利用地方证监局的行政监管力量。此外，自律监管与行政监管衔接不顺畅，绝大多数违法违规行为尚未形成明确的线索移送标准和程序。对此，既要加强监管体系的宏观设计，也要对具体出现的法治问题做到立行立改，加强监管执法，维护法律法规和自律规则权威。在开展自律监管的过程中，要以为挂牌公司、投资者及其他市场参与者服务为宗旨，聚焦市场关注问题。对于常见违规行为，则要进一步归纳总结监管标准，降低自由裁量权。同时，要强化科技监管，运用大数据分析，开展挂牌公司、分类投资者的“画像”工作，多渠道、多维度收集、整合挂牌公司信息，为监管工作提供支持，提升监管的智能化水平。此外，还要加强与中国证监会各部门、各派出机构的交流与合作，在联合现场检查、日常监管信息共享等方面加强与地方证监局的监管协作，积极推动自律监管与行政监管的顺利对接，切实提高新三板市场的法治化水平。

关于《证券法》修改与新三板市场法制建设的思考[①]

杨微波*

摘　要：本文梳理了新三板市场法制建设的历程和存在的问题，对新《证券法》与新三板有关的内容进行了全面梳理和分析，并就市场下一步法制重点提出了几点建议，核心是尽快出台新三板条例，以弥补法律规定的不足，进一步夯实市场建设发展的上位法依据。

关键词：新三板　法制建设历程　新《证券法》　新三板条例

2020 年 3 月 1 日正式实施的新《证券法》，将全国中小企业股份转让系统（以下简称全国股转系统或新三板）全面纳入，对于市场的长远发展具有深远意义。当前，全面深化新三板改革正有序推进，在这一时间节点，梳理新三板市场法制建设历程和面临的问题，分析新《证券法》对市场法制建设需求的回应，有助于完善形成新三板下一步法制建设的思路。

一、市场法制建设历程和面临的问题

（一）市场法制建设历程

全国股转系统的前身，是 2001 年经国务院批准、为原 STAQ、NET 两网公

＊　杨微波，全国中小企业股份转让系统有限责任公司法律事务部总监助理。

①　本文是在全国股转公司全体同仁几年来法制建设工作基础上做的梳理。感谢公司总法律顾问牛文婕、法律事务部总监王丽、信息统计部总监助理谢幽篁、融资并购二部王悦、法律事务部武潇和李一茗对本文提出的宝贵意见。

司和退市公司的流通股转让而设立的证券公司代办股份转让系统（俗称老三板）；2006 年，国务院批准中关村园区的股份公司在此进行股份报价转让试点，俗称新三板。这一阶段的市场本质是证券公司的一项柜台业务，法律法规均未对其有所规定，主要依靠证券业协会 2001—2009 年出台的《证券公司代办股份转让服务业务试点办法》等 30 件自律规则及文件进行运转，且当时市场功能并不完备，相关规则均围绕股份转让进行规定，并无融资并购等内容。

2012 年 7 月，为了增强资本市场服务中小企业的能力，国务院批准在原代办股份转让系统基础上设立全国中小企业股份转让系统，服务对象从北京中关村扩大到上海张江、天津滨海和武汉东湖 3 家高新技术园区。2012 年 10 月，中国证监会发布《非上市公众公司监督管理办法》，明确非上市公众公司概念[①]，将其界定为股票在新三板公开转让或者定向发行、转让导致股东累计超过 200 人的公司。2013 年 1 月，证监会发布《全国中小企业股份转让系统有限责任公司管理暂行办法》，明确新三板是经国务院批准设立的全国性证券交易场所，并参照《证券交易所管理办法》规定了作为市场运营者的全国股转公司的职能、自律监管等安排。

2013 年 1 月 16 日，依据 2005 年修订版《证券法》第三十九条[②]，新三板市场正式运营，但由于当时的证券法围绕公开发行并上市和上市公司监管展开，因此国务院于 2013 年 12 月发布《关于全国中小企业股份转让系统有关问题的决定》（国发〔2013〕49 号，以下简称《决定》），以进一步规范新三板市场的具体运作和挂牌公司监管。《决定》一方面明确境内符合条件的股份公司均可申请挂牌，将市场服务对象从 4 个园区扩大到全国的股份有限公司，另一方面建立了市场运行的基本框架和运行规范，如明确挂牌公司可公开转让股份、进行股权融资、债权融资、并购重组等；简化股票公开转让和定向发行的行政许可程序；税收、外资政策比照证券交易所市场及上市公司办理；建立和

① 非上市公众公司的表述最早见于2006 年国务院办公厅《关于严厉打击非法发行股票和非法经营证券业务有关问题的通知》，将公开发行股票但不在证券交易所上市的股份有限公司简称为非上市公众公司。

② 2005 年《证券法》第三十九条规定，依法公开发行的股票、公司债券及其他证券，应当在依法设立的证券交易所上市交易或者在国务院批准的其他证券交易场所转让。从立法目的看，该条 2005 年修改增加了国务院批准的其他证券交易场所转让，是为了排除设立其他证券交易场所的法律障碍，给多层次资本市场的建设发展留出空间。参见周正庆，李飞，桂敏杰. 新证券法条文解析［M］. 北京：人民法院出版社，2006。

完善投资者适当性制度，比照《证券法》有关规定严格执法，等等。

2014—2019 年，证监会及国务院相关部委陆续出台一系列规章规范性文件或要求，为市场运行保驾护航，具体可分为两类：第一类是直接针对新三板的制度安排，如证监会《非上市公众公司收购管理办法》等部门规章及系列规范性文件和 2019 年底针对新三板全面深化改革发布的系列规章制度；财政部、税务总局等就新三板市场税收问题与证监会联合发布的有关通知等；第二类是相关规则的内容涉及新三板市场，如证监会《优先股试点管理办法》中设置“非上市公众公司非公开发行优先股”专章，为市场相关业务开展提供依据。同时，党中央、国务院几年来的多项政策性文件中，就加快新三板市场发展也有明确要求，如 2016 年国家“十三五”规划提到深化新三板改革，2019 年 12 月《中共中央　国务院关于营造更好发展环境支持民营企业改革发展的意见》要求深化新三板改革，服务民营企业持续发展，体现出国家对多层次资本市场建设发展的高度重视。

（二）市场法制建设面临的问题

截至 2019 年底，新三板已经形成以《证券法》和《决定》为依托，以证监会相关部门规章等为主体、以市场 100 余件自律规则为支撑的较为完备的市场制度体系，尤其是 2019 年 10 月中国证监会经国务院批准启动的全面深化新三板改革，进一步完善了市场制度体系、增强了市场功能，开启了市场建设的新篇章。但是市场建设的上位法依据不足问题一直困扰着新三板：《证券法》对新三板及挂牌公司没有直接规定，《决定》仅对市场定位等 6 个方面内容作了原则性规定，其他制度规则的法律位阶则相对较低，无法为市场的长期健康发展提供充分支持。

具体来看，市场建设上位法依据不足的问题主要体现在三个方面：一是市场运作的重要制度缺乏法律规范。作为累计服务 13000 余家中小企业的海量公开市场，市场运作的各项基本制度，包括股票挂牌、挂牌公司定向发行、信息披露、证券交易、挂牌公司收购等的法律规范均不够完备。二是市场监管的法律依据不够充分，《决定》规定证监会比照证券法对虚假披露、内幕交易、操纵市场等违法行为实施行政处罚，但一则明确的违法类型较少，二则在法律无相关义务性规定的背景下，就相关违法行为是否比照、如何比照处罚，实践中仍在探索；同时，市场运营管理机构组织、监督市场活动中的自律管理权限等也缺少法律规定，不利于市场稳定运行和参与者权益保障。三是市场的政策环境有待进一步优化。例如，《决定》明确市场涉及的外资问题比照上市公司办理，但对于外资战略投资新三板市场尚未有具体规定，导致境外投资者参与挂牌公司定向发行难以操作；与国有上市公司不同，国有挂牌公司的股份转让仍需按照国资管理有关规定履行“招拍挂”程序，影响了交易效率，也难以发挥新三板市场集中交易的优势，等等。

上位法依据的长期不足，不仅影响新三板市场的具体监管执法，还使市场的法律地位长期难以明确，影响了各方预期，并与流动性问题等相互交织，导致 2017—2019 年市场的低迷，削弱了市场服务中小企业的能力。2019 年底的全面深化改革有效提振了市场信心，但改革需要有强有力的法制保障，下一步市场活跃后，也需要更为全面、具体和明确的上位法，提供市场发展与监管所必需的法律规范。

二、新《证券法》关于新三板市场的有关规定

正如前述分析，《证券法》的修改能够进一步完善市场建设发展的法律依据，对新三板而言意义非常重大，因此全国股转系统 2013 年揭牌运营不久，就在中国证监会指导下积极参与《证券法》修改。历经 2015 年一读、2017 年二读和 2019 年三读、四读，随着市场的发展和各方认识的不断深化，相关内容也在不断完善，最终使新三板在新《证券法》中得到较为全面的体现。

（一）总体思路

新三板市场如何纳入《证券法》一直是立法过程的难点问题，原因在于其作为服务中小企业的新兴资本市场，与传统证券交易所相比，既有共性、又有个性：共性如均作为公开、集中的证券市场，均可提供证券发行与交易服务，挂牌公司均需真实、准确、完整地披露信息，等等。新三板的个性则包括允许不经公开发行而进行存量股份的公开转让；实施主办券商制度和终身持续督导安排；针对挂牌公司股权集中的特点实施做市交易方式；针对海量市场实施市场分层，对挂牌公司实施差异化监管，等等。

考虑新三板前述情况以及市场尚未发展成熟的特点，我们在修法过程中，建议《证券法》通过“共性一体适用、个性留出空间”的方式，将新三板与证券交易所存在共性的内容一体纳入，对于个性的内容则留出法律空间，交由下位法规、规章进行规定。此次《证券法》的修改，基本采纳了此思路，通过概念延展、新增规定等方式，引入“国务院批准的其他全国性证券交易场所”

“证券交易场所”“股票在国务院批准的其他全国性证券交易场所交易的公司”① 等概念，将新三板市场相关主体及行为纳入法律规范，同时授权国务院就市场的组织机构、管理办法等进行规定，为市场的健康发展和有效监管提供了较为充分的法律依据。

（二）明确了新三板场内、公开、集中市场的法律地位

新《证券法》充分考虑多层次资本市场实践，设立“证券交易场所”专章，将证券交易场所划分为证券交易所、国务院批准的其他全国性证券交易场所和区域性股权市场。新三板作为目前唯一一家国务院批准的其他全国性证券交易场所，与证券交易所有实质相同的功能和法律地位。一是均为证券集中交易提供场所和设施，组织和监督证券交易，实行自律管理（第九十六条）；二是设立、变更、解散均由国务院决定（第九十六条）；三是证券均应全部存管在证券登记结算机构，登记结算应当采取全国集中统一的运营方式（第一百四十八、第一百五十条）；四是均可以组织公开发行证券的交易和非公开发行证券的转让（第三十七条）；五是均可依法设立不同的市场层次（第九十七条）。

前述规定彻底终结了新三板是场内市场还是场外市场的争论。由于全国股转系统是承接原中关村试点场外市场而来，虽然自成立开始就采取集中交易方式，实施公开、集中监管，与典型的场外市场有着明确区别，但是由于允许不经公开发行而挂牌，曾经允许协议转让作为主交易方式，以及向不特定对象公开发行制度迟迟未能推出等原因，各方对于新三板究竟是场内还是场外市场一直存有争议。此次修法关于新三板市场法律地位的规定，结合 2019 年底全面深化改革推出的向不特定合格投资者公开发行制度，在完备市场基础功能的同时，也彻底夯实了新三板作为场内、公开、独立市场的法律地位。

（三）新三板市场公开发行适用《证券法》，并按照国务院规定落实注册制

证券发行全面实施注册制是本次新《证券法》的最大亮点。新《证券法》第九条规定，公开发行应当依法报经国务院证券监督管理机构或者国务院授权的部门注册。证券发行注册制的具体范围、实施步骤，由国务院规定。新三板作为

---

① 经统计，新《证券法》中关于“证券交易场所”的表述出现 23 次；“国务院批准的其他全国性证券交易场所”出现 11 次；“股票在国务院批准的其他全国性证券交易场所交易的公司”出现 3 次。另外，可以适用于新三板的“发行人”表述出现 66 次。

证券市场的一部分，公开发行自然也应当遵守证券法的规定。从新《证券法》第二十一条“证券交易所等可以审核公开发行证券申请”这一表述可以看出，注册制的实施场所不仅限于证券交易所，“等”字为新三板等实施注册制预留了法律空间。《国务院办公厅关于贯彻实施修订后的证券法有关工作的通知》（国办发〔2020〕5号）也明确，要积极创造条件，适时提出在证券交易所其他板块和国务院批准的其他全国性证券交易场所实行股票公开发行注册制的方案。

目前，在中国证监会的统一部署下，新三板正开展全面深化改革，允许符合条件的公司向不特定合格投资者公开发行，优化定向发行融资机制等。其中，涉及行政许可的相关事项，均由全国股转公司先行实施自律审查，证监会在此基础上核准。这一安排按照注册制理念和程序设计，也为未来顺畅对接注册制改革要求打下了良好基础。

（四）新三板适用新《证券法》关于短线交易归入权、禁止交易行为等证券交易的有关规定

新《证券法》“证券交易”章关于新三板的内容有如下3点。

第一，新三板可依法组织公开发行证券的交易和非公开发行证券的转让。新《证券法》第三十七条规定，公开发行的证券应当在证券交易所上市交易或者在国务院批准的其他全国性证券交易场所交易；非公开发行的证券，可以在前述场所及区域性股权市场转让。较2005年《证券法》，本条除增加非公开发行证券的转让安排外，还区分了交易与转让：公开发行的证券称为交易，非公开发行的证券称为转让，据此新《证券法》将公开发行证券在新三板的转让调整为了交易，解决了新三板市场是使用转让还是交易一词的困扰。

第二，新三板适用新《证券法》关于禁止交易行为等的规定。新《证券法》关于禁止内幕交易、操纵市场等的规定针对的是整个证券市场，内幕信息知情人中的“发行人”“公司”等表述，也可涵盖新三板有关主体，为新三板市场相关违法行为的责任追究提供更为坚实的法律依据。不过由于新三板的服务对象、股票流动性、交易方式等差异，具体违法行为的特征和认定标准与A股市场有所差异，还需结合实践进一步梳理总结。

第三，新三板挂牌公司董监高等适用短线交易归入权。新《证券法》第四十四条将短线交易归入权的规定从上市公司拓展至股票在国务院批准的其他全国性证券交易场所交易的公司，从而将所有挂牌公司均纳入规制。不过，新三板市场流动性分化较大，大股东、董监高的交易一向是为部分流动性较差的股

票提供个股流动性的重要方式，新法实施后，相关主体还需认真学习了解法律的有关要求，做好行为规划，避免无知犯错。

（五）新三板挂牌公司信息披露有了更为明确的上位法律规范

信息披露是证券市场的重要基石，也是市场监管的有效手段。挂牌公司股票在新三板市场交易，与在沪深交易所上市交易，在法律属性上并无不同，均因公众性而承担真实、准确、完整的信息披露义务。但修订前《证券法》关于信息披露的规定均针对上市公司，造成证监会和新三板对信息披露监管的法律依据缺失，实践中按照《决定》进行比照处罚，把握较为谨慎，2017—2019年挂牌公司因信息披露违法被行政处罚的案件分别为3件、5件和12件。

为了解决前述问题，新《证券法》引入“信息披露义务人”概念，第七十八条规定发行人及法律、行政法规和国务院证券监督管理机构规定的其他信息披露义务人均应及时依法履行信息披露义务。第七十九条、第八十条关于定期报告和临时报告的披露规定，将上市公司和股票在国务院批准的其他全国性证券交易场所交易的公司同等对待，意味着在法律层面新三板挂牌公司的信息披露义务和上市公司看齐，出现披露问题也将依法追究法律责任。此前新三板市场建设中，也有过基础层公司能否豁免披露半年报等的讨论，新《证券法》发布后，包括基础层在内的所有层级挂牌公司均需履行相同的法定信息披露义务。但是这并不意味着新三板市场的差异化信息披露安排没有空间。在法律规定框架下，新三板对于基础层挂牌公司实行以防范风险为导向的底线监管，新修改的信息披露规则已删除鼓励其披露季度报告的表述，后续还将研究进一步简化年报、半年报的披露内容；对于创新层公司则以分行业信息披露要求为切入点，执行适中的披露要求，提高信息披露的针对性和有效性；对于精选层公司则比照上市公司要求，执行最为严格的信息披露要求。

（六）新三板市场可适用新《证券法》关于投资者保护的主要内容

投资者保护是此次修法的一个突出亮点，新《证券法》增设了“投资者保护专章”，规定证券公司投资者适当性义务、普通投资者与证券公司的纠纷强制调解安排，以及代位诉讼、先行赔付、代表人诉讼，以及中国特色的“声明退出”集体诉讼机制，彰显了证券法保护公众投资者的基本价值取向和加大投资者保护力度的决心。相关法律规定的针对对象，除征集股东权利和现金分红安排为上市公司外，均为证券公司、发行人、投资者，可以适用于新三板市场。我们理解这是非常有必要的安排，虽然新三板实行严格的投资者适当性要求，但全面深化改革之后，投资者门槛已有大幅下降，精选层、创新层和基础层自然人投资者准入门槛分别为100万元、150万元和200万元，随着投资者数量和类型的增加，以及精选层公司股权分散度的提高，市场的发行和交易将比现在更加活跃，投资者保护问题将更加突出，保护力度也需进一步增强，新《证券法》的规定可谓恰逢其时，将为新三板市场的投资者保护工作提供良好的法制保障。

（七）新三板市场适用的其他有关规定

一是做市业务有了法律依据。新三板首创国内证券市场做市交易方式，但此前在法律层面没有依据，对于开展做市业务的证券公司，新三板只能要求其具备自营业务资格，但做市是证券公司作为流动性提供者，提供双边报价并承担成交义务，与自营业务有着较大区别。新《证券法》在第一百二十一条证券公司业务类型中增加了“证券做市交易”，将其与证券自营区分开来。后续，证监会将进一步明确证券公司做市业务的各项要求，也将为新三板做市业务的长远发展提供规范和支撑。

二是违法行为处罚有了明确依据。新《证券法》在法律责任一章，与前文义务性条款相对应，处罚针对的主体均为发行人、信息披露义务人或其他一般主体，可以适用于新三板市场，包括第一百八十一条欺诈发行、第一百八十五条擅自改变募集资金用途、第一百八十九条短线交易、第一百九十一条内幕交易、第一百九十二条操纵市场，以及第一百九十七条虚假信息披露等。不过，考虑新三板挂牌公司，尤其是基础层、创新层挂牌公司的股权分散度、股票流动性、交易方式、行为的社会危害性以及投资者结构等，与上市公司均有着较大的差异，所以对于违法行为的认定和处罚方面，可能不宜简单按照上市公司标准，而需结合实践进行更有针对性的设计。

三是其他内容。如新三板市场的证券服务机构同样受到新《证券法》的约束；法律责任有关证券市场禁入的规定，增加一定期限内不得在证券交易所和新三板市场交易证券的安排；禁止利用未公开信息交易等的主体，包括新三板等证券交易场所的工作人员；内幕信息知情人的范围从证券交易所扩展至证券交易场所的工作人员；等等。

三、关于市场下一步法制建设重点的思考

总体而言，新《证券法》有关新三板市场的相关规定，在明确市场定位的

基础上，解决了挂牌公司信息披露等监管难题，体现出对市场7年来运行成绩的充分肯定，也给市场发展打下很好的法律基础。但同时也需看到，新三板挂牌、再融资、交易等基本制度，以及市场自律监管权限均未在法律层面体现。为了进一步完善市场上位法依据，创造良好政策环境，个人认为新三板市场下一步的法制建设可重点从以下几个角度入手。

（一）推动制定新三板条例，进一步夯实市场法制基础

新《证券法》第九十六条明确国务院批准的其他全国性证券交易场所的组织机构和管理办法等，由国务院规定。该条较“三读稿”专门增加了“等”字，为新三板市场的运行、管理等进行全面规定提供了授权依据。结合新《证券法》有关内容，条例可重点规定以下内容。

1. 公开发行注册制。根据新《证券法》，公开发行实行注册制，具体范围、实施步骤由国务院规定。条例可在法律规定基础上，明确何为新三板市场的公开发行，以及全国股转公司实施注册制的具体安排，如可以审核公开发行申请等；另外，新《证券法》规定债券公开发行也实施注册制，国务院《关于贯彻实施修订后的证券法有关工作的通知》结合现行实践，将债券注册制限缩在证券交易所市场，未能给新三板市场的债券品种推进留下空间，建议通过条例一并解决。

2. 挂牌公司再融资。新《证券法》第十二条将公开发行分为首次公开发行和上市公司再融资，明确上市公司发行新股的具体管理办法由证监会规定，理顺了上市公司发行监管逻辑。但新三板挂牌公司不属于上市公司，新《证券法》未能对挂牌公司的再融资进行规定，有必要在条例中明确。考虑新三板公开转让、定向发行超过200人等情形的存在，再融资的情形更为复杂，需要通过条例进行体系化解决。

3. 证券交易。建议条例明确挂牌的法律性质和摘牌的原则性要求，规定交易场所按照业务规则进行挂牌和摘牌操作；规定新三板市场的证券交易方式和市场“交易参与人”安排；明确挂牌公司收购人、重大资产交易方等也属于法定的内幕信息知情人，解决新《证券法》未能将其纳入的缺憾，为打击新三板市场收购中的内幕交易提供法律依据。

4. 挂牌公司收购。考虑新三板市场挂牌公司股权分散度差异较大、无强制要约收购等特点，新《证券法》仅规定了上市公司收购的有关要求，未提及新三板挂牌公司，导致挂牌公司收购行为缺乏法律规范，也难以依据证券法追究

收购中有关主体和行为的法律责任。因此，条例需对挂牌公司收购的监管要求和法律责任等进行规定。

5. 新三板的自律管理权限。新《证券法》第七章“证券交易场所”关于市场自律管理、行情权益、业务规则制定权，以及重大异常波动处置不承担民事赔偿责任等的规定，都只针对证券交易所，而新三板在市场监管实践中同样需要明确市场的自律管理职能、规则制定权和纪律处分权等，且从立法技术看，交易场所行情权益及民事责任豁免等内容，都涉及基本法律安排，需要在行政法规层面体现。另外，新三板实行公司制，无法适用新《证券法》关于会员制的有关规定，也有必要在条例中一并体现。

（二）落实《决定》，进一步创造市场发展的良好政策环境

“徒法不足以自行”，《证券法》修改和新三板条例制定非常重要，但法律法规只能规定市场建设的基础性、重要性问题，仅靠法律法规还不足够，一个市场的良性发展还需要下位各类规章、规则的支持，以共同创造良好的政策环境。建议可借市场全面深化改革契机和流动性等的提升，进一步落实好《决定》有关政策要求。一是根据外资投资新三板原则上比照上市公司处理的规定，推动出台外资投资新三板专门规定或在有关规定中明确比照上市公司处理的具体安排；二是在《决定》关于国有股权监管应当同时遵守国有资产管理相关规定的基础上，考虑向不特定合格投资者公开发行的落地和精选层的出台，推动明确至少精选层国有股监管可比照上市公司进行，免予“招拍挂”程序，充分发挥新三板市场资源配置的作用；三是进一步落实《决定》鼓励保险公司、证券投资基金、企业年金等机构投资者参与市场的规定，积极推动相关主体入市，丰富市场投资者类型，建立良好的投融资生态。

（三）研究老三板市场处理安排

需要澄清的是，正如本文第一部分所介绍，老三板并非新三板，二者目前均由全国股转公司管理，但属于不同市场，有着完全不同的准入、交易等监管规则，上市公司退市后，进入的是老三板而非新三板市场。我们理解，配套新《证券法》规定的公开发行注册制的全面落实，证券交易所市场的退市制度也将不断完善，退市公司不可避免会越来越多。根据目前监管安排，退市公司强制到全国股转公司所管理的“两网公司与退市公司”板块，即老三板市场，作为非上市公众公司履行信息披露义务，并根据其信息披露情况进行每周天数不同的交易。实践发现，不少老三板公司情况复杂，经营不善甚至进入破产程

序，但投资者仍然众多，交易相对活跃，容易发生风险事件。所以，上市公司“一退到底”也仅是从交易所市场退出，但风险仍留在多层次资本市场内部。从多层次资本市场建设角度，需要对上市公司，包括挂牌公司退市后的安排，如退市公司是否需要进场交易、如何监管，以及投资者是否需要保护、如何保护等问题，进行体系化研究，切实把好资本市场的出口关。

总之，新三板是我国近年来多层次资本市场建设的重要内容，也是全面落实金融供给侧改革要求、加大资本市场服务中小企业力度的重要抓手。新《证券法》对新三板市场的全面纳入，标志着市场法制建设迈出最为实质性的一步，也为新三板建设成为更加法制化、市场化、现代化的交易场所，更加充分地发挥服务实体经济能力，提供了法律保障，相信市场的未来更加可期。

· 制度创新篇 ·

上市公司收购制度中的“慢走规则”

——持股变动5%的“刻度说”与“幅度说”

汤　欣*　翟显赫**

摘　要：“慢走规则”是我国上市公司收购立法中的特有规定，实践中对投资者持股达到5%之后、再增减5%时履行“慢走”义务的解释应持“刻度说”或“幅度说”存在理解上的明显差异。在新《证券法》未对该项规则进行实质性修改的情况下，解释上的选择不仅关系到对于违法行为的认定，也会对于二级市场收购中的法律适用造成影响。本文认为，“慢走规则”的未来存废值得商讨，目前其适用范围应该从严进行解释，即不适用于以协议转让或其他方式增减持上市公司股份的情形。“刻度说”虽然具有适用便利的优势，但客观上可能会增加二级市场收购的现实困难。相比之下，“幅度说”特指仅通过证券交易所的证券交易股份一种方式变动数量累计达到5%时的暂停交易义务，不包括协议转让或其他方式引起的股份变动数量。在不违反《证券法》第六十三条第二款现有规定的情况下，持“幅度说”为混合使用二级市场收购和协议转让等方式的收购方留出了较大空间。

关键词：慢走规则　刻度说　幅度说　二级市场收购

本次修改之前的《证券法》在第八十六条规定的我国上市公司收购制度中

*　汤欣，清华大学法学院教授、博士生导师。

**　翟显赫，清华大学法学院硕士研究生。

的“慢走规则”，主要涉及两个方面：一是第一款所规定的通过证券交易所的证券交易持股比例首次达到5%时的暂停交易义务；二是第二款所规定的持股比例达到5%后每增加或减少5%的暂停交易义务。前者规定清晰，不论增持或减持的变动数量是否达到5%，只要通过证券交易所的交易触碰了5%的时点即需履行暂停交易义务。但后者语焉不详，未说明股份来源方式，也未说明股份变动方式，容易引起解释上的争议。2020年3月1日生效的新《证券法》的第六十三条以2005年《证券法》第八十六条的“慢走规则”为蓝本，第一款未做实质性修改，只是限定已发行股份为“有表决权”股份，增加“国务院证券监督管理机构规定的情形除外”的除外条款。第二款虽然仍未明确股份来源方式和持股变动方式，但却越发明晰且严格，主要集中在限制买卖期由“报告期限内和作出报告、公告后2日内”调整为“事实发生之日起至公告后3日内”，明确以“每增加或者减少5%”的事实发生之日作为权益披露和暂停交易义务的发生点，可能是为了进一步表明“触碰5%时点必须暂停交易，不允许‘一笔过’交易，否则以违法增持或减持论处”的“慢走规则”。[①] 在刚刚完成修订的2020年《上市公司收购管理办法》（以下简称2020年《收购管理办法》）第十三条第二款中也有相对应的规定。此时，法律及规章条文中“每增加或者减少5%”的解释显得尤为重要，是指持股比例每次达到上市公司已发行的有表决权股份比例的10%、15%、20%、25%等时点，还是指权益“变动数量”达到上市公司已发行股份有表决权股份比例的5%？前者被称为“刻度说”，后者被称为“幅度说”。乍看起来仅具技术性的法律解释和适用问题，可能会对证券市场参与者产生较大影响，尤其是在上市公司收购中涉及收购人、目标公司、公众投资者等多方的利益平衡。举例而言，假如收购人持有上市公司9%的股份，意图再增持5%，那么权益披露和暂停交易的时点是持股10%还是14%？4%的持股比例差距不仅会造成违规增持比例的认定不同，从

① 除下文明确说明外，“《证券法》”一词指2020年3月1日生效的新《证券法》。《证券法》第六十三条第一款：通过证券交易所的证券交易，投资者持有或者通过协议、其他安排与他人共同持有一个上市公司已发行的有表决权股份达到5%时，应当在该事实发生之日起3日内，向国务院证券监督管理机构、证券交易所作出书面报告，通知该上市公司，并予公告，在上述期限内不得再行买卖该上市公司的股票，但国务院证券监督管理机构规定的情形除外；第二款：投资者持有或者通过协议、其他安排与他人共同持有一个上市公司已发行的有表决权股份达到5%后，其所持该上市公司已发行的有表决权股份比例每增加或者减少5%，应当进行报告和公告，在该事实发生之日起至公告后3日内，不得再行买卖该上市公司的股票，但国务院证券监督管理机构规定的情形除外。

而导致不同的行政处罚金额，而且很可能影响收购人的表决权行使比例，进而对取得目标公司控制权产生重大影响。尤其考虑到在A股市场上市公司股权日益分散化的背景下，适用“刻度说”或“幅度说”造成的持股比例差距可能对采取二级市场收购等方式取得上市公司控制权产生更为明显的影响。一般认为，二级市场收购是指通过证券交易所的证券交易进行的收购。即使“要约收购”未来可能是上市公司收购方式的主要发展方向，但统计表明，近期成为1800多家上市公司的第一大股东所需持股比例无须达到30%，[①] 此时尚未触发《证券法》上“强制要约”的义务阀门，而且“主动要约”的成本和风险仍有种种不确定性，那么收购人很可能倾向于采取二级市场收购等方式取得这些上市公司控制权。

本文意图初步衡量“刻度说”和“幅度说”解释方案背后的不同法益，建议采用“幅度说”的解释方案为宜。文章将从现行监管理论和实践争议入手，解析“刻度说”和“幅度说”之间的争点，再剖析“慢走规则”的立法目的和适用范围，逐步推演“刻度说”和“幅度说”的实质区别，最后解释以“幅度说”作为建议解释方向的原因。

一、监管的理论与实践争议

（一）监管机构理解不一

“每增加或者减少5%”的含义可能已经发生变迁。《收购管理办法》作为根据《证券法》制定的部门规章，其中法律术语含义理应与基本法律规范一致，即通过前者能够研判后者法律术语的含义。中国证监会上市公司监管部编写的教材曾提到，2006年版《上市公司收购管理办法》第十三条和第十四条中“每增加或者减少5%时”，是指5%的整数倍，即达到上市公司股份比例的10%、15%、20%、25%、30%等。[②] 这显然是刻度说的含义。但在法律和规章中的相关条款并未发生修订的情况下，中国证监会曾在2015年《上市公司监管法律法规常见问题与解答修订汇编》中解释，2014年《收购管理办法》

---

① 根据A股市场3804家上市公司的年报或季报，截至2020年3月19日，第一大股东持股比例低于30%的上市公司共有1874家、低于25%的有1307家、低于20%的有783家、低于15%的有344家、低于10%的有80家。资料来源：Wind数据库。

② 参见中国证监会上市公司监管部编．上市公司高级管理人员培训教材［M］．北京：中国金融出版社，2007。转引自马骁．上市公司并购重组监管制度解析［M］．北京：法律出版社，2009。

中“规定‘占该上市公司已发行股份的比例每增加或者减少5%’是指通过证券交易所的证券交易，投资者及其一致行动人拥有权益的股份‘变动数量’达到上市公司已发行股份的5%时”，并且明确给出例举，“如从11%降至9%，虽然跨越10%刻度，也不触发相关义务”，此时的解释已经变为幅度说。[①] 可以看到监管机构对“每增加或者减少5%”的理解明显存在着“刻度说”和“幅度说”的差异。不仅如此，2020年修改后的《收购管理办法》也未明确指出“每增加或减少5%”的含义。

另外，2014年《非上市公众公司收购管理办法》与2018年《创新企业境内发行股票或存托凭证上市后持续监管实施办法（试行）》采用“刻度说”，其中明确提到“每增加或者减少5%”是指其拥有权益的股份每达到5%的整数倍时。[②] 虽然《证券法》第四章明确指向“上市公司收购”，“非上市公众公司收购”未必需要按照该章规定，完全可能只是参考，但《非上市公众公司收购管理办法》与《上市公司收购管理办法》都为中国证监会制定的有关公众公司收购和权益变动的部门规章，且非上市公众公司与上市公司由于转板规则的存在而联系紧密，故“每增加或者减少5%”的含义保持一致为宜。但正如前文所讲，2015年中国证监会发布的《上市公司监管法律法规常见问题与解答修订汇编》采用“幅度说”，这与同时期发布的部门规章存在明显不一致，可见一直以来证监会对于“刻度说”和“幅度说”的理解并不相同。

（二）监管实践不相一致

当“刻度说”和“幅度说”存在争议时，监管实践可能也存在不一致之处。截至2020年3月26日，通过威科先行法律数据库以2014年《证券法》第八十六条为检索条件，共有118个行政处罚案件引用了该条文，涉及第八十

① 参见《上市公司监管法律法规常见问题与解答修订汇编》第二十一条问答，http：//www.csrc.gov.cn/pub/newsite/ssgsjgb/ssbssgsjgfgzc/ywzx/201509/t20150918_284146.html. 最后访问时间：2020年3月14日。

② 《非上市公众公司收购管理办法》（2014年）第十三条第二款：“投资者及其一致行动人拥有权益的股份达到公众公司已发行股份的10%后，其拥有权益的股份占该公众公司已发行股份的比例每增加或者减少5%（即其拥有权益的股份每达到5%的整数倍时），应当依照前款规定进行披露。自该事实发生之日起至披露后2日内，不得再行买卖该公众公司的股票。”《创新企业境内发行股票或存托凭证上市后持续监管实施办法（试行）》（2018年）第二十六条第二款：“投资者及其一致行动人拥有权益的股份达到一个红筹企业已发行的有表决权股份5%后，通过境内证券交易所的证券交易，其拥有权益的股份占该红筹企业已发行的有表决权股份比例每增加或者减少5%（即其拥有权益的股份每达到5%的整数倍时），不得在《收购办法》第十三条规定的期限内再行买卖该企业在境内证券市场已发行的股票或者存托凭证。”

六条第二款共有46个案件，其中有40个案件采用“幅度说”，主要体现在减持方面；6个案件采用“刻度说”，主要体现在增持方面。在重庆中新融鑫行政处罚一案中较为明显地展现了“刻度说”与“幅度说”的不同，中新融鑫及其一致行动人在2014年通过大宗交易成为持有上市公司5%以上股份的股东，累计持股比例为7.9%，2016年1月13日至15日通过二级市场增持0.98%，2月25日至26日又增持7.72%，总持股比例达到16.6%。[①] 该案的争议点在于，当事人认为2014年《证券法》第八十六条规定的5%变动是一个变量，而非5%的整数倍，增持应当在7.9%的基础上起算，而不是持股5%时，案件事实中其增持了8.7%，比法律规定5%变动多增持了3.7%，所以违规增持比例应为3.7%，这是“幅度说”的主张。而证监会认为当事人在持股达到5%后再增加5%，即累计持有10%之后未暂停交易并履行信息披露义务，故限制转让期限内累计交易股份比例为6.6%。以5%作为增持起算点，10%作为履行权益披露和暂停交易义务的时点，这实际上是持“刻度说”的解释。因此，不同起算点的选择可能会造成“幅度说”与“刻度说”呈现一致的结果，也可能呈现显著不同。如果按照新《证券法》第六十三条第四款的规定，以当事人的主张被限制表决权的比例应为3.7%，但证监会认为应当限制6.6%的表决权行使比例。

二、“慢走规则”的立法目的与适用范围

“刻度说”或“幅度说”的选择之所以显得至关重要，原因在于“慢走规则”导致潜在收购者不得不在某持股时点暂停交易，超过部分即算违规，那么时点的确定不仅会决定违法行为的构成与否及处罚后果，而且将影响收购方持股比例的计算，进而影响其表决权的行使，这对潜在的公司收购者和积极行动的股东都有重大意义。假如不存在“慢走规则”，“刻度说”或“幅度说”虽对权益披露时点也有影响，但不会影响收购方的持股比例和表决权行使比例，仅仅具有认定信息披露违规的“技术性”意义，故本文不作考虑。因此，在选择“刻度说”或“幅度说”之前，首先要厘定“慢走规则”的适用范围，即“刻度说”和“幅度说”的适用范围。如本文开篇所述，《证券法》第六十三

① 中国证券监督管理委员会行政处罚决定书（重庆中新融鑫投资中心、喻炜、韩仁东），〔2018〕93号。

条第一款的适用范围清晰，不论增持或减持的变动数量是否达到5%，只要通过证券交易所的证券交易触碰了5%的时点即需履行暂停交易义务，同时也采用了“刻度说”。[①] 但第二款语焉不详，未说明持股5%的股份来源方式，也未明确增减5%的股份变动方式，引起了“慢走规则”的适用范围争议，进而无法选择“刻度说”或“幅度说”。法律条文适用范围的确定不仅要考虑其文义，还要考量其在整个监管制度体系中的位置，更要考虑其立法目的和制度功能。因此，厘定“慢走规则”的适用范围前首先要考量其立法目的。不可否认的是，选择“刻度说”和“幅度说”需要考虑“慢走规则”的立法目的和适用范围，反过来“刻度说”和“幅度说”的选择可能会对立法目的产生不同的修正程度，也可能会影响整个规则体系的一致性。毕竟完整的知识总是存在于这种看起来似乎是周而复始的过程当中，即每一“特性”可以从其所属之“一般”得到理解，反之亦然。[②]

（一）争议之中的立法目的

解析“慢走规则”的立法目的，不得不讨论与之配套的“权益披露规则”的立法目的，这项起源于美国《威廉姆斯法案》13D条款的规则，本意在于提供收购预警，从而使投资者和目标公司的管理人员都知道可能要进行的收购尝试，并为收购人提供了为期10天的窗口期，可以进一步增持股票。[③] 同时美国法规定在申报13D表（Schedule 13D）后，增减1%的持股变动属于重大变化，需要补充备案，但并没有限制继续买卖股票。有学者认为，随着世界各国的借鉴，类似规则的主旨已经逐步扩展为提供市场透明度、促进市场效率，优化上市公司治理、防范操纵市场与内幕交易、保护公众投资者利益等多元面向。[④] 其中，就大额持股信息披露制度在价值发现和创造方面的功能，的确存在理论

---

① 根据《上市公司监管法律法规常见问题与解答修订汇编》（2015年9月18日）第二十一项问答：通过证券交易所的证券交易，投资者及其一致行动人拥有权益的股份降至5%时，即使“变动数量”未达到上市公司已发行股份的5%，应当披露权益变动报告书并履行相关限售义务。典型案例为西藏发展案，五位一致行动人多次持股经过5%刻度线，都属于违法行为。参见中国证券监督管理委员会山东监管局行政处罚决定书，〔2016〕4号。

② 参见［德］齐佩利乌斯．法学方法论［M］．金振豹，译．北京：法律出版社，2009。

③ 英文原文为：The purpose of section 13（d）'s notice requirement is to provide an early warning and thereby put both investors and the target company's management on notice of a possible impending takeover attempt. See Thomas Lee Hazen, Treatise on the Law of Securities Regulation, Thomson Reuters（2016）。

④ 参见陈洁．违规大规模增减持股票行为的定性及惩处机制的完善［J］．法学，2016（9）：110。

和实证研究，[①] 但该种制度能否起到防范内幕交易和市场操纵的作用，却少有学者进行深层次的理论分析，也还未看到有关实证研究。实际上对于内幕交易和操纵的防范更多的不是通过证券交易所交易的大额持股信息披露实现的，而是对协议收购等其他隐蔽性方式要求信息披露实现的，因为后一收购手法中隐藏的交易信息才更有可能与内幕交易和操纵市场相关。[②]

在制度移植的过程中，我国独具特色地规定了在报告期和公告期内不得买卖相应股票的“慢走规则”，[③] 这种“阶梯式披露”在实践中逐步发展为严格的“爬行式收购”，即收购人每一次的收购行为均不可以使其收购的股份比例超过5%的红线，使任何意图通过一次性交易使持股比例超过5%的交易行为都可能构成违法，即达到5%时点必须暂停。[④] 从历史解释角度究其立法目的可能出于以下几点：一是上市公司股份曾有流通股与非流通股之分，流通股比例平均只占公司已发行股份的25%，1993年的“宝延风波”发生后，监管层希望限制买方“突然袭击”或卖方“大量抛售”带来的股价暴涨或暴跌；[⑤] 二是早期证券市场各项制度不完善成熟，且证券信息传递不通畅，需要给予公众投资者反应时间。[⑥] 但随着股权分置改革完成，证券市场制度逐渐成熟，以及信息流通效率的极大增强，“慢走规则”遭受了较多的批评，主要集中于其阻碍公司收购的进行，增加了收购方的收购难度和收购成本。[⑦] 尤其是当“权益披露规则”运行良好且增加了“增减变动1%”的提示性公告义务，理论上已经

---

① 参见解正山．大额持股披露义务规制［J］．现代法学，2018（3）：30－32。防范内幕交易和操纵市场的文章除前注陈洁文外，再如李东方．上市公司收购监管制度完善研究——兼评《证券法》修订草案第五章［J］．政法论坛，2015（6）：118。王化成，陈晋平．上市公司收购的信息披露——披露哲学、监管思路和制度缺陷［J］．管理世界，2002（11）：115。

② 这可能也是《证券法》第六十三条第一款规定的“投资者通过证券交易所交易达到5%的权益披露义务”被《收购管理办法》扩展到投资者通过“协议转让或其他方式交易拟达到或超过5%”也需要履行权益披露义务的一个原因。

③ 从比较法上进行观察，除韩国《资本市场法》上有近似的规定外，已知的其他主要法域都没有规定“慢走规则”。2009年起正式施行的韩国《资本市场法》第一百五十条第二款也仅仅要求“持有股份是为了影响发行人的经营权的报告之人”，在持股超过5%以后有慢走的义务。参见董新义．韩国资本市场法［M］．北京：知识产权出版社，2011。

④ 参见郑彧．上市公司收购法律制度的商法解读［J］．环球法律评论，2013（5）：74。

⑤ 同注④，第74、79页。

⑥ 参见吴建忠．上市公司权益披露规则与“慢走规则”法律适用［J］．证券市场导报，2013（1）：78。

⑦ 除郑彧持此观点，伍坚也有此观点。参见伍坚．论大额持股披露制度的完善［J］．法学，2018（5）：43。

发挥了收购预警、防范证券违法行为、增加市场透明度的作用时，“慢走规则”的制度价值可能更小。①

但修改后的《证券法》没有放松“慢走规则”，并明确以“事实发生之日”为起算点，增加了1天窗口期，同时限制违法增持股权的表决权行使，可能是出于防止频繁、大额交易行为容易引起二级市场的突发性大幅波动，以维护良好的市场秩序的考虑，更为可能的是出于阻碍二级市场突袭性收购，防止剥夺目标公司管理层对敌意收购的防御机会，进而保护中小股东的立法目的。也基于此第六十三条第三款增加了1%的提示性公告义务。② 但新增的立法规定无疑使二级市场收购在未来近乎没有生存之地。

（二）适用范围的限缩

1. 不适用协议转让或其他方式增减持股份

《证券法》第六十三条第一款适用于“通过证券交易所的证券交易”持股达到5%的情形，但同条第二款在规定增减5%（暂不考虑刻度说或幅度说）的相应义务时，并没有阐明达到5%的股份来源，也未说明增减5%的变动方式。换言之，既未明确是通过证券交易所的证券交易、协议转让，还是其他方式，投资者持有或通过协议、其他安排与他人共同持有一个上市公司已发行的有表决权股份达到5%，也未说明是通过证券交易所的证券交易、协议转让，还是其他方式持有该上市公司已发行的有表决权股份每增加或减少5%。③

第六十三条第二款规定在第一款“通过证券交易所交易”之后，依体系解释而言，将其股份来源方式和持股变动方式限制在仅通过证券交易所的证券交易为宜。但从监管规则理解，2020年《上市公司收购管理办法》第十三条第二款紧随第一款，明确了“前述投资者”通过证券交易所的证券交易，反观《证券法》第六十三条第二款未明确“前述投资者”，因此第六十三条第二款

---

① 《证券法》第六十三条第三款，投资者持有或者通过协议、其他安排与他人共同持有一个上市公司已发行的有表决权股份达到百分之五后，其所持该上市公司已发行的有表决权股份比例每增加或者减少百分之一，应当在该事实发生的次日通知该上市公司，并予公告。

② 有关防止突袭性收购，保护中小股东权益的理由可见：高西庆，关于修改《中华人民共和国证券法》第八十六条的议案，https：//www. meipian5. cn/ei01ba2? share_ depth = 1&user_ id = ohbsluAJQvX - LGyJYdp3dq5bi02I&sharer_ id = ojq1tt2yoEMTKs_ mPhWk2 - eR9OBg&first_ share_ to = &share_ source = groupmessage，最后访问时间，2020年3月14日。

③ 有学者认为这是该条款的不足之处，没有说明投资者通过协议转让及其他方式取得5%持股比例后，是否要履行权益披露规则和慢走规则，也未区分通过证券交易所的证券交易还是协议转让或其他方式进行的持股增减变动。参见前注吴建忠文，第75页。

不宜狭义解释，应当不限股份来源方式和持股变动方式。① 监管实践中的解释也不限股份来源方式。② “慢走规则” 和 “权益披露规则” 已经突破 “通过证券交易所交易” 的限制，不论持股来源还是持股变动方式在法律适用上都存在一定程度上的拓宽，③ 可能是为了让公众及时了解大股东的交易行为，预防因收购产生内幕交易和操纵市场行为。④ 由此，不论是通过证券交易所的证券交易、协议转让或其他方式达到5%，还是通过证券交易所的证券交易、协议转让或其他方式增减5%，都要严格执行 “慢走规则”，履行暂停交易义务。但在协议收购或其他方式的适用上，《上市公司收购管理办法》用 “拟达到或超过” 和 “达到或超过” 代替了 “达到”，即允许一笔交易 “超过5%”，而不需要履行5%时点必须暂停交易的义务。

因此，有学者认为《上市公司收购管理办法》（2012 年）第十四条为弥补 “权益披露规则” 和 “慢走规则” 的不足，突破了《证券法》的规定，但有违法之嫌，而且弥补效果仍存在相互矛盾而且不周全，因此提出了相应细化规定

---

① 2020 年《上市公司收购管理办法》第十三条第一款，通过证券交易所的证券交易，投资者及其一致行动人拥有权益的股份达到一个上市公司已发行股份的5%时，应当在该事实发生之日起3 日内编制权益变动报告书，向中国证监会、证券交易所提交书面报告，通知该上市公司，并予公告；在上述期限内，不得再行买卖该上市公司的股票，但中国证监会规定的情形除外。第二款，前述投资者及其一致行动人拥有权益的股份达到一个上市公司已发行股份的5%后，通过证券交易所的证券交易，其拥有权益的股份占该上市公司已发行股份的比例每增加或者减少5%，应当依照前款规定进行报告和公告。在该事实发生之日起至公告后3 日内，不得再行买卖该上市公司的股票，但中国证监会规定的情形除外。

② 在执法实践中，监管机构常以慢走规则处罚大股东减持行为，并不考虑持股来源。如庄丹明案，当事人抗辩称通过司法划转方式取得 * ST 博元，目的是为实现合法债权，不应适用 2014 年《中华人民共和国证券法》（以下简称《证券法》）第八十六条，未被证监会和法院认可。参见：庄丹明与中国证券监督管理委员会二审行政判决书，（2017）京行终 1984 号。

③ 2020 年《上市公司收购管理办法》第十四条第一款，通过协议转让方式，投资者及其一致行动人在一个上市公司中拥有权益的股份拟达到或者超过一个上市公司已发行股份的5%时，应当在该事实发生之日起3 日内编制权益变动报告书，向中国证监会、证券交易所提交书面报告，通知该上市公司，并予公告。第二款，前述投资者及其一致行动人拥有权益的股份达到一个上市公司已发行股份的5%后，其拥有权益的股份占该上市公司已发行股份的比例每增加或者减少达到或者超过5%的，应当依照前款规定履行报告、公告义务。第十五条，投资者及其一致行动人通过行政划转或者变更、执行法院裁定、继承、赠予等方式拥有权益的股份变动达到前条规定比例的，应当按照前条规定履行报告、公告义务，并参照前条规定办理股份过户登记手续。第十五条规定因其他股份变动方式引起的相关义务按照第十四条规定处理，故不再单独讨论。

④ 参见王化成、陈晋平．上市公司收购的信息披露——披露哲学、监管思路和制度缺陷［J］．管理世界，2002（11）：115。

的修改建议。[①] 本文认为，通过协议转让或其他方式首次增持股份以及之后增减股份可以超过5%，不宜适用严格的“慢走规则”。原因有三个：一是依据现行监管规则，通过协议转让或其他方式要履行相关权益披露义务，实现了防范内幕交易和操纵市场的功能；二是通过协议转让或其他方式持股比例达到“5%的整数倍”或者“变动数量达到5%”时，必须暂停交易的“一刀切”做法不具备现实可操作性；三是“慢走规则”给予目标公司董事会防范二级市场上的突袭性敌意收购的机会和准备时间，以此保护中小股东利益，但理论上协议转让或其他方式中“突袭”的可能性相对较少。

《证券法》完成修改之后，第六十三条第一款和第二款的但书条款即“国务院证券监督管理机构规定的情形除外”实现了上位法与下位法的统一，不仅可以免除机构投资者因频繁和大额交易而履行相关义务，也为2020年《上市公司收购管理办法》第十四条留出了有限的合法性依据，但也造成了立法冲突。[②] 有限的合法性依据主要体现在两个方面：第一，监管机构可以依据除外条款减轻“增减达到5%”必须暂停交易的义务，所以2020年《上市公司收购管理办法》第十四条第二款具有合法性。一方面体现在投资者通过协议转让方式持股比例达到5%后，再通过协议转让方式增减“超过5%”的股份属于减轻义务的情形，符合法律规定，不需要在达到5%时暂停交易；另一方面表现在投资者通过协议转让方式持股比例达到5%后，再通过证券交易所的证券交易每增减“达到5%”，仍然要履行暂停交易的义务，符合“慢走规则”防范二级市场突袭性敌意收购的立法目的。第二，监管机构不能依据除外条款加重或设定投资者义务，所以2020年《上市公司收购管理办法》第十四条第一款的合法性存疑。具体来说，通过协议转让方式拟达到或超过5%的投资者负有权益披露和暂停交易义务，属于加重投资者义务情形，很难从《证券法》第六十三条第一款的除外条款得到合法性解释。或许只能通过防范证券违法行为

---

① 参见p85注⑥，第76－77页。《上市公司收购管理办法》（2012年）第十四至第十五条与2020年《上市公司收购管理办法》第十四至第十五条相同；2020年《上市公司收购管理办法》第十四至第十五条相比2012年和2014年《上市公司收购管理办法》，第十四条第二款将“投资者及一致行动人”修改为“前述投资者及一致行动人”，仍旧用“拟达到或超过”和“达到或超过”代替了《证券法》第六十三条的“达到”，仍旧不限增减股份的变动方式。

② 2020年《上市公司收购管理办法》相比2012年和2014年《上市公司收购管理办法》，第十四条第二款将“投资者及一致行动人”修改为“前述投资者及一致行动人”，但不限增减股份的变动方式。

和增加市场透明度的立法目的来赋予其合法性。立法冲突主要体现在，以协议转让方式不宜适用严格的“慢走规则”为依据，通过证券交易所的证券交易达到5%后，再通过协议转让方式增减，持股比例应当允许超过5%，而不是在达到5%时暂停交易。但实际上该情形既不能适用2020年《上市公司收购管理办法》第十三条，也无法适用第十四条，只能求助于《证券法》第六十三条第二款，那么应当适用严格的“慢走规则”，即达到5%时立即暂停交易。这显然与上述协议转让方式不适用“慢走规则”相冲突，因此监管机构应当尽快作出解释。

2. 不考虑大股东减持行为

虽然“慢走规则”被规定在上市公司收购领域，但是不得不承认近年来该规则已经承担了规制大股东减持行为的功能。在新《证券法》颁布之前，对于大股东通过集中竞价和大宗交易减持达到“5%的整数倍”或者“变动数量达到5%”的行为，以违反2014年《证券法》第八十六条第二款暂停交易的规定，进而适用第二百零四条关于限制转让的行政处罚。[①] 通过对行政处罚案例的梳理，发现在大股东减持阶段，每增减5%是按照“幅度说”的含义解释，即“变动数量达到上市公司已发行股份5%”。[②] 但《证券法》第三十六条第二款和第一百八十六条赋予了证监会依据2017年的《上市公司股东、董监高减持股份的若干规定》（以下简称《减持规定》）和证券交易所的《减持细则》进行行政处罚的合法性。[③] 因此，《证券法》第六十三条第二款在大股东违规减持行为的适用空间被缩小，仅限于以下两种情况：（1）根据《减持规定》第

① 违法减持以第二百零四条论处的案例，如中国证券监督管理委员会安徽监管局行政处罚决定书〔2017〕3号、中国证券监督管理委员会江苏监管局行政处罚决定书〔2017〕3号、中国证监会行政处罚决定书（重庆中新融鑫投资中心、喻炜、韩仁东）〔2018〕93号、中国证监会行政处罚决定书（辽宁省机械（集团）股份有限公司、吴岩）〔2016〕1号、中国证监会行政处罚决定书（袁灵斌、李军）〔2016〕25号、中国证监会行政处罚决定书（欧海鹰）〔2019〕7号。

② 除前注行政处罚案，还如中国证券监督管理委员会福建监管局行政处罚决定书（陈胜）〔2019〕2号、中国证券监督管理委员会山东监管局行政处罚决定书（桑培洲）〔2019〕2号等。

③ 新《证券法》第三十六条第二款，上市公司持有百分之五以上股份的股东、实际控制人、董事、监事、高级管理人员，以及其他持有发行人首次公开发行前发行的股份或者上市公司向特定对象发行的股份的股东，转让其持有的本公司股份的，不得违反法律、行政法规和国务院证券监督管理机构关于持有期限、卖出时间、卖出数量、卖出方式、信息披露等规定，并应当遵守证券交易所的业务规则。第一百八十六条，违反本法第三十六条的规定，在限制转让期内转让证券，或者转让股票不符合法律、行政法规和国务院证券监督管理机构规定的，责令改正，给予警告，没收违法所得，并处以买卖证券等值以下的罚款。

二条，大股东减持通过集中竞价交易取得的上市公司股份时，不适用减持规定。因此，适用《证券法》第六十三条第二款及2020年《上市公司收购管理办法》第十三条第二款、第十四条第二款。（2）大股东减持时触碰了5%的红线，还要履行《证券法》第六十三条第二款和2020年《上市公司收购管理办法》第十三条第二款、第十四条第二款所规定的权益披露义务和暂停交易义务。同时，大股东减持行为需要符合《证券法》第六十三条第三款规定，即1%持股变动的提示性公告义务。

规制大股东减持行为的目的在于引导上市公司控股股东、持股5%以上股东及董事、监事、高级管理人员规范、理性、有序减持，促进上市公司稳健经营、回报中小股东，促进资本市场健康发展。[①] 鉴于《证券法》第三十六条第二款、第六十三条第三款、第一百八十六条、《减持规定》和《减持细则》的相关规定已经规制大股东的减持行为，实现了相应立法目的，为了便于讨论，本文不再考虑"慢走规则"下的大股东的减持行为中"刻度说"和"幅度说"的选择。

综上所述，严格的"慢走规则"适用范围应当仅有两种情况：（1）持股比例达到5%时点的交易是通过证券交易所实现的；（2）通过证券交易所的证券交易达到5%、协议转让或其他方式拟达到或超过5%后，通过证券交易所的证券交易持股比例每增加或减少5%。鉴于暂不考虑大股东减持行为，因此"刻度说"和"幅度说"的选择主要限于上述两种情况下的增持行为。

三、建议的解释方向

（一）"刻度说"和"幅度说"的区别

在严格的"慢走规则"适用范围下，"刻度说"是指通过证券交易所的证券交易达到"5%、10%、15%、20%、25%"等时点的暂停交易义务，不包括协议转让或其他方式达到相应时点的暂停交易义务。换言之，只要触碰"5%、10%、15%、20%、25%"等时点是通过证券交易所的证券交易实现的，就需要履行暂停交易义务；而"幅度说"仅指通过证券交易所的证券交易

① 参见中国证监会进一步规范上市公司有关股东减持股份行为完善上市公司股份减持制度，http://www.csrc.gov.cn/pub/newsite/zjhxwfb/xwdd/201705/t20170527_317540.html，最后访问时间为2020年3月25日。

股份变动数量累计达到5%时的暂停交易义务，不包括协议转让或其他方式引起的股份变动数量。换言之，不论增持股份过程中交叉采取了多少种增持方式，只计算通过证券交易所的证券交易引起的股份变动数量的累计值是否达到5%，如果达到就需要履行暂停交易义务。具体分析如下。

1. 持股比例达到5%时点的交易是通过证券交易所增持股份实现的

如前文所述，不论增持的变动数量是否达到5%，还是增持过程中采用了协议转让或其他方式，只要持股比例达到5%时点是通过证券交易所交易实现的就需要履行暂停交易的义务，这是“刻度说”的应有之义，是符合立法本意的。即使“慢走规则”采用“幅度说”的解释方案，但在持股比例达到5%时点的情形下也仍然要坚持“刻度说”。原因在于5%的持股比例引起的股份身份转变和公司控制权的潜在变化，具体而言，5%持股比例不仅意味着由于外部股东向内部股东的转变、小股东向大股东的转变而诞生的一系列法律上的权利和义务，还意味着提醒目标公司和公众投资者注意相关投资者有可能是潜在收购人的事实。

2. 通过证券交易所的证券交易达到5%、协议转让或其他方式拟达到或超过5%后，继续通过证券交易所增持

（1）通过证券交易所的证券交易达到5%后，仅通过证券交易所的证券交易增持股份

“幅度说”应以上一次权益披露和暂停交易义务的发生点为起算点，而不是最后一次增持所达到的持股比例。举例而言，在重庆中新融鑫案中，“幅度说”的起算点为5%，即上一次权益披露和暂停交易义务的发生点，而不是当事人所认为的7.9%。因此，在投资者只通过证券交易所的证券交易增持股份，即只通过二级市场收购，不采用其他收购手段的情况下，“幅度说”与“刻度说”并无区别。实践中的重要案例，不论是京基与康达尔、宝能与万科，还是开南系与上海新梅，在通过二级市场收购股份的过程中，收购人、反收购人和监管机构都认为在“5%、10%、15%、20%、25%”的时点应当履行暂停交易义务，不存在“幅度说”和“刻度说”的理解不一。

（2）通过协议转让持股比例达到或超过5%后，再通过证券交易所交易实现增持

根据2020年《上市公司收购管理办法》第十四条第二、三款规定，通过协议转让持股比例达到或超过5%后，每增持达到或超过5%时，在报告和公

告前不得再行买卖。[①] 其中“达到5%”应当指通过证券交易所增持股份，不仅因为通过证券交易所达到5%暂停交易具备现实性，而且从《证券法》第六十三条第二款来看，也符合体系解释和立法目的。此时，“幅度说”和“刻度说”具有明显区别，以开篇问题为例，假如收购人通过协议方式持股比例达到9%已履行相关义务，之后意图通过证券交易所增持5%。依据“幅度说”，收购人暂停交易的时点应为14%，赋予收购人较大的增持空间，有助于获得目标公司控制权；依据“刻度说”，收购人暂停交易的时点应为10%，降低了收购人继续通过二级市场取得公司控制权的可能性。

（3）通过证券交易所的证券交易达到5%后，再通过协议转让方式增持后，意图继续通过证券交易所增持

假如收购人通过证券交易所交易持股比例达到5%，再通过协议转让方式增持7%的股份都已履行相关义务，累计持股比例达到12%，意图通过证券交易所继续增持5%。[②] 依据“幅度说”，收购人暂停交易的时点应为17%，即通过证券交易所增持股份变动数量累计达到5%，无须考虑协议转让增持的7%；依据“刻度说”，只要触碰15%时点的交易是通过证券交易所的证券交易实现的，即需要暂停交易，因此收购人暂停交易的时点应为15%，通过证券交易所只能继续增持3%。显然，“幅度说”相比于“刻度说”可以多增持2%，对收购人较为有利，“刻度说”则充分发挥了限制二级市场收购的功能。

通过上述两大类、四小类的情形分析，可知在前面两小类中“幅度说”与“刻度说”并无不同；后面两小类属于二级市场收购中使用了协议转让方式的收购策略，此时“刻度说”与“幅度说”存在显著不同，前者对收购人较为严苛，而后者为收购人留出了较大空间，有利于提高二级市场收购发生率和成功率。

---

① 2020年《上市公司收购管理办法》第十四条第三款，前两款规定的投资者及其一致行动人在作出报告、公告前，不得再行买卖该上市公司的股票。

② 如前文第二部分的“1. 不适用协议转让或其他方式增减持股份”中“立法冲突”之处，本文认为通过证券交易所的证券交易达到5%后，再通过协议转让方式增持可以超过5%，不适用“慢走规则”。根据《上市公司流通股协议转让业务办理暂行规则》（2006年）第三条、上海证券交易所或深圳证券交易所的《减持细则》（2017年）第六条、《上海证券交易所上市公司股份协议转让业务办理指引》（2018）第六条、《深圳证券交易所上市公司股份协议转让业务办理指引》（2016）第四条可知，除特定情形外，通过协议转让方式增持比例不低于公司股份总数的5%。

（二）“刻度说”和“幅度说”的不同法益衡量

采用“刻度说”可能出于很多强有力的原因：一是便于执法实践和投资者理解，不需要考虑“幅度说”的起算点，只需要注意“5%、10%、15%、20%、25%”等时点即可；二是“5%、10%、20%”等持股比例时点具有重要意义，通过证券交易所达到5%时采用“刻度说”，是收购预警的起点，代表了股东身份的转变，10%是自行召集和主持股东大会的最低持股比例，20%是《详式权益变动报告书》的披露时点；三是境外市场大都以“刻度说”为标准；四是虽然客观上阻碍了二级市场收购，但“刻度说”几乎限制住逃避监管的情况，以严苛的“慢走规则”实现了防止突袭收购的立法目的；五是采用“幅度说”将会增大执法的难度和大股东履行义务的难度。当减持时间较长，大股东应当在每一次减持时计算自己持股比例的变化，以防止不小心超过变动比例。① 但“刻度说”不会带来相关问题，大股东只需要在每次减持时判断现在持股比例是否达到了5%的整数倍，而无须经过一次又一次的计算，即使中途存在增持行为，或者稀释股票等情形，也不影响在最后一次减持时判断是否达到相关触发点；六是统一的“刻度说”有利于1%的提示性公告义务的履行，“幅度说”可能造成每次增持超过1%后重新确定股份变动数量的起算点。

但上述“刻度说”的强有力原因也值得推敲：一是仅就增持阶段而言，“幅度说”并不会造成执法实践的困难，毕竟只有两种特殊的增持方式与“刻度说”不同，而且通过证券交易所的证券交易引起的股份变动数量累计达到5%的理解较为清楚，通过现有系统也可以计算；二是“5%、10%、20%”的持股时点固然重要，但停在此时点和跨越此时点的区别不大，超过“5%、10%、20%”时点履行权益披露并且暂停交易义务同样可以说明投资者的权利义务变化，况且存在变动1%的提示性公告义务；三是对比大部分境外市场采取“刻度说”为标准时，要考虑到境外市场不存在严格的“慢走规则”，尤其是达到5%等时点暂停交易的义务；四是不能逾越“5%、10%、15%、20%、25%”等红线，否则按违法违规行为处理的“慢走规则”存在意义可能不大，原因在于1%的提示性公告已经实现了收购预警功能，而且中国上市公司有较

---

① 在张学阳案中，张学阳抗辩减持次数较多，间隔久远，无专业知识统计减持比例，而且在减持期间内有增持行为。尤其是当减持期间内发生了增发新股的稀释情形或者上市公司回购股票的情形引起持股比例变化，那每次计算减持比例的上市公司有表决权股份基数便难以确定。参见中国证券监督管理委员会湖北证监局行政处罚决定书，〔2017〕4号。

多的机会可以通过中国证券登记结算公司获取前百名股东的持股情况报告;①五是即使考虑对大股东减持行为的规制，在《减持规定》和《证券法》第六十三条第三款的规定下，股份变动数量每达到1%都需要披露，因时间久难以统计减持比例的情况基本不复存在；六是虽然《证券法》第六十三条第三款1%的提示性公告义务并未限定股份来源方式和股份变动方式，但实际上仅限于通过证券交易所交易的方式增减股份。原因在于协议转让方式单一受让人的受让比例一般不低于5%，导致其按照第六十三条第二款履行权益披露义务，1%的提示性公告义务并无适用空间。因此，“幅度说”只需考虑通过证券交易所的证券交易引起的股份变动数量累计达到1%即可，这与计算通过证券交易所的证券交易引起的股份变动数量累计达到5%的方法并无区别，不会造成起算点的复杂。

而且“幅度说”也并非一无是处，最为重要的价值是在抑制二级市场收购的规范中寻求到逃避严苛监管的敌意收购之路，一定程度上有助于二级市场收购的发生。毕竟在如此严格且饱受争议的“慢走规则”下，“幅度说”的可操作空间只限于在二级市场收购中采用了协议转让方式的收购手段。在监管规则和实践中，不宜抱有“父爱主义”的态度，如无须考虑“幅度说”于达到30%时引发的强制要约收购制度的衔接问题、于达到20%时引发的《详式权益变动报告书》的衔接问题，毕竟市场上的收购人往往是聪明的，总是能找到合法合规且降低自身义务的收购策略。② 在《证券法》已经通过限制表决权行使、增大行政处罚力度等事后责任措施打击违规增持行为的情况下，仍旧保持严格的事前监管的确不合时宜。以“幅度说”为解释方向，可以为二级市场收购留下一些空间，也许更能发挥收购对公司治理的促进作用，进而使收购人能够与目标公司管理层进行公平对抗。③

---

① 当然，1%的提示性公告义务也许不能限制（潜在）收购人一次交易直接买入远超1%比例股份而只披露一次的行为，收购预警作用可能有限。

② 所谓的衔接问题体现在，投资者依据“幅度说”于19%履行权益披露和暂停交易义务后，于20%仍需要披露《详式权益变动报告书》。因30%是发起强制要约收购的起点，如果采取“幅度说”本意能超过30%，但也不得不于30%暂停。

③ 发达市场上的经验研究一再表明，收购给目标方股东带来了收益。参见张巍．美国的上市公司收购防御及其对中国的启示［M］//证券法苑：第十八卷．北京：法律出版社，2016。需要注意，近期的国内研究表明A股市场上可能会有不同的观察结果，参见徐明磊，付鹏．A股市场上市公司收购制度的市场效应、异化之谜和立法重构［M］//证券法苑：第二十二卷．北京：法律出版社，2017。

四、结论

在严格的“慢走规则”仍旧饱受争议的情况下，其适用范围应当仅限于以下两种情况：一是按照《证券法》第六十三条第一款，持股比例达到5%时点的交易是通过证券交易所实现的；二是按照《证券法》第六十三条第二款，通过证券交易所的证券交易达到5%、协议转让或其他方式拟达到或超过5%后，通过证券交易所的证券交易持股比例每增加或减少5%。就后者的解释适用，文章比较了采用“刻度说”或“幅度说”的不同效果，采用“刻度说”是指增持“5%的整数倍”，即触碰10%、15%、20%、25%等持股比例的具体交易是通过证券交易所实现的；采用“幅度说”是指通过证券交易所的证券交易“股份变动数量累计达到5%”。

比较而言，除通过证券交易所的证券交易持股比例初次达到5%时必须遵循“刻度说”外，如果收购人仅通过二级市场收购股份，两种解释方案并无分别。两者区别主要体现在收购人混合使用二级市场收购和协议收购等其他形式的收购情形。例如，收购人通过协议方式持股比例达到9%已履行相关义务，之后意图通过证券交易所的证券交易增持股份，采用“刻度说”时，收购人的持股比例达到10%是通过证券交易所增持完成的，因此收购人再增持1%即需暂停交易；采用“幅度说”时，收购人可以通过证券交易所继续增持5%，无须考虑之前通过协议转让方式增持的9%，即持股比例达到14%才需暂停交易，也无须考虑通过证券交易所累计增持过程中采用的其他增持方式，只计算通过证券交易所增持股份的累计值是否达到5%，进而确定最终暂停交易时的持股比例。

本文认为，“刻度说”秉承“慢走规则”的立法目的，防范突袭性收购，给予投资者和目标公司反应时间，具有符合现行监管实践和执法实践现实性的优势，但却可能降低二级市场收购的发生率和成功率。尤其是当“权益披露规则”运行良好且《证券法》第六十三条第二款增加了“1%的提示性公告义务”，理论上已经足以起到收购预警、防范证券违法行为、增加市场透明度的作用时，[①] 以“刻度说”为解释方案的“慢走规则”对二级市场收购的阻碍作

① 参见p86注②。

用可能相对更大。相比而言，“幅度说”不违反《证券法》第六十三条的规定，也符合二级市场收购的监管实践，同时为二级市场收购留出了较大操作空间，有利于降低收购成本，提高收购效率。

新《证券法》下大股东减持行为的法律规制研究

朱慈蕴* 周雪梅**

摘 要：由于大股东身份的特殊性，作为公司财务等决策的重要参与人，其持股比例、投资方向、减持动向等都将对公司产生重大影响，大股东减持问题一直都是资本市场在保护投资者利益方面的一个重要议题。新《证券法》针对实践中大股东违规减持突出问题作出了积极回应，全面加强了对大股东违规减持的监管，在新《证券法》下，无论是大股东减持条件、信息披露，或是违法处罚都更为严苛。但目前涉及条文和内容仍然较为简单，存在一些不尽完善之处。在现有相关制度框架体系下，规范大股东减持需要坚持疏堵结合的原则，通过继续优化限售股解禁相关规定、完善信息披露制度，并健全减持疏通相关配套机制来规范大股东违规减持问题，保护投资者合法权益。

关键词：大股东减持 限售期 减持新规 信息披露

2005年，股权分置改革使股票全流通成为现实，非流通股得到全面解禁，这为大股东利用天然信息优势获取投机利益提供了机会，其在二级市场上主要表现为股份减持。大股东减持股票的类型主要包括限售股、首发原始股、定向增发配售股和并购支付股份等，理论上来说，大股东买卖股票是一种商事行为，在大股东无侵占动机、减持行为合法合规的条件下，减持有利于股份流转和资源优化配置，但同时实证研究发现，内部人利用持股优势和信息优势可以

* 朱慈蕴，清华大学法学院教授、博士生导师；安徽大学法学院兼职教授、博士生导师。

** 周雪梅，安徽大学法学院博士生。

选择交易时机，在二级市场上进行交易获取超额收益。① 我国股权高度集中，这种金字塔式的股权结构为大股东减持获取超额收益提供了沃土。长期以来，A 股市场利益分化现象严重，一边是公司大股东及董监高等获取超额收益，另一边是中小股东亏损累累。为了改善这种畸形利益格局下的乱象，监管层出台了减持新规等一系列“张良计”，以规范大股东的减持行为，然而即使是在 2017 年出台的严格的《上市公司股东、董监高减持股份的若干规定》（以下简称《减持新规》）实施以来，大股东违规减持仍然时有发生。2014 年修正的《证券法》（以下简称旧《证券法》）对于大股东减持的相关规定比较笼统，缺乏细化的说明，因而在本轮《证券法》修订过程中，多数专家和学者希望能在《证券法》中纳入大股东减持的一些大框架，明确关于大股东减持的细化规则。② 新《证券法》对大股东减持相关规则进行了完善，直面了市场中某些突出问题，有利于规范大股东的减持行为，但是相关条文设计上仍然存在不周全和不尽完善之处。现行关于大股东减持的相关规定均以封堵为主，但资本市场牵一发而动全身，仅靠封堵这一单面举措来解决大股东减持问题，只能达到短期效果，无法长期解决问题。在新《证券法》时代下，需要从市场大局观出发，与其他相关制度配套协调，才能实现标本兼治。

一、大股东减持现状及其相关监管法规梳理

大股东增减持是在利益驱动下所作出的决策，当公司经营状况良好，公司前景很好，或是当公司股价被低估时，大股东更倾向于增持股票；当公司经营状况欠佳，公司前景不佳，或是公司股价被高估时，大股东更倾向于减持股票。根据 CSMAR 数据库整理，2005—2019 年，A 股市场股东减持公司占比总体上呈波动增长趋势，无论是减持公司占比抑或是减持数量，在 2019 年均达到峰值，事实上，2019 年股市相对较为低迷。在 2019 年有将近一半的公司存

---

① 参见朱茶芬. A 股市场上大股东减持的时机选择和市场反应研究［J］. 浙江大学学报（人文社会科学版），2011（3）：164。

② 2017 年 3 月 7 日，中国证监会副主席姜洋在全国政协经济组驻地接受记者采访时表示，正在研究进一步规范大股东减持。有望在 2017 年 4 月提交人大常委进行审议的《证券法》修订草案（以下简称修订草案），有望纳入规范上市公司持股 5% 以上的股东、实际控制人、董事、监事、高级管理人员等减持的细化条款。唐莹莹. 证券法修订草案或纳入规范大股东减持细化条款［EB/OL］.（2020－04－01）.［2017－03－16］. http：//finance. sina. com. cn/stock/y/2017－03－16/doc－ifycnpvh4599473. shtml。

在股东减持行为，减持总量达1526.51亿股（见表1），股东减持愈演愈烈，规模日益扩大。为了规范大股东减持行为，《公司法》《证券法》和证监会出台的一系列规定均对大股东减持行为进行了约束。当我们进一步把减持方范围限缩至公司前十大股东时，发现前十大股东的减持总量与股东减持总量变化态势一样，但是存在前十大股东减持的公司占比呈现先增长后下降趋势。自2013年以后，前十大股东减持公司的占比开始下降，并且在2016年降幅最大（见图1），这可能与证监会频繁出台的一系列关于股东减持的相关规定有关，对于大股东的减持比例和信息披露要求都较为严格，在一定程度上降低了大股东减持的规模。

表1　2005—2019年A股市场股东减持情况

年份	减持公司数量	减持公司占比（%）	减持总量（亿股）	前十大股东减持公司数量	前十大股东减持公司占比（%）	前十大股东减持总量（亿股）
2005	221	16.36	349.45	17	7.69	14.66
2006	279	19.46	218.62	21	7.53	11.59
2007	449	29.01	239.64	81	18.04	14.92
2008	408	25.47	222.91	63	15.44	41.98
2009	571	32.59	975.78	130	22.77	22.20
2010	515	24.44	200.15	136	26.41	20.74
2011	505	21.57	501.09	164	32.48	37.30
2012	505	20.45	517.04	193	38.22	47.61
2013	819	32.56	368.84	261	31.87	57.25
2014	929	35.31	355.35	220	23.68	71.73
2015	1036	36.70	933.54	211	20.37	173.63
2016	1116	35.79	1386.66	121	10.84	68.97
2017	1163	33.28	650.50	97	8.34	44.61
2018	1495	41.82	949.95	92	6.15	81.98
2019	1880	49.87	1526.51	128	6.81	65.30

注：相关数据整理于国泰安CSMAR数据库。

图 1　2005—2019 年 A 股市场股东减持情况

大股东减持制度是一把“双刃剑”。一方面，大股东减持有助于改善公司股权高度集中的状况，有助于提高中小股东参与公司治理的积极性；另一方面，可能会侵犯中小股东的知情权，从而侵占中小股东的权益，降低中小股东的持股信心。对于大股东违规减持行为需要有相关法律法规进行规范和约束，以保护投资者合法权益并发挥减持制度的优势。

在规制大股东减持的规则中，限售期和减持数量限制在保护中小股东权益中扮演着重要的角色。自 2005 年股权分置改革以来，《公司法》《证券法》的相关规定以及证监会出台的一系列关于股份减持制度的相关法律规范，都在不断完善股东减持相关制度。其中，证监会自 2005 年以来已经出台了数十个相关规定，主要都是关于上市公司大股东和董监高减持股份的相关规定，其中 2017 年出台的《上市公司股东、董监高减持股份的若干规定》（以下简称《减持规定》）被称为最严格的减持制度。相关法律法规对于股份限售期和减持制度已经形成了一套经验，主要体现在限售期、减持要求和信息披露三个方面，在一定程度上压制了实践中大股东违规减持的乱象，有利于规范大股东减持行为，促进资本健康稳定有序发展。

（一）限售期的相关规定

《公司法》第一百四十一条规定了特定持有人的股份转让问题，根据持有人的身份不同以及持有股份性质不同，设置了不同的限售期，其中发起人的限售期为公司成立之日起一年内；公司董监高的限售期为上市交易之日起一年内和离职后的半年内，并且在任职期间每年转让的股份不得超过其所持有本公司股份总数的 25%；持有公司公开发行股份前已发行的股份，限售期为上市交易之日起一年。新《证券法》第四十四条关于短线交易的条款规定了6个月的限售期，上市公司持股5%以上的股东以及董监高不得在买入后6个月内又卖出，或是卖出又买入。另外，第三十六条规定了依法发行的证券转让要遵守有关限售期的规定，并且第一百八十六条规定了大股东违反限售期买卖违规违法行为均规定了相应的处罚罚则。另外，证监会的规章和交易所的行业规定中对限售期也做出了相关规定。《上市公司收购管理办法》第七十四条规定了收购方的限售期为收购完成后18个月。交易所的上市规则在《公司法》第一百四十一条的基础上还要求控股股东和实际控制人上市交易之日起36个月不得转让。《上市公司证券发行管理办法》第三十八条规定了上市公司非公开发行股票的限售期为发行结束之日起6个月，控股股东、实际控制人及其控制的企业认购的股份，限售期为18个月。总之，现有关于限售期的相关规定，适用对象主要为公司大股东和董监高，并且限售期最短为6个月，最长为36个月，限售期限相对较长，通过规定较长的限售期，立法上可能期望大股东能够与公司建立共同的利益基础，引导大股东积极提升公司效益。

（二）减持期限、数量限制的相关规定

为了规范限售股解禁等大股东减持问题，从股权分置改革以来，证监会出台了一系列规定。在《上市公司股权分置改革管理办法》中对改革实施后的原非流通股股份的减持比例做出了规定，其中，原非流通股股东在解禁后1年内不能转让股权，限售期满后，持股5%以上的原非流通股股东在解禁后1年内减持比例不得超过5%，2年内不得超过10%。随后，证监会在《国有股东转让所持上市公司股份管理暂行办法》《上市公司解除限售存量股份转让指导意见》中对国有股东转让股权和存量股份解禁方式、比例和信息披露作出要求。但是，这并没有很好地规范大股东减持行为，大股东减持规模不断扩大，给市场带来很多负面影响。于是，证监会开始直接出台针对公司大股东和董监高减持的相关文件，从2015年的《上市公司大股东及董事、监事、高级管理人员6个月内不得减持》（以下简称2015年《减持规定》），到2016年的《上市公司大股东、董监高减持股份的若干规定》（以下简称2016年《减持规定》），再到2017年《上市公司股东、董监高减持股份的若干规定》（以下简称《减持新规》），一步一步形成了严格的减持规则体系。

表 2 《减持新规》关于减持期限、数量限制的相关规定

<table>
<tr><th>减持方式</th><th>大股东</th><th>特定股东
（非公开发行股份）</th></tr>
<tr><td>集中竞价</td><td colspan="2">1. 任意连续九十个自然日内，减持股份的总数不得超过公司股份总数的百分之一。
2. 股东通过集中竞价交易减持上市公司非公开发行股份的，除遵守前款规定外，在股份限制转让期间届满后的十二个月内，减持数量还不得超过其持有的该次非公开发行股份的百分之五十。</td></tr>
<tr><td>大宗交易</td><td colspan="2">1. 大股东减持或者特定股东减持，采取大宗交易方式的，在任意连续九十个自然日内，减持股份的总数不得超过公司股份总数的百分之二。
2. 前款交易的受让方在受让后六个月内，不得转让其受让的股份。</td></tr>
<tr><td rowspan="2">协议转让</td><td colspan="2">1. 大股东减持或者特定股东减持，采取协议转让方式的，单个受让方的受让比例不得低于公司股份总数的百分之五，转让价格下限比照大宗交易的规定执行。</td></tr>
<tr><td>2.1 大股东减持采取协议转让方式，减持后不再具有大股东身份的，出让方、受让方在六个月内应当继续遵守本细则第四条第一款减持比例的规定（即 3 个月 1%），还应当继续遵守本细则第十三条、第十四条信息披露的规定。</td><td>2.2 特定股东减持采取协议转让方式，出让方、受让方在六个月内应当继续遵守本细则第四条第一款减持比例的规定（即 3 个月 1%）。</td></tr>
</table>

在《减持新规》下，任意连续 3 个月内，通过集中竞价交易减持股份的总数，不得超过公司股份总数的 1%。若股东通过集中竞价交易减持上市公司非公开发行股份的，还应在股份限制转让期间届满后的 12 个月内，减持数量不得超过其持有的该次非公开发行股份的 50%；通过大宗交易方式减持股份的总数，不得超过公司股份总数的 2%，并且受让后 6 个月内不得转让受让的股份；通过协议转让方式单个受让方受让比例不低于公司股本总数的 5%，若采取协议转让方式减持后不再具有大股东身份的，或出让方为特定股东的，出让方和受让方在 6 个月内的任意连续 3 个月内通过集中竞价交易减持股份的总数，不得超过公司股份总数的 1%。如表 2 所示。

表 3　现行相关法律法规等关于禁止减持的相关规定

股东身份	禁止减持情形
大股东及其一致行动人	上市公司或者大股东因涉嫌证券期货违法犯罪，在被中国证监会立案调查或者被司法机关立案侦查期间，以及在行政处罚决定、刑事判决作出之后未满 6 个月的，禁止减持。
	大股东因违反证券交易所业务规则，被证券交易所公开谴责未满 3 个月的，禁止减持。
控股股东、实际控制人及其一致行动人（无控股股东、实际控制人的，为第一大股东及第一大股东的实际控制人）	上市公司因欺诈发行或者因重大信息披露违法受到中国证监会行政处罚，相关决定作出之日起至公司股票终止上市或者恢复上市前，禁止减持。
	上市公司因涉嫌欺诈发行罪或者因涉嫌违规披露、不披露重要信息罪被依法移送公安机关，相关决定作出之日起至公司股票终止上市或者恢复上市前，禁止减持。

另外，相关规范性文件中还规定了禁止减持的相关情形。大股东因涉嫌证券期货违法犯罪，在被中国证监会立案调查或者被司法机关立案侦查期间，以及在行政处罚决定、刑事判决作出之后未满 6 个月的，或者因违反证券交易所业务规则，被证券交易所公开谴责未满 3 个月的禁止减持。当上市公司因欺诈发行或者因重大信息披露违法受到中国证监会行政处罚，或者因涉嫌欺诈发行罪或者因涉嫌违规披露、不披露重要信息罪被依法移送公安机关，相关决定作出之日起至公司股票终止上市或者恢复上市前，控股股东、实际控制人及其一致行动人（无控股股东、实际控制人的，为第一大股东及第一大股东的实际控制人）不得减持。《减持新规》等规则放缓了大股东减持的步伐，使大股东减持的数量和金额都有所下降，一定程度上整治了大股东减持乱象，稳定了资本市场。如表 3 所示。

（三）信息披露相关规定

在信息披露方面，根据所持股份的性质不同、股东身份的差异，相关法律法规等规定了不同的披露内容。大股东减持披露要求较为严格，需要在事前、事中和事后都进行披露。首先，预披露期限为前 15 个交易日。对于限售股股东而言，需要在限售股流通前 3 个交易日披露提示性公告，公开发行前持股

5%以上股东需要在减持时提前3个交易日予以公告。其次，减持过程中在减持数量过半或减持时间过半时，要披露相关减持进展情况，若在减持过程中发生高转送、并购重组等事项时，也应同步披露相关情况，并说明该事项与减持之间的关联性。若减持计划公告后未实施或是未实施完毕的，也应在计划减持期间届满后的2个交易日内进行披露。最后，当减持计划实施完毕后，也应在实施完毕后2个交易日内进行公告。

现行关于股东减持的相关规定已经形成了一套规则体系，稳定了市场秩序，减少了大股东违规减持对于中小股东权益的损害。但是并没有从根本上根除大股东违规减持对市场的负面影响，相关规定仍有不完善之处。例如，目前的规定只是减少了大股东减持套现的行为通道，或者拉长了减持周期，而且减持规则主要集中在减持数量、时间以及信息披露上，这种方式并未消除资本市场中的泡沫，而这正是大股东减持的土壤。相反，自2015年以来，证监会的减持规定出台频率高，体现监管政策的多变性和不可预测性，反而会降低大股东对于减持监管制度的信心，加大大股东减持的动机，增强减持意愿，甚至变相地“激励”大股东不断“发明”减持“新套路”。①

二、新《证券法》对于大股东违规减持规制的应对

相较于旧《证券法》，新《证券法》对于大股东违规减持的监管得到全面加强。② 主要集中在以下几个方面：首先，将证监会发布的《减持新规》等涉及减持的相关规定纳入《证券法》范畴，明确了股东减持应遵守《减持新规》等要求；其次，严格了披露标准，对大股东及其一致行动人权益变动的披露提出了更严格的披露要求；再次，提高了大股东减持中涉及的违规减持以及信息披露处罚力度；最后，明确了大股东民事赔偿责任，从重行政责任转向严格民事责任，更有利于保护中小投资者合法权益。

（一）为《减持新规》等减持规定提供法律依据

旧《证券法》第三十八条是有关限售期的规定，只是笼统地将其他法律例

---

① 参见章晟等．规范大股东减持能有效抑制股价波动吗？——基于《减持新规》〔9号文〕的自然实验［J］．证券市场导报，2019（3）：22。

② 当然在大股东减持过程中还可能会构成短线交易、内幕交易和操纵市场等违法行为，新《证券法》对于短线交易、内幕交易和操纵市场均作出更严格的规定，加大了处罚力度，并且增加了关于内幕交易和操纵市场的认定情形等。

如《公司法》中关于限售期的规定在《证券法》上作出明确和强调。2019 年，新《证券法》第三十六条在此基础上增加了一款内容，将《减持新规》等关于公司持股 5% 以上的股东、实际控制人以及董监高减持的相关规定纳入《证券法》的范围。《减持新规》出台的目的主要是在短期内稳定市场价格，但缺乏法理基础。如证券监管部门对相关股东的股票出售行为作出数量限制，并无《证券法》或《公司法》上位法的依据，由此带来了面对大股东等违反减持新规进行减持时，引发了证券监管部门如何进行行政处罚的法律授权问题争议，以及新规是否违反了上位法《证券法》的质疑。在新《证券法》实施之后，第三十六条第二款的规定可以作为《减持新规》的法律依据，大股东在遵守限售期的同时，转让限售股也要遵守《减持新规》等规定。

（二）严格了信息披露标准

新《证券法》扩大了信息披露义务人的范围，强化了大股东信息披露义务。其中第六十三条是关于投资者和一致行动人权益变动条款，即“慢走规则”，相较于旧《证券法》，新《证券法》对权益变动的披露时间和披露标准都提出了更高的要求。首先，新《证券法》对“慢走规则”适用的股份范围进行了修改，由之前的“已发行股份”修改为“已发行的有表决权股份”，即只有当一致行动人合计持有已发行的有表决权的 5% 以上股份时，才适用“慢走规则”；其次，升级了披露标准，由原先每变动 5% 进行信息披露升级至每变动 1% 即应披露；再次，延长了限制买卖期，在原先“在报告期限内和作出报告、公告后二日内”的基础上，延长至“在该事实发生之日起至公告后三日内”；最后，增加了披露内容，原先披露内容为：持股人的名称、住所、持股达到法定比例或是持股增减变化达到法定比例的日期，新《证券法》增加了一项“拥有有表决权的股份变动的时间及方式”。另外，新《证券法》第六十三条第四款还规定了违反权益披露超比例持股的惩罚情形，超比例持股部分在 36 个月内限制表决权。新《证券法》提高了大股东减持的披露标准，增加了大股东减持的信息披露成本，对于降低大股东减持的负面影响发挥了重要作用。

（三）提高了违规减持处罚力度

提高证券市场违规处罚力度，加大证券违法成本是新《证券法》修订过程中一个重大核心。根据新《证券法》第一百八十六条的规定，大股东违反限售期减持的法律责任承担方式增加了“没收违法所得”这一情形，新《证券法》第一百九十七条对于大股东违反信息披露义务的行政处罚，由之前的 30 万元至 60 万元罚款提升至 50 万元至 500 万元罚款，若披露的信息有虚假记载、误导性陈述或者重大遗漏的，罚款数额提升为 100 万元至 1000 万元。新《证券法》通过大幅提高行政处罚力度，将有力威慑大股东违规减持行为。

显然，新《证券法》为遏制大股东违规减持行为的监管作出了基础性规定，使之前证监会规范大股东减持的行为规则，有了重要的法理基础和法律根据，尤其使证监会执行大股东减持规则，处罚违规减持者时更具有可操作性，使大量的减持规则成为有牙的老虎。然而，如何才能更好地规范大股东减持行为，特别是如何有效杜绝各种变相违规减持的行为，更好地维护公司中的公众股东利益，维护资本市场秩序，还需要我们认真分析大股东违规减持的深层动因。

三、大股东违规减持屡禁不止的动因分析

面对一些实证分析，我们虽然承认，出于优化公司股权机构、满足公司资金需求等目的而发生的大股东减持行为确实存在，但更多的是大股东利用持股优势和信息优势等通过减持来满足套现和盈余管理的需求。在“在手之鸟”理论下[①]，无论源于何种动机，大股东减持都是大股东为了追求自身利益最大化的选择，如将股份转化为现金等满足自身需求或进行再投资。但大股东减持必须遵守限售期的规定，且应在事前、事中和事后均真实、准确和完整地进行信息披露。而在实践中，大股东违规减持的情况比比皆是。这种情形之所以没有得到有效抑制，其中高额利益驱动和信息披露违规处罚轻微是重要原因。

（一）大股东违规减持的逐利根源

在新股不断发行上市、积累的限售股“堰塞湖”水位不断高涨的情况下，限售股股东违规减持事件屡禁不止且花样百出。解禁市值可以作为衡量解禁股对二级市场造成的压力的标准，[②] 根据东方财富网相关数据统计发现（见图 2），2019 年共解禁 2711.492 亿股，总市值为 36450.176 亿元。2020 年刚过去两个月，解禁数量也将近 700 亿股，市值超过 8000 亿股，目前限售股解禁市场

---

① “在手之鸟”理论源于谚语“双鸟在林不如一鸟在手”，是根据对投资者心理状态的分析而提出的。戈登是该理论的最主要的代表人物，其核心观点是认为在投资者眼里，股利收入要比由留存收益带来的资本收益更为可靠，故需要公司定期向股东支付较高的股利，强调了股利发放的重要性。

② 参见孙庭阳．减持新规一年来，减持占比下降 解禁股压力逐渐积累，违规减持屡有发生［J］．中国经济周刊，2018（27）：58。

压力仍然很大。

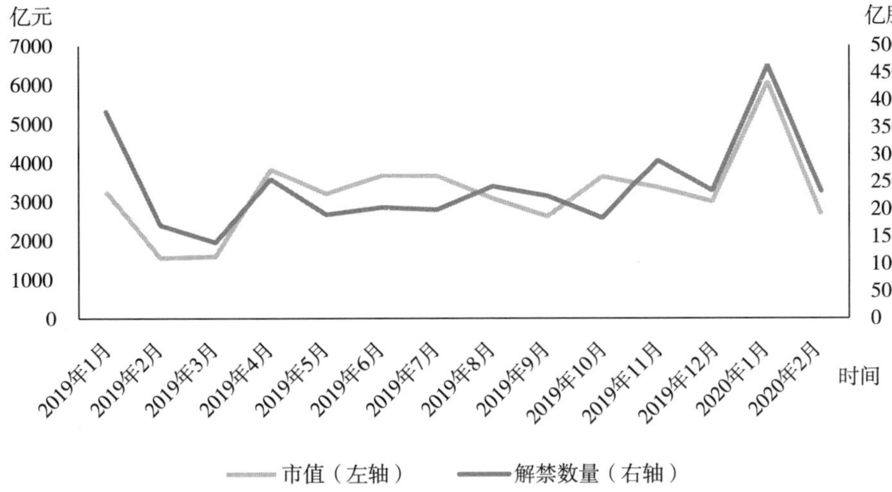

注：相关数据整理于东方财富网。

图 2　2019 年 1 月至 2020 年 2 月的限售解禁情况

在限售股解禁类型中，首发原股东限售股份解除限售对市场的影响最大。相对于普通投资者而言，原始股东持股成本低廉，通过在二级市场减持股票能够获得超额利润。而公司 IPO 的“价”和“量”受到行政干预多，就是大股东违规减持屡禁不止的根本诱因。首先，监管部门将 IPO 市盈率红线控制在 23 倍。2014 年证监会出台《关于加强新股发行监管的措施》，要求发行人确立 IPO 发行价格时应参照同行业公司，并选取中证指数有限公司发布的最近一个月静态平均市盈率为参考依据。在实践中，为了新股发行顺利，自此发行人新股发行市盈率基本都参照 23 倍市盈率。IPO 发行市盈率的直接影响着股票二级市场的市盈率，23 倍市盈率这样一条红线导致股票在一级市场和二级市场价差悬殊。其次，监管部门严格控制 IPO 节奏，IPO 要遵循严格的行政审批核准程序，经证监会核准通过，才可发行。因而上市公司成为稀缺资源，上市公司壳资源估值虚高，为大股东通过减持获利提供了动机。最后，新《证券法》虽然确立了注册发行制，并将在不同层次资本市场推进注册发行制改革，而该项改革有利于改变上述过于僵化的市盈率管制与上市速度管制，降低大股东减持动机。但注册发行制并未触及公司上市的首发比例这一重要影响因素。新《证券法》规定公司申请上市时需要满足上市规则的要求，而上市规则中的规定仍要求公开发行的股份达到公司股份总数的 25% 以上，公司股本总额超过人民币 4

亿元时，公开发行股份的比例可降至10%以上。① 因而，大部分公司都会选择10%的公开发行的首发比例，导致首发流通股比例较低，发行量少则价高，为原始大股东上市后高位套现提供了很大的空间。

（二）信息披露制度不完善

从应然角度来说，股份减持相关制度应在《证券法》与《公司法》中予以明确，应尽可能地保证《证券法》这一上位法的丰满与完整，防止其异化成一部纲领性的指导文件，部门规章的空间应尽可能压缩，并在对具体情形判断的基础上扩充与减持相关的条文。② 但是，包括新《证券法》在内，对于股份减持制度的规定仍然非常简单，特别是相关信息披露，主要还是交由证监会的一系列规章和规范性文件规定。而这些现行法律法规对大股东减持披露制度的约束还是有些漏洞。首先，预披露制度存漏，目前提前15日预披露的规定仅限于集中竞价交易减持，却不适用于其他方式，导致集中减持方式的预披露未形成统一规则；其次，虽然目前关于减持披露内容要求较多，但是对于变动原因、产生的影响等核心要素未要求披露，披露的内容标准不统一；最后，减持披露在实践中实施情况不容乐观，从减持的实际披露公告来看，只有84%的公司按照规定在交易结束后2个交易日内进行了披露，另外有16%的公告超过了规定的披露时限。股东在进行大规模减持时也主要是在累计减持多次后一次性披露，如每次减持比例均为0.99%，累计实施多次减持，最后一次性进行公告，或是在两天内进行大规模的减持，然后一并进行公告。③

（三）减持疏通机制不健全

无论是新《证券法》或是《减持新规》等有关减持制度的规定都有一个共通之处，即以封堵为主，但是在封堵的这条路上又存在着“外堵不足”和“根堵偏离”的问题。④ 大股东违规减持是在强烈套现动机下所作出的决策，仅仅依靠封堵这条路，只能在短期内达到稳定股价、压制大股东减持的效果，但

---

① 关于上市公司首次公开发行的比例，在中国资本市场开创至今一直没有变化过。与二三十年前相比，注册资本四个亿实际上已经非常容易实现。

② 参见黎四奇．对我国上市公司股份减持法律制度的检讨与反思［J］．中南大学学报（社会科学版），2016（2）：38。

③ 参见谢赤等．创业板上市公司大股东减持的时机选择与市场反应［J］．华东经济管理，2019（8）：138。

④ 参见冯果．上市公司股份减持制度须走疏堵结合的系统性建构之路［J］．证券法苑，2017（3）：6－7。

是并未抑制大股东违规减持的动机。通过严堵这种手段来规制大股东违规减持行为，并不能做到全面封堵，总难免按下葫芦起了瓢，实践中也出现了各式各样的规避减持相关规则的减持方式。我国目前大股东减持方式较为单一，大股东主要在二级市场减持股份，减持方式主要是集中竞价、大宗交易和协议转让。对于减持设置严格的条件也不利于资本市场的流通，影响了市场流动性，阻碍了市场交易。治市如治水，要想达到长久规范大股东违规减持行为，需要在严堵的基础上设置疏通机制。

四、成熟资本市场对于大股东减持法律规制的借鉴

大股东减持是资本市场普遍现象，我国资本市场较为年轻，属于新兴市场，相关问题解决仍存在很多不足之处，而在证券市场发展成熟的国家或地区，也经历过大股东减持问题，并形成了一套较为成熟的经验，为我国提供了宝贵的经验借鉴。

（一）美国 Rule144 规则

美国市场限售股主要有约定限售股和法定限售股两类，其中约定限售股主要是 IPO 中的股份锁定协议，法定限售股主要包括控制证券（Control Securities）和受限证券（Restricted Securities）。控制证券是指发行人的控制权人（关联方）持有的证券，即直接或间接控制发行人的主体，如公司大股东、董事、高管等所持有的证券。受限证券是指非公开发行的证券，主要包括发行人一次发行的证券和发行人的控制权人非公开转让的证券，受限证券根据持有人身份的不同，被分为两种类型，即关联方持有的受限证券和非关联方持有的证券。[①]其中，控制权人出售受限证券对于我国完善限售股解禁制度有着重要的借鉴意义。

Rule144 规则并非出售控制证券或限制证券的唯一手段，本质上是一种豁免注册规则，功能在于疏导，为出售方提供了一个豁免的“安全港”，该“安全港”主要是从持有期间、交易数量、交易方式、信息公开情况和向 SEC 申报等几个方面进行规定。Rule144 规则对控制权人出售证券设置了比较严格的条件，需要满足以下五项要求才可进行转售：第一，在持有期间上，在出售任何

---

① 144 规则第（a）（1）条定义了“关联方”的范围，符合任一情形均属于关联方：（1）直接或间接通过易额或几个中介控制发行人；（2）被发行人控制；（3）与发行人共同受第三方控制的人。

受限证券之前，必须满足一定的持有期间限制，根据发行公司是报告公司还是非报告公司，规定了不同的期间要求，对于报告公司而言，持有期间至少为6个月，对于非报告公司而言，持股期间至少1年，持有期间起算点为购买或足额付清之时。值得注意的是，转售控制证券不受持股期间的限制，但是仍受本规则其他条件的约束。第二，交易数量限制，控制权人在任何3个月的时间内可以出售的证券的数量不能超过所出售同类证券的已发行股票的1%，或在表格144上提交出售通知书之前的四周内报告的平均每周交易量。但是，场外股票，包括在场外柜台交易系统和粉单市场交易的股票，只能在1%的比例内出售。这使控制权人无法在短时间内大量抛售，只能“挤出销售”，稳定了二级市场交易秩序。第三，交易方式上必须为普通的经纪人交易，卖方或经纪人不能引诱买方购买这些证券。第四，出售前必须有公开的关于发行公司的足够的可用的当前信息。对于报告公司，即发行方要根据《证券交易法》的要求编写定期报告。对于非报告公司，则意味着业务性质、高级职员和董事的身份以及财务报表等某些公司信息都要进行披露。第五，申报要求，控制权人在任何3个月内出售5000股以上或所得价款超过50000美元，需要填写144表格并向SEC报告。若出售方不是发行证券的公司的关联方（至少3个月没有），并且持有受限证券至少1年，则可以不受上述规则限制。若证券发行人符合《证券交易法》的报告要求，且出售方持有证券至少6个月但不满1年，那么只要符合第四项当前的公开信息条件，就可以出售证券。

（二）中国香港

我国香港地区主要通过限售期和信息披露这方面的规定来规制大股东减持行为。《主板上市规则》第10.07条规定了严格的IPO限售期，对控股股东提出了很高的要求，一方面上市公司的控股股东在上市之日起6个月内不得转让所持有的股份；另一方面，自上市之日起7个月至12个月期间内，控股股东不得丧失其控股地位，但控股股东可以在如实披露的基础上质押股份。另外，若控股股东在上述期间额外进行证券交易，还需要满足上市规则中关于公众持股量的要求。在市场实践中，在IPO前承诺购买一定数量股份的机构投资者和大型企业等也要遵守限售期的限制，在6个月内不得转让。

2019年，香港《证券及期货条例》作出修改，对于大股东减持的信息披露提出了更严格的要求。首先，披露标准升级至5%，任何人只要持有上市公司5%以上的股份，都必须及时披露，在依据持股比例判断持股人是否有披露责任时，其配偶及18岁以下的子女所持有股份都要被计算在内。若持有5%以上有投票权股份，还必须在取得或处置有关股份权益后的3日内作出披露。其次，新修改的《证券及期货条例》扩大了需要披露的股份权益范围，要求披露所有类别的衍生工具所附带的股份权益，并且股份权益性质发生改变时也要如实披露；再次，对于公司持股5%以上的股东披露情形制定了较为细致的规则，在以下三种情形均要及时披露：（1）首次持股比例达到5%以上；（2）持股比例达到5%后减持的股份数量每跨过一个整数点位时都要披露；（3）持股比例下降至5%以下。若相关义务人未按照《证券期货条例》的规定的具报义务，将面临6级罚款与两年监禁或3级罚款与6个月监禁的刑法处罚。另外，大股东所持有的长仓和短仓不能对销必须分别披露。短仓一旦持有1%以上就要披露，若此后持有短仓超过1%，或在1%以下，也都需要披露。

我国内地关于限售流通股股东的设置与美国相似，但是在限售期的相关规定上存在很多不同。首先，美国和中国香港规定的限售期都较短，美国限售期最长为1年，中国香港为6个月，而我国内地对于限售期的规定最短为6个月，最长为36个月。较长的限售期限增加了持股成本，未充分考虑到限售股解禁的影响，可能会带来新股上市后投资者一味追高的问题。其次，美国关于公开市场限售股转让的限制条件规定较为完善，且相对于之前限制有所减少，有利于引导公募市场规范减持行为。最后，我国限售股转让路径采取的是单一的模式，而美国关于限售股转让的方式规定较为灵活，更具优势。美国市场上还存在大量的约定限售，除了Rule144规则下的公募市场限售股转让路径以外，还有Rule144A规则下的向合格机构投资者转让私募的受限证券和控制证券以及根据Section4a（11/2）规则向私人投资者发行和转售的路径，大大减轻了公募市场限售股解禁压力。

美国和中国香港都是以信息披露为核心，建立了一套较为严密的信息披露体系。美国强调事前信息披露义务，限制性股票转让前必须有公开的关于发行公司的足够的可用的当前信息，这些信息必须是充分的并且要及时披露，而中国香港和中国内地的信息披露要求大多为事后披露。另外，中国香港关于信息披露的要求较美国而言相对宽松，但是较中国内地而言信息披露要求更为细致，依据5%的持股比例临近点规定了三种披露情形，并且还对持有短仓长仓都设置了披露要求。美国由于其股权分散、以机构投资者为主，市场流动性强，导致大股东减持动力不大，且不具备大规模减持的条件，而且美国证券发行私募市场发达，一级市场与二级市场差价不大，所以美国主要是从信息披露这一方面来规制大股东减持。在信息披露方面，可以借鉴相关成熟的经验。但是，我国资本市场的市场环境和股权机构都较为特殊，监管策略上存在不同，因此，在借鉴国外经验的基础上，还需要结合自身情况制定监管措施。

五、新《证券法》时代下大股东减持法律规制的完善建议

新《证券法》对于大股东减持规制较之前更为严格，对于中小股东权益的保护也更为重视，在投资者保护制度中有许多亮点之处。在新《证券法》时代下，大股东减持将迎来最强监管时代，但是现行关于大股东减持的规制多以“封堵”为主，只能解决短期问题，无法长期规制大股东违规减持弊端问题，大股东违规减持的法律规制应以“疏堵结合”为出发点，通过完善信息披露制度、落实《证券法》相关配套制度来应对。

（一）优化限售股解禁减持相关规定

限售股解禁应统筹考虑大股东减持与IPO监管制度设计。首先，缩短限售期。目前，我国关于限售期的规定较为严格，限售期最长为36个月，而且针对不同的股东身份和股份性质设置了不同的限售期，但是美国和中国香港的限售期都较短，而且中国香港的限售期只适用于控股股东。较长的限售期增加了投资风险和持股成本，缩短限售期可以减少新股发行投机行为。当前一级市场价格定价扭曲，上市公司能够以高市盈率获取巨额融资，大股东能够在一级市场上提前回笼资金。通过缩短限售期限可以对一级市场形成倒逼机制，让二级市场理性定价，建立合理的定价机制，从而压制和引领一级市场价格，以缓解解禁压力，改变新股发行价格扭曲的现状。后续可以考虑在缩短限售期的基础上设置“慢走规则”，并且限售股转让条件可以参照Rule144规则的规定，转让限售股前要充分、及时的披露信息，严格遵守《减持新规》等关于减持的相关规定，引导大股东循序渐进地转让限售股，直至全流通。

其次，丰富限售股转让路径。我国限售股解禁减持的方式较为单一，且多为法定限售股解禁，不具有灵活性。美国的限售股转让路径囊括了IPO的整个进程，既有IPO前私募市场的证券转让、IPO中的存量发行，也有IPO后的根据Rule144规则的证券转让三种路径。我国目前主要还是IPO后的限售股转让，私募市场的证券转让和存量发行都有待于继续推进和完善。首发存量发行增加了二级市场流通股的数量，有利于缓解限售股集中减持对市场造成的冲击。但

是，也会存在大股东等内部人提前套现的道德风险，从而损害中小投资者的合法权益，需要有相关法律法规等进行规范。新《证券法》已经将首发比例等相关问题交由上市规则来规定，那么下一步可以考虑修改上市规则，根据股东身份不同，针对发起人、控股股东等不同主体设置差异化的发行比例限制。然后稳步推行“超额配售选择权”机制，稳定股票价格，从而稳妥推进扩充首发存量发行。

最后，限售股解禁减持的信息披露必须要遵循事前、事中和事后披露原则，原始股东减持时信息披露应充分，披露内容应包括减持数量、价格、原因、原始成本、发行人基本信息、发行对公司的影响等，从而为买方投资者提供充分有效的信息以作出正确判断。同时也要对 IPO 时大股东的持股条件和持股比例作出限制，减少其随意减持导致失去控股地位所带来的影响。例如，可以借鉴港交所上市规则的规定，要求控股股东在上市后一段时期不得丧失其控股地位。

（二）完善信息披露制度

信息披露制度是规制大股东减持的一项重要基础制度，成熟资本市场关于大股东减持的信息披露制度较我国更为严苛，无论是披露的内容，或是披露时间和情形等都更为精细。大股东减持的信息披露应包括事前、事中和事后三个阶段，并且披露的信息应当充分和及时。首先，完善预披露制度，预披露制度是减持规制中的重要制度，但现行的预披露制度缺乏严格标准，提前 15 个交易日的预披露制度只适用于集中竞价交易减持，而且受限主体不包括 Pre－IPO 股东和定增股东。在市场实践中，大股东通过大宗交易和协议转让的方式转移股份情况越来越多，有必要将这两种减持方式纳入预披露的监管范畴。另外，预披露制度适用主体范围也应当有所扩大，只要持股 5% 以上的大股东和公司董监高存在减持意向时，均要提前 15 个交易日向市场预先披露减持计划。值得注意的是，我国大股东减持实践中先减持后公告的现象比比皆是，使预披露制度未能有效发挥作用，未来应重点惩罚这种打“擦边球”行为；其次，进一步细化规定披露标准和内容。《减持新规》将构成一致行动人的多个股东的持股比例合并计算作为一个整体适用信息披露规则，中国香港在确定信息披露责任时，其配偶及 18 岁以下的子女所持有股份都要被计算在内，中国大陆在判断信息披露义务责任时，也应考虑配偶、子女等关联人的持股比例，合并计算。针对实践中通过离婚解除一致行动人关系的以规避信息披露义务的，应当规定在离婚后的一段时期内，存在减持行为时，应将二人的持股比例合并计算以确定信息披露责任，并且离婚后二人的减持额度也应当合并计算，不得超过离婚前一方的减持额度。对于减持信息披露的内容要统一，应该包括减持的数量、价格、原因、减持前持股信息、减持后控制权是否变化、减持带来的影响等；再次，扩大信息披露范围，根据新《证券法》第六十三条的规定，持有有表决权的5%以上的股份需要遵守“慢走规则”，将披露限定为有表决权的股份，那么不具有表决权等其他类型股份不用遵守该条规定。未来可以借鉴美国“144 规则”的规定，凡是公司关联方所持的股票，包括未公开发行的股票和从二级市场买入的股票，交易行为都要受到监管，遵守“慢走规则”，履行信息披露义务。另外，也可以借鉴中国香港的规定，对于持有短仓和长仓均要履行信息披露义务。其中持有短仓，在达到1%比例时，以及低于或高于1%的比例时都要进行披露；最后，严格事中披露内容，目前只是要求在减持数量过半或是减持时间过半要披露进展，对于事中披露的内容规定较为简单。实践中超比例减持或是未披露减持问题多发，减持事中披露也尤为重要，在减持过程中，应当即时披露，每一次减持都要进行披露，并且细化减持进展的披露时间，每隔几天披露一次减持进展。

（三）健全相关减持疏通配套机制

大股东减持的法律规制应坚持疏堵结合的原则，在严格限制大股东减持条件和信息披露要求的同时，也要发挥市场机制的作用。引导大股东进行契约化的减持安排。新《证券法》新增第八十四条规定，大股东可以自愿披露对投资者作出价值判断和投资决策有影响的相关信息，并确立大股东不履行承诺的民事赔偿责任。市场上大股东违反承诺的现状屡见不鲜，之前没有明确的法律依据，导致有些情况下大股东难以被追责。新《证券法》的该条规定一方面鼓励大股东自愿披露、作出承诺，有利于大股东通过承诺进行契约化减持，为疏通减持市场压力提供“开源”路径；另一方面，为大股东违反承诺，投资者维权提供了法律依据。可以引导大股东对减持计划作出单方面法律承诺，具体内容包括减持期限、减持数量、减持方式、违反承诺减持的收益处置等。

另外，“高转送”是大股东进行市值管理、增加减持收益的重要手段之一，现金分红在一定程度上能够抑制大股东减持规模，鼓励上市公司现金分红，降低“送转”比例，对于抑制大股东减持有着重要作用。新《证券法》第九十一条要求上市公司在章程中明确现金股利分配的具体安排和决策程序，证券监管部门应引导上市公司制定本公司合理有效的现金股利分配政策，在满足现金分红的条件下积极进行现金分红，维护股东的合法权益，从而降低大股东减持的投机动机，但也要注意防范大股东通过现金分红掏空公司的“隧道行为”。另外，也要引导上市公司优化股权结构，如将控股股东的持股比例设定一个上限，通过股权制衡来约束大股东的机会主义行为，降低其利用持股优势操纵减持的可能性，从而维护市场秩序，维护投资者合法权益。

六、结语

大股东作为公司内部人，具有持股优势和信息优势，其不良的减持行为以及较大的减持规模必定会对资本市场和公司造成负面影响。虽然出于优化公司股权结构、满足公司资金需求的减持行为也存在，但大股东更多的是利用通过减持来达到变相套现的目的。大股东减持具有重要的信号传递效应，向市场释放了公司市值减损、公司发展不足等信号。对于大股东减持制度的法律规制，需要由《证券法》《公司法》和证监会的一系列相关规定共同发挥作用。新《证券法》对于大股东违规减持监管更加严格，强化了投资者的保护机制，能够有效遏制大股东减持乱象，规范大股东减持行为，但是具体实施效果还需要依赖于相关制度的具体落实。

新《证券法》下公司债券公开发行注册制的挑战和未来

洪艳蓉*

摘　要：本文对公司债券公开发行注册制的实施情况进行梳理，对相关制度及其特点进行了深入分析，并探讨了证监会、国家发展改革委主导的两套公司债券公开发行注册制存在的问题和面临的挑战。本文认为，公司债券公开发行注册制未来成功运用的重点是投资者保护，只有当公司债券违约风险得到有效处置，才能为制度实现提供最坚实的基础。

关键词：新《证券法》　公司债券　公开发行注册制　投资者保护

2020 年 3 月 1 日，新《证券法》正式施行，证监会、国家发展改革委于同日发布配套规则，全面落实公开发行公司债券注册制（见表 1），标志着我国公司债券市场生态进入全新格局。

表 1　落实债券公开发行注册制的相关制度

发布者	规则名称	实施时间
全国人大常委会	《证券法》	2020 年 3 月 1 日
国务院办公厅	《国务院办公厅关于贯彻实施修订后的证券法有关工作的通知》（以下简称《国办通知》）	2020 年 2 月 29 日
中国证监会	《中国证监会关于公开发行公司债券实施注册制有关事项的通知》（以下简称《证监会通知》）	2020 年 3 月 1 日

* 洪艳蓉，北京大学法学院副教授。

续表

发布者	规则名称	实施时间
上海证券交易所	《关于上海证券交易所公开发行公司债券实施注册制相关业务安排的通知》（以下简称《上交所通知》）	2020 年 3 月 1 日
深圳证券交易所	《深圳证券交易所关于公开发行公司债券实施注册制相关业务安排的通知》（以下简称《深交所通知》）	2020 年 3 月 1 日
国家发展改革委	《国家发展改革委关于企业债券发行实施注册制有关事项的通知》（以下简称《国家发展改革委通知》）	2020 年 3 月 1 日

回溯历史，自 2007 年我国启动公司信用类债券市场，特别是 2012 年以来，公司债券市场的成长一直遵循着政府主导的发展模式。在一系列放松管制政策红利的推动下，耦合债券主管部门的监管竞争和富有活力的金融创新，我国公司债券很快走上了市场化的发展道路，不仅市场短期内发展迅猛，规模更跃居亚洲第一、世界第二（截至 2020 年 3 月，存量规模约 23.5 万亿元①）。如今，公司债券是企业外部直接融资的重要渠道，成为我国资本市场重要的组成部分，在服务实体经济方面发挥着不可或缺的作用。

2018 年以来，我国公司债券违约现象频现，尽管目前市场化法治化的违约处置探索已初见成效，但在经历这一轮债务风险处置后，如何更好地促进公司债券市场规范发展，是监管部门面临的重要课题。公开发行注册制的落地实施，意味着将新《证券法》第十五条、第十七条等有关降低公司债券公开发行实质条件的重大利好快速便捷地呈现给广大具有融资需求的企业，使其获得了主要以信息披露为“通行证”的融资门槛准入，并因此重塑市场与监管者之间的关系。由此，我国公司债券的市场化进程进入了与国际接轨，富有标杆性意义的新阶段。公开发行注册制的实施，标志着我国公司债券市场在经历完整的债务周期之后，初步完成了市场化公司债券制度的系统构建，债券市场也将因此迎来全新面貌。

一、公司债券公开发行“注册制”概览与分析

证券公开发行注册制的内涵，是指监管者以审查公司信息披露的真实性、

① 中国人民银行，2020 年 3 月金融市场运行情况，http://www.pbc.gov.cn/goutongjiaoliu/113456/113469/4012924/index.html，访问日期：2020 年 4 月 30 日。

准确性、完整性、及时性和公平性为核心，取代对公司/证券投资价值的实质判断，通过促使市场中介归位尽责，发挥市场在风险识别和价值判断上的主导作用，并最终落实“卖者有责，买者自负”的市场风险分配原则。这种市场与监管的角色互换和分工重置，是构建一个市场化证券公开发行机制的应有之义。

2019 年，新《证券法》全面取消体现监管者实质审查的证券公开发行核准制，取而代之彰显信息披露形式审查要义的注册制，意味着我国证券公开发行进入了真正市场化时代，其第二十一条第一、二款规定，“国务院证券监督管理机构或者国务院授权的部门依照法定条件负责证券发行申请的注册。证券公开发行注册的具体办法由国务院规定。按照国务院的规定，证券交易所等可以审核公开发行证券申请，判断发行人是否符合发行条件、信息披露要求，督促发行人完善信息披露内容”，提供了法律层面的合法依据并确立了“专业机构审核—监管机构注册”的分工协作框架。

基于此，公司债券一改公开发行核准制，全面推行注册制，成为《证券法》实施后最早落地这一市场化机制的领域。《国办通知》在第二条第二、三款概括规定了两套“稳步推进公司债券公开发行注册制”的安排，结合监管部门及其证券交易所的配套规定，这两套债券注册制有着如下的具体安排和显著特点：

其一，立足于实践中形成的证监会主管的公司债券市场和国家发展改革委主管的企业债券市场，《国办通知》规定了证监会监管的公司债券的注册制和发改委监管的企业债券的注册制，实践中由中国人民银行主管、银行间债券市场交易商协会（以下简称交易商协会）负责实施注册制的非金融企业债务融资工具（以下简称债务融资工具）未被纳入其中。这种调整范围的划定，很大程度上反映了《证券法》主要调整证监会主导下的资本市场法律关系的制度取向，也是《证券法》被诟病为未能真正上升为资本市场基本法的原因之一。

未来，本质上也属于公司信用债范畴的债务融资工具市场及监管体系，能否通过《证券法》预留的“国务院依法认定的其他债券”“国务院授权的部门”“国务院批准的其他全国性证券交易场所”或者将其定位为“非公开发行的证券”等纳入《证券法》的调整范围，将有待进一步明确。①

其二，充分契合专业机构和主管部门的角色并发挥各自专长，建立起分工协作的“审核—注册”操作机制。具体而言：

证监会主管的公司债券，由证监会指定上海证券交易所、深圳证券交易所负责公开发行公司债券申请的受理和审核，证券交易所根据审核情况提出同意发行或终止审核的意见，并将审核意见和相关申请文件一起报送给证监会，证监会据此履行发行注册程序，作出同意或不同意注册的决定。

国家发展改革委主管的企业债券，由国家发展改革委指定中央国债证券登记结算有限责任公司（以下简称中债登）负责公开发行企业债券申请的受理，并指定中债登、交易商协会作为审核机构，发行人直接向中债登提出申请，取消之前需要通过省级转报的环节，实现了“直通车”式的受理，不过如募集资金用于固定资产投资目的，则需要省级发展改革部门出具募投项目符合国家宏观调控政策、固定资产投资管理法规制度和产业政策的专项意见并承担相应责任，用于填补取消省级转报环节等带来的项目固定资产投资把关。两家机构完成审核后，国家发展改革委再根据其审核意见作出同意或不同意注册的决定，履行法定的发行注册程序。

审核机构与法定注册机关的错位分工，有助于充分发挥审核机构作为一线监管者在日常沟通、信息处理、专业技术评判等方面的特长，也能将法定注册机关从烦冗而专业的日常审核工作中解放出来，在集中监管资源转战规则制订和执法等监管事务的同时，通过注册程序预设的进一步问询、退回补充审核、不同意注册或同意注册，保持对审核工作的指导和必要监督，充分发挥主管部门作为公开发行公司债券注册制监管者的决定性作用。

其三，彰显以信息披露为核心的注册制要义，旨在通过审核判断发行人是否符合证券法规定的发行条件和信息披露要求，督促其完善信息披露内容，帮

① 2020年3月11日，中国人民银行、中国证监会有关负责同志就债券市场支持实体经济发展有关问题答记者问，在其中提到“根据《国办通知》精神，银行间债券市场金融债券、非金融企业债务融资工具等品种的发行、交易、登记、托管、结算等，由人民银行及其指定机构依照《中国人民银行法》等制定的现行有关规定管理。商业银行等承销机构、信用评级等中介服务机构仍按照现行有关规定在银行间债券市场正常开展业务。下一步，人民银行等部门将继续在公司信用类债券部际协调机制框架下，分工协作，共同推动公司信用类债券持续健康发展”，暂时用问答的形式缓解了这一法律适用问题，但债券市场规则的统一最终仍需在法律层面解决。资料来源：中国人民银行官网，http://www.pbc.gov.cn/goutongjiaoliu/113456/113469/3987522/index.html，最后访问于2020年3月12日。

助投资者有效进行价值评估和投资决策。在操作上，审核机构主要通过审核问询、回答问题开展审核工作，得益于之前开发的电子化系统和监管经验，有关审核的申请、受理、问询、回复等事项主要通过审核机构的相关申报系统进行，是全程电子化、一条龙式的绿色审核流程。这种现代化的操作安排更有助于实现注册制的合法合规、公开透明和快捷高效，给予市场预期并增强投资者信心。

其四，与公开发行注册制让利发行人，还权于市场的价值取向相适应，注册制实施机制配套了贯穿始终、更强有力的信息披露约束机制，以达成融资自主与信息披露约束的良好平衡。

《证券法》第十五条从正面降低了公开发行公司债券的条件，特别是取消了发行人必须是“净资产不低于人民币 3000 万元的股份有限公司或不低于 6000 万元的有限责任公司”的主体要求，取消了“累计债券余额不超过公司净资产 40%”的发债规模限制，以及允许公司债券募集资金用途进行变更，极大程度地降低了公司债发行的门槛；第十七条从反面条件取消了“前一次公开发行的公司债券尚未募足”的约定，为公司债券采用“一次注册，多次发行”的储架发行机制提供了可能性。需要注意的是，这次《国办通知》利用《证券法》第十五条第五款第三项“国务院规定的其他条件”的授权条款，提出发行人除了符合《证券法》规定的条件外，还应当具有合理的资产负债结构和正常的现金流量，并且鼓励募投资金投向符合国家宏观调控政策和产业政策的项目建设，可视为对《证券法》第十五条全面取消负债比率和募集资金用途约束后的一个修正和限缩，总体上不影响通过《证券法》和注册制的配套作用，赋予各类企业根据自主经营需要，以自身信用进入资本市场筹资，享受更多的融资自主权。

与企业享受更多融资自主权相匹配，《证券法》大大加强了对投资者的必要法律保护。在注册制环节，一方面向前延伸信息披露责任约束时间，发行人一旦申报就纳入信息披露监管，在审核、注册和发行的各个阶段保证信息披露的真实、准确、完整、及时和公平，通过电子化系统进行操作留痕并确保不得随意更改；另一方面以发行人为第一信息披露责任人，强调其和其他信息披露义务人应诚实守信地充分披露投资者做出价值判断和投资决策所必需的信息，并且强调包括承销机构、信用评级机构、会计师事务所、律师事务所等中介机构应勤勉尽责，严格履行尽职调查义务和核查把关责任，切实发挥市场“看门人”的作用。在强调市场自我责任约束的同时，监管层面，审核机构在注册流程中以信息披露审核为核心，加大力度督导发行人及其市场中介尽职履行上述职责；证监会作为法定注册机关和核心监管者，则依据《证券法》的新规定，如第八十一条的公司债券临时信息披露要求，第八十五条的发行人控股股东、实际控制人对未履行信息披露义务或存在虚假陈述的推定连带赔偿责任等，加强对发行人的持续监管并强化中介机构的责任，切实保护投资者的合法权益。国家发展改革委作为法定注册机构，自身不具备资本市场的执法权，但也在《国家发展改革委通知》中明确表示“支持证监会开展债券市场统一执法工作，依法严惩企业债券领域的违法违规行为”。

二、两套债券公开发行注册制的具体实施问题与面临的挑战

尽管公司债券成为第一时间落地公开发行注册制的对象，但考察配套规则，不难发现这种快捷其实倚重于一些固有制度及其机制的衔接安排，正像上交所在实施通知及答记者问中所指出的，“发行人的发行上市申请文件、募集说明书内容与格式、审核流程和时限、发行及上市安排参照现行规定执行”。因此，一方面需要未来及时修改废止释明现有规则以适应新变化的任务艰巨，另一方面需要结合注册制提出的新问题研究制订新制度与配套机制，同样刻不容缓。下文举两个例子。

例一：注册制强调了以信息披露为核心，是监管者摒弃实质审查标准而替代以信息披露形式审查要求，让位给投资者自己作出价值判断和投资决策的过程。然而，结合《证券法》关于公开发行公司债券的发行条件和信息披露要求，这种注册制是否实现了真正意义上的“注册制”可能需要考虑。《证券法》第十五条尽管松绑了公开发行债券的部分实质条件，但仍保留了“最近三年平均可分配利润足以支付公司债券一年的利息”的规定，《国办通知》更补充了发行人“应具有合理的资产负债结构和正常的现金流量”的新发行条件。这些发行条款某种程度上已涉及对发行人信用及其清偿能力的实质评判，似乎无法只通过信息披露就能得出某种结论。与此同时，注意到《证券法》第十六条取消了申请公开发行公司债券应当向监管机构提交“资产评估报告和验资报告”的要求，看似符合了注册制下侧重信息披露的审核要求，但如果缺乏这些报告，如何对上述问题作出回答，则又是一个挑战。

例二：公司债券储架发行机制的存在，便利了公司根据自身经营需要与资

本市场筹资成本的高低适时作出融资安排，目前在公司债券、企业债券和中期票据的发行上已多有实践，新《证券法》也允许了债券储架发行的存在。然而，这种“一次注册，多次发行”的便利机制带来的却是如何有效更新每次发行需要披露的信息并减少发行人的信息披露负担的问题，以及在新《证券法》强化中介机构专业责任约束的背景下，如何在多次发行的短暂时间内做好相应的尽职调查和核查把关。在信息披露上缺乏适当引用相关已有信息的规定，对中介机构勤勉尽责评判标准的模糊和缺失相应的尽责豁免规定，可能会对中介机构提供债券储架发行服务构成一定的障碍。

具体到证监会、国家发展改革委主导的两套公司债券公开发行注册制，则又各有自身的问题和面临的挑战。就证监会主导的公司债券注册制而言，存在以下问题和挑战。

1. 如何根据投资者类别区分不同发行政策

在注册制之下，改变了只有面向专业投资者的小公募才由证券交易所进行预审核的做法。现在，无论是面向普通投资者的大公募，还是小公募，都统一实行由证券交易所进行审核，再报送给证监会进行注册的程序。如此，未来在公开发行市场上保留专业投资者设置，其将在哪儿发挥功能，是否与普通投资者一样不再作专门的发行政策区分，还是可以基于其专业性进一步加快交易所在审核时的简化程序或设置其他便捷的政策安排，可能需要进一步考虑。此外，如果对专业投资者设置公开发行审核上的便利，那么在注册制进一步简政放权的趋势下，面向专业投资者的私募发行与这种面向专业投资者的公开发行如何做有效区分，除了在信息披露监管上的差异外，还有什么因素可以充分利导发行方式的选择，从而便利发行人融资并降低成本。

2. 有必要厘清证券交易所公开发行审核、上市审核的功能及其与证监会履行公开发行注册程序的关系

根据《证券法》的规定和《国办通知》的内容，证券交易所负责审核公开发行债券申请，证监会负责最终的公开发行债券注册；同时，证券交易所有权审核同意公开发行债券的上市交易。尽管公开发行并上市在实践中经常联动，但公开发行与上市交易分属不同环节，并依法各有主权者，却是泾渭分明的。从世界主要证券交易所的经验，以及证券交易所作为证券交易的组织者和提供者的功能来看，为发展交易所内的多层次资本市场并构建对应的监管规则，大多数情况下证券交易所有必要对申请上市进行某种程度的实质审查，而

不仅仅停留于信息披露的审查。目前的《证监会通知》及交易所的配套通知，似乎是将公开发行上市笼统地作为审核注册的对象，一方面是证券交易所有权自主的上市问题也要报给证监会注册，另一方面是针对上市问题，也采用了公开发行环节的以信息披露为核心的审核标准。因此，有必要进一步区分证券交易所公开发行审核、上市审核的功能，并厘清与证监会履行公开发行注册程序的关系。

就国家发展改革委负责的企业债券注册制而言，其引发的实施问题和面临的挑战包含以下几点：

1. 所有的企业债券类型是否都已被注册制所涵盖，是否可以统一适用以信息披露为核心的注册制市场准入管理

目前，国家发展改革委主管下的企业债券有着多样化的类型和用途；其发行额度往往不小（如有的高达 300 亿元），期限多偏中长期（如有的长达 20 年）；用途上，许多项目往往为配合国家宏观调控政策或产业政策而设，用于特定目的或者主要投资于固定资产项目，其中不少项目与地方经济发展、地方政府融资有着千丝万缕的联系；从发行主体看，有些是改制成公司的规范法人组织，有些则是各种中心，可能只是空壳的城投公司或者透明度不高的其他组织体；从清偿保障上看，往往会添加各种形式的担保，甚至由专业的担保公司提供担保以提升债券的信用评级，不完全等同于主要依靠发行人信用融资的公司债券；从投资者保护机制上看，企业债券没有类似公司债券的受托管理人设置，在债券信息披露和偿债保障上主要依靠债券主承销商在债券存续期的持续服务保障，债券承销演化成了终身服务，等等。

注册制的实施，需要发行人有健全的公司治理机制并因此能够生成规范透明的披露信息提供给投资者作出价值判断与投资决策，但目前企业债券具有多元的发行主体和复杂的治理结构，需要进一步评估能否符合注册制下精细的信息披露要求；面对与地方政府融资密切的募集资金用途、巨大的融资规模与漫长的融资期限，不能只是简单地要求省级发展改革部门出具专项意见并模糊地要求其承担相应责任，而需要评估能否制约募投资金的挪用、滥用；要求一次性收费的承销机构承担后续终生服务，需要评估其对中介机构的激励机制；采用注册制后，发改委与证监会之间关于企业债券的信息共享和统一执法问题，有待明确。

2. 企业债券跨市交易带来商业银行能否开展承销业务的政策新矛盾点

目前，企业债券可以分别在证券交易所和银行间债券市场向投资者发行，

并在两个市场同时交易及托管于相应的证券登记结算机构；注意到，银行间债券市场的承销商主要是商业银行，而国家发展改革委近年来也鼓励银行在债贷联动中担当主承销商角色，更好地利用各种金融工具服务于企业融资需求。如此，依据《国家发展改革委通知》，由交易商协会审核，国家发展改革委最终注册的企业债券只能到证券交易所交易，[①] 否则如到银行间债券市场交易，是否意味着这一部分企业债券的持续监管需要适用《证券法》，从而间接地将银行间债券市场纳入《证券法》的调整范围，或者说《证券法》没有明晰银行间债券市场的法律地位问题，却因企业债券的跨市场交易而获得了某种答案？然而《证券法》第一百二十条第四款规定，只有证券公司才能从事证券承销业务，企业债券如果适用《证券法》就无法聘用商业银行做承销商，而如果将银行间债券市场纳入《证券法》的调整范围，那么这一市场最重要的承销商商业银行将不能再开展承销业务，也是一大矛盾。

三、债券发行注册制的深远影响及对市场与监管格局的重塑

（一）公司债券首位践行注册制的原因分析

公司债券公开发行注册制的率先执行，其实有着坚实的基础。

一方面，相比股票寄望于公司的未来经营，涉及多方力量在公司治理上的博弈，债券考察的是公司未来的清偿能力，通过分析公司的资产负债结构及现金流状况，往往就能判断个大概；而债券到期还本付息的刚性约束，也能相较于股权或者存托凭证更好地解决问题并进行投资者保护。在法律关系相对简单且明晰的情况下，尽快地落实公司债券公开发行注册制，在把《证券法》制度利好传导给市场的同时，也能帮助企业在经济下行周期，特别是在 2020 年抗击新冠疫情的特殊时期，及时地纾解困境，注入外部资金助力企业恢复与发展生产，充分发挥债券市场服务实体经济的功能。

另一方面，公司债券领域的市场化改革已推进多年，在筹资端较早地进行了放松管制、加强服务的市场化改革。自 2008 年银行间交易商协会首创中期票据的注册制以来，简化公司债券发行核准机制就一直成为公司债券和企业债

---

① 《证券法》第一百二十条第四款规定“除证券公司外，任何单位和个人不得从事证券承销、证券保荐、证券经纪和证券融资融券业务”，证券承销由证券公司专营，导致《证券法》规定的企业债券无法由商业银行承销，只能转由证券公司承销（证券公司虽可成为银行间债券市场承销商，但数量并不多）并主要在证券交易所上市交易。

券的监管者致力推进的目标。2015年初，证监会借发布全新的《公司债券发行与交易管理办法》的时机，推出了面向专业投资者的债券小公募，通过证券交易所预审核及证监会简化核准，使公司债券市场规模得以追上银行间市场的发展；而国家发展改革委随后也逐渐将企业债券的审批改为核准制，并在2015年底发布实施《关于简化企业债券审报程序加强风险防范和改革监管方式的意见》，同样简化了企业债券的核准机制并建立了针对优质企业债券的"直通车"申报机制。也因此，有了上述这些趋近于注册制的规章制度、运作机制和监管操作的实践积累与支持，能够在《证券法》于2020年3月1日实施的同一天，就开始正式实施公司债券公开发行注册制。未来，所需要的是，修正两套监管机制的差异并完善相关制度与操作流程，以满足新《证券法》的发行条件和信息披露等要求。

据报道，2020年3月2日，在公司债券注册制正式实施后的第一个工作日，怡亚通公司、华侨集体公司和蓝帆公司3家企业面向专业投资者公开发行公司债券的申请，已得到深圳证券交易所的同意受理，成为首批"注册制"的公司债券，其累计申报募集资金规模更高达217亿元。由此，也可见公开发行公司债券注册制操作机制和制度配套的到位与某种意义上的成熟。

（二）注册制改变公司债券监管格局，未来重点是投资者保护

基于历史沿革和金融市场分部门监管的现实，我国自2008年以来形成了证监会主管的公司债券、国家发展改革委主管的企业债券，以及中国人民银行通过交易商协会主管的债务融资工具三大公司债券类型、制度，并形成了证券交易所、银行间债券市场两大分割的证券交易市场和多个登记托管机制。

多年以来，三大监管部门通过制定所辖公司债券的制度规则释放监管导向，构建公司债券投融资的制度框架，也因此形成了各具特色的公司债券规则与操作机制，尤其是在市场准入条件、信息披露规则、投资者保护机制、信用评级规则等方面差异明显。长期以来，三足鼎立的债券市场在某种程度上放大了企业的债务风险，减缓了宏观调控的效果，并造成了部分企业的监管套利以及个别市场上债券违法违规行为的处罚不力。因此，亟待尽快推出统一的债券规则，消除制度歧视和监管套利，发展健康、可持续的公司债券市场。

《证券法》公司债券注册制的规定及其落地，尽管未能从终极意义上统一公司债券规则，但在法律层面却解除了套在公司债券头上的核准制"枷锁"，

使证监会、国家发展改革委与交易商协会在市场准入监管上获得平等竞争地位。可以说，随着注册制的全面实施，我国公司债券市场准入方面的改革已至顶点，监管者无法再通过释放这一方面的更多制度红利刺激市场的质性飞跃，需要转向寻求新的制度增长点完成其肩负的公司债券市场发展职能。

随着《证券法》对公司债券发行条件的放宽和以信息披露为核心的注册制的施行，长期必将利好公司通过资本市场自由融资，短期内甚至会带来公司债券融资家数、融资规模的双升，甚至在监管部门竞相推进注册制的过程中，可能隐含着新一轮企业过度加杠杆和过高负债的危险。然而，债券融资终究属于刚性约束，在筹资端的市场准入已通过注册制消除制度歧视，监管者彼此间不具有比较优势的情况下，特别是在我国正在经历的以防控和处置债务违约风险为目标的经济周期的大背景下，公司债券市场的信心来源和可持续发展的竞争力，已悄然转至偿债保障方面，或者说是债券违约时投资者合法权益的有效保障上。

近年来，三大债券市场监管者均在信息披露、投资者保护示范条款、债券受托管理人制度等方面加强了规则制定与合作，如联合发布“关于公司信用类债券违约处置有关事宜的通知（征求意见稿）”，共同参与最高人民法院起草的“全国法院审理债券纠纷案件座谈会纪要（征求意见稿）”等，而《证券法》也已通过全新的投资者保护专章、包括信息披露在内的违法违规责任强化，以及增强证监会的证券执法权限等来提升投资者保护水平。未来，需要在监管部门的共同协作和助力下，有效地进行公司债券违约风险的处置，如此才能为保障公司债券公开发行注册制的成功运用提供坚实的基础。

·信息披露篇·

新《证券法》公平信息披露规则的问题与调适

郭 雳* 彭雨晨**

摘 要：新《证券法》引入公平信息披露规则值得肯定，但其中的“同时性”标准过于简单严格，“信息”范围存在泛化之虞，影响证券分析师、机构投资者等发挥其应有作用，很可能会减损投资者利益。同时，上市公司董监高保证信息“公平”披露的实现有其特殊性，若不加注意恐令其承担过重责任。鉴于此，新《证券法》在适用时，该等“信息”范围宜按照“重大非公开信息”来把握；“同时性”标准主要限缩在信息披露义务人故意披露非公开重大信息时应用，非故意披露时则可通过安全港规则及时补救披露来免责；监管部门在处理上市公司董监高信息“公平”披露保证义务时，应对其特殊困难有所认识。

关键词：新《证券法》 公平信息披露规则 同时性 重大信息

一、问题的提出

自2013年启动《证券法》修订，历经6年，数易其稿，新《证券法》终于在2019年底获得全国人大常委会审议通过，并于2020年3月1日正式开始

* 郭雳，北京大学法学院教授、博士生导师。
** 彭雨晨，北京大学法学院2018级博士研究生。

实施。新《证券法》呈现诸多亮点，显著提升资本市场治理能力和治理体系现代化水平。其中，第八十三条首次规定公平信息披露规则（Fair Disclosure Rules），并于第八十二条要求上市公司董事、监事和高级管理人员承担保证信息“公平”披露的义务，就是其中一个亮点。

公平信息披露规则重在解决上市公司选择性披露信息的行为，要求上市公司在信息披露时对所有投资者一视同仁、同时披露。在公平信息披露规则缺位的情形下，上市公司经常向证券分析师、机构投资者提前披露本公司未公开的重大信息。[①] 原因是证券分析师“唱多”上市公司股票有利于上市公司融资，而上市公司董事会提出的部分议案则有赖于机构投资者的支持，因此上市公司希望维持与他们的良好关系。上市公司证券分析师获取这些信息能够提高研报预测的准确度，购买研报的投资者和提前从公司处获知信息的机构投资者便能够提前做好买卖该公司股票的投资决策，并先于其他投资者交易，从而获利或者避险。但是，这毫无疑问会造成投资者在信息获取和交易机会等方面的不公平，直接违背证券法“公开、公平、公正”的基石性原则。因此，为强化投资者保护，新《证券法》设置公平信息披露规则，规制上市公司选择性披露行为，是情之所向，理之应然。

正因为如此，在公平信息披露规则于2000年首次被美国证券交易委员会（Securities and Exchange Commission，SEC）制定并实施后，各国纷纷接受公平信息披露的监管理念。我国也在2006年由深交所引入该规则并在深交所范围内实施，之后公平信息披露规则逐渐被证监会和各交易所采纳，成为我国证券市场信息披露的几大标准之一。

新《证券法》引入公平信息披露规则固然值得肯定，但是相关规定却矫枉过正，要求上市公司在披露任何信息时都要满足公平信息披露规则的要求。新《证券法》严苛的“同时性”标准和“信息”范围，颠覆了沪深交易所多年来实践公平信息披露规则的传统，并不利于投资者保护目标的实现，有进一步调适修改的必要。本文将重点对新《证券法》中公平信息披露规则的“同时性”标准、“信息”范围可能引发的问题以及上市公司董监高信息“公平”披露保证义务的特殊性予以探讨，同时结合域外公平信息披露规则的实践经验，对新《证券法》公平信息披露规则的修改提出针对性建议。

① 参见张爱民，于丽．美国公平信息披露制度简析［J］．财会通讯，2001（8）：38。

二、公平信息披露规则“同时性”标准检讨

（一）新《证券法》“同时性”标准更趋严格

新《证券法》第八十三条第一款规定：“信息披露义务人披露的信息应当同时向所有投资者披露，不得提前向任何单位和个人泄露。但是，法律、行政法规另有规定的除外。”由此可知，新《证券法》中的公平信息披露规则要求所有信息在向全体投资者披露时都必须满足“同时性”标准，只有在特殊规定时才能例外。

新《证券法》“同时性”标准明显突破了沪深交易所以往的实践。在以前，沪深交易所虽然也在其上市规则中规定了公平信息披露规则，但是这一规则只要求“重大信息”的披露需满足“同时性”要求。如《上海证券交易所股票上市规则》第2.4条规定：“上市公司和相关信息披露义务人应当同时向所有投资者公开披露重大信息……”再比如《深圳证券交易所股票上市规则》第2.8条规定：“……上市公司及相关信息披露义务人应当同时向所有投资者公开披露重大信息……”

对比之下，新《证券法》提高了公平信息披露规则的时效性要求，但是这一规定会产生意想不到的危害，即显著减损证券分析师、机构投资者开展的调研活动的原有功能。

（二）“同时性”标准限制调研活动的应有作用

除了公开信息外，证券分析师、机构投资者获取信息的最主要途径是到上市公司实地调研。上市公司并不会主动披露所有与生产经营、财务业绩有关的非重大信息。在调研过程中，证券分析师、机构投资者可以向上市公司提问以获得投资者普遍关心的非公开的非重大信息，并结合实地考察验证这些信息的真伪。最终这些信息也将通过各种渠道被全体投资者所知晓。由此可知，证券分析师、机构投资者的调研活动将有利于增加上市公司信息披露的数量，并提升其质量。[①] 这有助于缓解投资者与上市公司管理层之间信息不对称问题的影响。因此，证券分析师、机构投资者的调研活动可以对上市公司信息披露起到

① 参见谭劲松，林雨晨．机构投资者对信息披露的治理效应——基于机构调研行为的证据［J］．南开管理评论，2016（5）：115。该文虽然只针对机构投资者，但是证券分析师发挥的作用是相似的。

监督和治理作用，在制度设计上理应鼓励证券分析师、机构投资者开展调研活动。[①]

但是根据新《证券法》的规定，在调研活动中披露非公开信息并不能满足“同时性”标准。因为调研活动只有少数人参与，上市公司在调研活动中发布的信息无法同时向全部投资者披露，所以上市公司管理层就不能在调研活动中向证券分析师和机构投资者披露任何非公开信息，否则就将违反公平信息披露规则。如此一来，证券分析师和机构投资者开展调研活动的意义将大打折扣，因为他们不能从上市公司管理层处直接获得任何非公开信息，只能重复获得已公开信息，或者依靠自己的双眼在实地调研过程中仔细观察上市公司的相关情况以间接获取信息。如此一来，所有投资者获得的信息总量将不可避免地减少。

而且从实际效果来看，新《证券法》严苛的“同时性”标准对非重大信息来说是毫无必要的。因为绝大多数非重大信息属于公司基本情况，如上市公司的研发人员数量、专利数量、公司文化等，部分信息公开后并不会对公司股价产生任何影响，少数信息虽然会对公司股价产生影响，但是也不会出现立竿见影的效果。尽管从公平角度看，这类非重大信息能够加深投资者对上市公司的认识，向全体投资者披露也有一定作用，但是这类信息不存在“同时”传播的迫切需求。投资者是否能够及时接触这些信息都不会立即改变其投资决策。因此，非重大信息的传播不遵循新《证券法》的“同时性”要求，并无任何明显弊端。所以上市公司完全可以在调研过程中向证券分析师和机构投资者披露非公开的非重大信息，只要上市公司事后“及时”向全部投资者披露即可。

综上可知，新《证券法》中的公平信息披露规则有着过于严格的“同时性”标准，这其实并无必要。倘若强制推行新《证券法》的“同时性”标准，难免将影响证券分析师、机构投资者调研活动的正常开展，最终削弱上市公司信息披露的数量与质量，损害全体投资者利益。

① 参见前注谭劲松、林雨晨文，第124页。

三、公平信息披露规则“信息”范围的缺失

（一）新《证券法》打破“信息”范围的传统规定

新《证券法》第八十三条第一款规定：“信息披露义务人披露的信息应当同时向所有投资者披露，不得提前向任何单位和个人泄露。”该条直接源自证监会2007年发布的《上市公司信息披露管理办法》第二条第二款的规定：“信息披露义务人应当同时向所有投资者公开披露信息。”从这两条可以看出，新《证券法》中的公平信息披露规则采用了绝对公平的“信息”标准，除非法律、行政法规另有规定，否则无论是何种类型的信息，上市公司都不能选择性向少数人披露，必须向全体投资者进行披露。

然而我国并非一直坚持这种绝对公平的“信息”标准，相反在交易所层面，公平信息披露规则一直限于相对公平的“信息”标准。早在2006年深交所在其发布的《深圳证券交易所上市公司公平信息披露指引》中就将公平信息披露规则的规制对象明确为“非公开重大信息”。[①] 随后上交所在2012年发布的《上市公司公平信息披露的注意事项（2012修订）》第一条也规定：“……上市公司和相关信息披露义务人应当同时向所有投资者公开披露重大信息……。”将公平信息披露规则的适用范围限缩在重大信息的做法一直被沪深交易所延续。在上交所和深交所最新版《交易规则》中，两大交易所也都再次明确仅“重大信息”适用公平信息披露规则，而将非重大信息排除在外。[②] 从沪深交易所历史规则的梳理中可以看出，两大交易所一直以来都坚持采用相对公平的“信息”标准，将公平信息披露规则限定为重大信息，允许信息披露义务人选择性披露非重大信息。但是新《证券法》打破了这一传统，将公平信息披露规则的信息要件从重大信息扩大到所有信息。

（二）新《证券法》“信息”范围不利于投资者保护

虽然新《证券法》的立法目的是希望所有投资者都能同时获取等量信息，但是回归到公平信息披露规则的市场逻辑和法理基础，在公平信息披露规则的具体设计时需要思考的一个基础性问题是，所有类型的信息都应当符合公平信息披露规则的要求，并向所有投资者进行披露吗？本文认为答案是否定的，非

① 参见《深圳证券交易所上市公司公平信息披露指引》第三条。

② 参见《上海证券交易所股票上市规则》第2.4条以及《深圳证券交易所股票上市规则》第2.8条。

重大信息并不应当受到公平信息披露规则的限制。

原因主要有以下两点：一是绝大多数非重大信息并不会立即影响散户投资者的投资决策，无须受到公平信息披露规则“同时性”标准的严苛规范，新《证券法》强制推行“同时性”标准将使上市公司调研活动的重要功能难以开展。二是少数非重大信息属于不成熟信息，虽然理论上不应该影响股价，但是实践中如果直接向全体投资者公布，容易误导散户投资者决策，引起股价非理性波动，理应由证券分析师、机构投资者事先过滤。第一点原因已经在前文加以论证，接下来本文将重点对第二点原因展开讨论。

与证券分析师、机构投资者相比，散户投资者缺少丰富经验和专业能力，也没有严格的操作纪律，不能以平常心看待股价波动，一旦获悉不成熟信息，散户投资者经常会非理性决策，追概念、炒热点，在股价非理性波动中受到伤害。比如，近期“新冠肺炎”疫情期间不少上市公司蹭疫情热点，自愿发布了许多不成熟信息，这些不成熟信息的实质内容其实对上市公司的业绩指标并不会带来显著提升，但是公司股价却不断收获涨停。① 不少散户投资者也积极参与其中，但是等到尘埃落定，公司股价向价值回归，散户投资者往往只能收获一地鸡毛。因此，那些属于不成熟信息的非重大信息，不适宜向散户投资者披露，在特定情形下这些信息反而容易误导散户投资者。

不过，鉴于证券分析师和机构投资者的专业能力和角色定位，这些不成熟信息适合向证券分析师和机构投资者披露。一方面，证券分析师、机构投资者拥有金融、财务、投资等方面的专业知识，具备信息处理和投资决策等方面的能力，因此证券分析师、机构投资者通常不会受不成熟信息的误导，不成熟信息可以对其披露。另一方面，证券分析师和机构投资者扮演着上市公司和证券市场之间的“中间人”角色，优先向其披露不成熟信息对上市公司和证券市场都有利。② 特别对投资者而言，证券分析师过滤不成熟信息后再提供给全体投

---

① 参见李慧敏，上市公司蹭热点被集中处理新〈证券法〉时代信披违规也难遁形，http：//www. cb. com. cn/index/show/zj/cv/cv13480241264，2020 年 4 月 25 日最后访问。

② 参见彭雨晨，误导投资者该由谁背锅？——安硕信息误导性陈述案评析，https：//mp. weixin. qq. com/s？src = 11&timestamp = 1587809973&ver = 2300&signature = ymZcRuUuS – c12PbK4nLRllGQgj3BO – QAGIwA9Y2nW3wh9iAXrTQw * JshpntvWrx51l41zDgNDx34ZdXopzp3Q6XW6hMM5Q 1RLDLs6VenNvp8oxaJiYqmWRUlMGtB3Znc&new =1，2020 年 4 月 25 日最后访问。

资者，可以减少证券市场的过激反应，[①] 减弱不成熟信息对散户投资者的误导。

"水至清则无鱼，人至察则无徒。"结合上述分析可知，新《证券法》中公平信息披露规则确立绝对公平的"信息"标准，限制了证券分析师、机构投资者发挥他们应有的作用，最终将损害散户投资者的利益，并妨碍市场有效性的发挥。

四、董监高信息"公平"披露保证义务的履行

（一）董监高信息"公平"披露保证义务的规则梳理

新《证券法》第八十二条第三款规定："发行人的董事、监事和高级管理人员应当保证发行人及时、公平地披露信息，所披露的信息真实、准确、完整。"相比于2005年《证券法》修订版，新《证券法》第八十二条第三款对上市公司董监高新增了保证信息"公平"披露的义务，即上市公司董监高应保证上市公司披露的全部信息都满足公平信息披露的要求。

新《证券法》的规定并非孤例。证监会发布的《上市公司信息披露管理办法》第五十八条第一款[②]、《信息披露违法行为行政责任认定规则》第三条第二款[③]、《上市公司治理准则（2018修订）》第八十九条第一款[④]以及上交所发布的《上海证券交易所股票上市规则》第2.2条[⑤]都规定了上市公司董监高负有保证信息"公平"披露的义务。唯一例外的是深交所。《深圳证券交易所股票上市规则》第2.2条只要求上市公司的董监高对公司披露信息的真实性、准确性和完整性负责，并未对其施加保证信息"公平"披露的义务。[⑥]

从合法性来看，深交所的独特规定明显不当。既然证监会早已引入公平信息披露规则，那么上市公司董监高就应当负有保证信息"公平"披露的义务。因为保证上市公司合法合规经营，是董监高对股东应负的信义义务的一部分。[⑦]

① 参见王亚楠．对美国《公平披露规则》的再审视——对Secure Computing Corp. 案的具体分析与思考［J］．证券法苑，2011（2）：483－484。

② 参见《上市公司信息披露管理办法》第五十八条第一款。

③ 参见《信息披露违法行为行政责任认定规则》第三条第二款。

④ 参见《上市公司治理准则（2018修订）》第八十九条第一款。

⑤ 参见《上海证券交易所股票上市规则》第2.2条。

⑥ 参见《深圳证券交易所股票上市规则》第2.2条："上市公司董事、监事、高级管理人员应当保证公司所披露的信息真实、准确、完整，不能保证披露的信息内容真实、准确、完整的，应当在公告中作出相应声明并说明理由。"

⑦ 参见邓峰．公司合规的源流及中国的制度局限［J］．比较法研究，2020（1）：39。

具体来看，上市公司董监高信息“公平”披露保证义务体现在许多方面。比如，上市公司董监高应当建立恰当的内部规程，确保信息披露符合公平性要求；再比如，上市公司董监高如果明知有信息披露义务人存在选择性披露，那么就应当向公司管理层反映，或者在信息披露文件中作出声明。

（二）董监高违反信息“公平”披露保证义务的认定标准的特殊性

虽然上市公司董监高的确应负有信息“公平”披露的保证义务，但是因为公平信息披露规则自身的特殊性以及监事角色的特殊性，导致董监高违反信息“公平”披露保证义务的认定标准具有特殊性，在厘定董监高责任时应多加注意。

上市公司的董事和高管对公司的信息披露是否符合真实性、准确性、完整性和及时性，其实是可以加以验证的。他们可以要求查看信息产生的原始依据，从而了解信息的发生时间和完整面貌，再与拟披露信息对照，就能判断信息披露是否真实、准确、完整和及时。但是，上市公司董事和高管一般无法通过查看并比对信息原始依据的方式验证上市公司的信息披露是否符合公平性标准，尤其是难以在事前或事中来实现。因为他们并不具有上帝视角，除了能确定自己是否选择性披露外，无法完全知晓其他人是否有意或者无意地提前向部分投资者披露过非公开信息。简而言之，验证上市公司的信息披露是否真实、准确、完整、及时，这在上市公司董事和高管能力所及范围之内，也是投资者期待其恰当履行的信义义务的一部分。但是，验证上市公司所有的信息披露是否都满足公平性标准，则超越了上市公司董事和高管的能力范围。

与上市公司董事和高管相比，监事的情形更为特殊。在我国《公司法》设计的理想化公司治理结构中，监事被赋予了监督公司董事和高管是否履行忠实、勤勉义务的重任，但是因为种种原因，监事事实上难以担负起监督之职。一是监事会在董监高组成的公司权力三角形中地位低、权力少、资源匮乏；二是因为职工监事的职务较低、能力不足，导致其监督虚有其表；三是监事会的考核、激励机制缺乏；四是监事会与独立董事之间存在分工不明确、相互推诿监督职责的问题；五是多数监事往往受高管/控股股东控制，无法纠正后者的违法违规行为。[①] 由于监事难以扮演好监督角色，让其承担严厉的连带责任，

① 参见郭雳. 中国式监事会：安于何处，去向何方？——国际比较视野下的再审思［J］. 比较法研究，2016（2）：77－78。

既缺乏足够法理支持，也不能有效减少上市公司违法违规行为的发生。① 因此，尽管监事也被同样施加了信息“公平”披露保证义务，监管部门仍有必要考虑监事角色的特殊性，在追究责任时对监事与董事、高管作出情境化的区分。

综上所述，在认定上市公司董监高是否违反信息“公平”披露保证义务时，不宜仅仅因为上市公司存在违背公平信息披露规则的行为，就动辄不加区别地追究其全部董监高的责任。依据过错责任原则结合具体问题、具体情形进行具体分析是适当的。应强调的是，上市公司董事长及其他对公平信息披露负有直接责任的主管人员（如董秘），被赋予了确保重大信息公平披露的相应职责和权力，因而，若他们对违背公平信息披露的行为知情或应知却不加阻止，需承担更重的责任。

五、新《证券法》公平信息披露规则的调适建议

（一）公平信息披露规则的国际实践

新《证券法》中公平信息披露规则采用绝对公平的“信息”标准，要求上市公司向证券分析师、机构投资者披露的所有信息都必须毫无保留地同时向全体投资者予以披露。这一规定远较其他国家更为严格。美国公平披露规则（Regulation FD）规定：信息披露义务人在向特定范围人士披露“重大非公开信息”（Material Nonpublic Information）时，如果其是“故意披露”（Intentional Disclosure），则需“同时”（Simultaneously）向全体投资者披露，如果其是“非故意披露”（Non－intentional Disclosure），则应当“及时”（Promptly）向全体投资者披露。②

可见，美国作为公平信息披露规则的首倡之地，仍然允许上市公司在满足一定条件时向证券分析师、机构投资者等单独披露信息。只有在信息具有“重大性”和“非公开性”时，上市公司才需要同时向全体投资者披露。不过，公平信息披露规则的适用却容易引发争议。“非公开性”较好理解，但是“重大性”的准确界定却存在一定困难。尽管美国有不少证券立法，但是国会从未对重大信息作出准确界定。

---

① 参见蔡伟．公司内部监督责任体系的困境——基于对监事的再考察［J］．中外法学，2018（6）：1675－1676。

② 参见 17 C. F. R. § 243. 100（a）。

SEC充分考虑到“重大性”标准并非一个泾渭分明的标准，在上市公司披露信息时，有时难以判断拟披露信息是否符合“重大性”标准。上市公司管理层如果仅仅因为判断失误向证券分析师、机构投资者选择性披露了重大非公开信息，就被监管部门追究其责任，那么上市公司管理层很可能会在模棱两可时选择不披露信息，以规避可能的责任。这样一来，就将减少上市公司信息披露的数量和质量。为避免这种情况，SEC才规定在上市公司管理层非故意披露重大非公开性信息时，只要及时向全体投资者披露，就可以免责。此处的“及时”一般是指24小时之内。[①]

尽管SEC为公平信息披露规则设置了安全港，但是假如上市公司管理层始终未意识到信息的“重大性”，那么补充全面披露机制并不会触发。因此，上市公司管理层正确判断信息的“重大性”非常重要。一方面，以往法院的判例可以为上市公司管理层提供指导。长期以来，最广为人接受的信息“重大性”标准是美国联邦最高法院在“TSC Industries, Inc. v. Northway, Inc.”一案中确立的“理性投资者标准”。[②] 同时对于不确定信息的重大性，美国联邦最高法院在“Basic Inc. v. Levinson”一案提出应结合事件发生概率和事件重要程度进行判断。[③] 另一方面，SEC在发布公平信息披露规则的同时制定了判断信息“重大性”的指引，以指导上市公司的披露行为。具体来看，假如上市公司管理层选择性披露的信息属于下列7项，则应审慎考虑其是否为重大信息：“(1)盈余相关信息；(2)合并、收购、要约收购、合资企业或资产变动；(3)新产品、新发现或与客户或供应商有关的新进展（如获取或失去合同）；(4)公司控制权或管理层的变动；(5)更换审计师或审计师通知发行人不能再依赖其审计报告；(6)与发行人证券有关的事件（如高级证券违约、证券赎回、证券回购计划、股票分拆或股息变更、证券持有人的权利变更、新证券的公开或非公开销售）；(7)破产或接管。”[④]

（二）新《证券法》公平信息披露规则的完善建议

结合公平信息披露规则的国际经验和我国以往的实践经验，笔者认为对新

---

① 参见杨书怀．上市公司信息泄露减少了吗？——基于《上市公司信息披露管理办法》实施前后的比较［J］．财贸研究，2012（2）：149。

② 参见TSC Industries, Inc. v. Northway, Inc., 426 U.S. 438, 1976。

③ 参见Basic Inc. v. Levinson, 485 U.S. 224, 1988。

④ 参见SEC, Final Rule: Selective Disclosure and Insider Trading, https://www.sec.gov/rules/final/33-7881.htm, last visiting at 20200425。

《证券法》公平信息披露规则的“信息”范围、“同时性”标准应予以完善，监管部门在认定上市公司董监高是否违反保证信息“公平”披露义务时应注意其特殊性。

首先，新《证券法》第八十三条第一款中的“信息”应理解为“重大非公开信息”。允许上市公司向证券分析师、机构投资者披露非重大信息。而某项信息是否具有“重大性”，则应结合“理性投资者标准”和“价格敏感性标准”予以判断。① 新《证券法》第八十条第二款的列举事项属于法定应当披露的重大信息；同时，证监会关于信息重大性判断标准的相关规则，也能为上市公司判断信息重大性提供指引。

其次，新《证券法》公平信息披露规则应修改“同时性”标准。一方面，应将“同时性”要求限于重大非公开信息，上市公司披露非重大信息无须满足“同时性”标准。当然，根据交易所的规定，上市公司在调研活动向证券分析师、机构投资者披露的主要内容应及时向交易所报告，并依照规定向全体投资者披露。另一方面，“重大非公开信息”的“同时性”披露的具体实现，有必要结合信息披露义务人的主观态度来加以设计。如果信息披露义务人是故意披露重大信息，则应适用“（绝对）同时性”标准；如果是非故意披露重大信息的，则其应及时（如规定 24 小时之内）进行补救性的公开披露。

由于新《证券法》刚刚通过实施，短期内再次修改《证券法》并不现实，因此本文建议利用新《证券法》第八十三条第一款的但书条款，在制定《上市公司监管条例》的过程中作出进一步规定的方式来实现上述完善建议。在此之前，证监会可以运用限缩解释这一法律解释方法发布解释性规则，将“信息”解读为“重大非公开信息”，明确将公平披露“重大非公开信息”作为信息披露义务人所负担的义务；此外，将主观故意作为认定违反“同时性”标准的重要条件，并设置适当的（非故意披露下）补救性披露安全港条款，从而发挥临时作用。

最后，在证监会和交易所认定董监高是否违反信息“公平”披露保证义务时，应与其他类型信息披露违法行为有所区分，其中，特别应注意区分监事与董事、高管的责任。在监管部门以往的处罚案例中，上市公司董监高一般不能

① 关于信息“重大性”标准的讨论可以参见李有星，徐鹏炯．内幕信息重大性标准探讨［J］．浙江大学学报（人文社会科学版），2017（3）：168－182。

以“对违法行为不知情”作为其未履行保证信息披露真实、准确、完整、及时义务的抗辩事由。笔者认为，应当考虑将这一理由作为董监高违反信息“公平”披露保证义务的抗辩事由的合理性。当董监高明知或者应知上市公司存在违反公平信息披露规则的情形，仍然作出披露符合公平性标准的保证时，应被追究责任。其余情况下，监管部门核查判断的重点应是上市公司是否设置了公平信息披露的合理机制和规则，以及董监高是否履行了其相应的注意义务。

六、结论

公平信息披露规则旨在让全体投资者在获取信息方面处于同一起跑线，避免少数投资者因上市公司的选择性披露而不当获利。新《证券法》引入公平信息披露规则符合广大投资者的期待。然而物极必反，相关规则严格要求所有信息都应同时向投资者披露，这制约了证券分析师、机构投资者应有功能的发挥，给投资者获取上市公司信息造成不必要的障碍，不成熟信息也可能得以直接传递到散户投资者，这些影响并不利于投资者保护初衷的实现。同时，鉴于信息传播和事实发现本身的规律，在认定上市公司董监高是否违反保证信息“公平”披露义务时也应注意其特殊性。

因此，本文建议新《证券法》在适用时，对“信息”范围应当限缩解释为“重大非公开信息”；“（绝对）同时性”标准主要适用于信息披露义务人故意披露重大非公开信息时，并考虑为非故意披露设置安全港规则以免除信息披露义务人的责任；监管部门在处理上市公司董监高信息“公平”披露保证义务时，应对其特殊困难有所认识，形成差异化的关注重点。

从 ESG 的角度看强制环境信息披露义务与公司治理创新

倪受彬* 赵 明**

摘 要：ESG 理念根植于负责任投资理论和利益相关者理论。目前，国际组织和机构发布 ESG 信息披露原则与指引以推动各国交易所采用 ESG 披露标准。开展 ESG 评级是应对日益严格的信息披露要求的有效方法。新修订的《证券法》未提及环境信息披露要求。本文建议中国证券监督管理委员会发布管理办法以部门规章的形式，细化上市公司环境信息披露要求。交易所在《上市与交易规则》中强化环境信息披露，同时上市公司以 ESG 理念关注 G 因素，加强内部治理信息披露，创新公司治理结构。

关键词：ESG 上市公司 强制披露 公司治理

随着《联合国 2030 可持续发展议程》《巴黎气候变化协定》等全球环境治理国际文件的签署，可持续发展在金融领域的协调机制与相应的法治安排引起各国央行、金融监管机构及国际金融组织的高度重视。上市公司强制环境信息披露有助于推动绿色发展。各个国家和地区的资本市场立法也积极响应绿色与高质量发展的潮流，特别是从内部治理与社会风险角度强调上市公司信息披露的义务。我国新修订的《证券法》已于 2020 年 3 月 1 日正式生效，虽设“信

---

* 倪受彬，同济大学上海国家知识产权学院教授、博士生导师。主要研究方向：《金融法》《信托法》。

** 赵明，绿色技术银行研究院助理研究员、法学硕士。本文为 2018 年度国家社会科学基金项目“慈善信托财产保值增值投资管理法律问题研究”（批准号：18BFX129）的阶段性成果。

息披露”专章，但其对强制环境信息披露回应不够，与中国绿色金融发展不匹配，也与全球资本市场最新发展理念脱节。通过介绍 ESG 理念的全球发展现状，包括香港交易所最新修订上市公司强制环境信息披露与内部治理规则要求，以期对新《证券法》的实施提供完善建议。

一、国际 ESG 理念与公司治理的发展

（一）ESG 理念的理论基础与晚近发展

ESG 是英文 Environmental（环境）、Social（社会）和 Governance（治理）的缩写，是一种关注企业环境、社会、治理绩效而非财务绩效的投资理念和企业评价标准。基于 ESG 评价，投资者可以通过观测企业 ESG 绩效，评估其投资行为和企业（投资对象）在促进经济可持续发展、履行社会责任等方面的贡献。ESG 理念源于负责任投资理论与利益相关者理论。上述理论认为，公司将 ESG 理念贯彻于内部治理结构中，同时将公司 ESG 信息披露于外部以更好监督公司治理。利益相关者理论为 ESG 理念在企业发展中的应用提供理论依据。

20 世纪 90 年代以后，责任投资得到发达国家众多投资者的关注与认可。责任投资的目的是降低风险、提高收益并创造长期价值，解决实践、体制以及监管中阻碍可持续金融体系建设的因素，促进良好治理和正直廉洁的问责机制，来实现高效的、可持续的全球金融体系。[①] 在责任投资理论的影响下，2006 年由联合国前秘书长安南发起设立 The United Nations – supported Principles for Responsible Investment（简称 UN PRI），鼓励和支持签署成员采纳责任投资原则，并在投资战略中融入实施。责任投资原则主要包括：在投资分析的过程中考虑环境、社会和企业治理因素，如在投资政策声明中提及 ESG 的相关内容、支持 ESG 相关工具和指标的研发；在实践过程中纳入环境、社会、企业治理等相关政策，如制定和披露与责任投资相符的投资政策、提交符合长期 ESG 考量的股东决议、要求投资经理负责实施与 ESG 相关的项目等；要求所投资的实体适当透露他们在环境、社会、治理方面的政策与实践，如要求提供 ESG 议题的标准化报告、将 ESG 议题纳入年度报告等。以 ESG 为核心的负责任投资理论要求公司及时披露环境、社会以及公司治理方面的信息以供投资者进行投

① 参见星焱，王骏娴．践行联合国责任投资原则［J］．中国金融，2017（1）。

资判断与选择。

ESG 理念在公司治理中越来越受到关注，为了加强对上市公司的环境信息披露的完整性、真实性，香港交易所、伦敦证券交易所等发布实施 ESG 报告指引；同时评级机构也针对公司发布的 ESG 相关信息对该公司的 ESG 进行评级为投资者提供投资参考，市场上出现了 MSCI（明晟）、Bloomberg（彭博）、Trucost、ECPI 等一批从事绿色评级的中介机构，这些机构利用不同的量化工具和指标体系，开发、建立了不同的绿色评级工具和绿色评级机制，影响较大的包括 MSCI－KLD 环境指标体系、FTSE4Good 环境领先指数方法和 Trucost 环境影响模型①。这些专业机构的出现，推动了企业 ESG 理念的进步，企业更加注重环境信息披露的质量，更加关注公司内部治理的完善。

ESG 理念成为全球企业的潮流，为了在全球投资中获得更高的价值与竞争力，企业加强环境信息披露成为趋势。21 世纪，因为社会和市场面临环境污染、气候变化、贫富差距等各种问题，投资者出于对受益人利益的考虑，必须将 ESG 纳入投资分析和决策流程，鼓励被投资公司或其他被投资实体制定较高的 ESG 绩效标准，及时披露相关信息②。

（二）ESG 的国际实践：规范文件与评级实践

国际上 ESG 体系最初源自公众的自发运动和非营利组织的推广，随后联合国等国际组织开始构建 ESG 相关原则和框架，并推动各国交易所采用 ESG 披露标准，目前已逐步形成了较为完整的 ESG 信息披露和绩效评价体系。

1. 国际组织和机构发布的 ESG 信息披露原则和指引

国际组织和机构发布了大量 ESG 体系相关原则指引（见表 1），在推动 ESG 理念成为全球投资理念上发挥了重要作用。其中，联合国责任投资原则（PRI）和全球报告倡议组织的可持续发展报告指引被认为是全球范围内较为权威的 ESG 框架。

---

① 参见刘国辉．企业绿色评级的国际经验与启示［J］．金融纵横，2017（4）：62。

② 参见英美日的三家大型养老金机构：加州教师养老金、日本政府养老金、英国高校退休金，联合发布题为《携手共建可持续的资本市场》（*Our Partnership for Sustainable Capital Markets*）的公开声明。

表1 主要国际组织及发布的 ESG 相关原则指引

国际组织	报告/指引
联合国责任投资原则机构	联合国责任投资原则（PRI）
联合国环境规划署金融行动机构	
联合国全球合约机构	
全球报告倡议组织	可持续发展报告指引
国际标准化组织	ISO26000 社会责任指引
经济合作与发展组织	公司治理指引
可持续发展会计准则委员会	相关会计准则
世界银行	环境和社会框架
国际金融公司	可持续框架和公司治理发展框架
亚洲开发银行	公司可持续报告

注：表格资料信息来源于各国际组织官方网站。

在交易所层面，联合国部分机构提出了可持续证券交易所倡议（Sustainable Stock Exchange Initiative，SSE）。目前，全球已有 79 个交易所加入了该组织，包括我国的上海证券交易所和深圳证券交易所。各国交易所对 ESG 披露的要求目前仍以鼓励披露为主。除部分交易所要求强制披露外，更多交易所采取"不遵守即解释"① 原则②。

2. ESG 评级实践

开展 ESG 评级是应对日益严格的信息披露要求的有效方法。早在 20 世纪 90 年代，国际组织就开始呼吁企业及金融机构将 ESG 纳入决策并对外披露相关信息，以推动建立一个信息透明、公开公正的绿色金融市场。随着绿色和可持续发展理念的持续深化，ESG 信息披露要求也日益严格。目前，全球部分国家和地区已经出台了强制信息披露政策，如欧盟 2014 年 12 月修改的审计原则中，要求员工人数多于 500 人的公众企业在审计报告中披露 ESG 信息③。

香港联合交易所于 2019 年 5 月 17 日发布检讨《环境、社会及管治报告指引》及相关《上市规则》条文的咨询文件，针对环境、社会及管治报告指引提

① "不遵守就解释"一词源自"Comply or Explain"，在这里是指公司如果选择不披露环境问题，则需要解释其不披露的原因。

② 参见陈宁，孙飞．国内外 ESG 体系发展比较和我国构建 ESG 体系的建议［J］．发展研究，2019（3）。

③ 参见中国工商银行绿色金融课题组．ESG 绿色评级及绿色指数研究［J］．金融论坛，2017（9）。

出的修订，建议涉及缩短刊发 ESG 报告的时限、管治架构、汇报原则及范围、气候转变、环境关键绩效指标、社会关键绩效指标及独立验证六大变更，全面提升香港上市公司 ESG 报告的合规披露要求。香港证券交易所对上市公司 ESG 披露关于公司治理部分的主要审阅结果发现，大部分样本发行人的 ESG 报告对董事会参与程度着墨甚少甚至没有说明，在评估、处理 ESG 相关风险方面，董事会务必扮演积极主动角色①。伦敦证券交易集团发布的 ESG 报告指引也提出 ESG 理念对于上市公司不仅仅是大公司治理的优越之处②，明确将 ESG 绩效、业务战略与财务和运营绩效联系起来，并遵守相关公司法律法规。

从整体上看，ESG 评级方法没有统一标准，主要依靠综合打分。不同机构对 ESG 评级框架包含的具体内容以及分项权重的设定存在差异。目前，国际上具有影响力的 ESG 评级指数包括 MSCIESG 系列指数（全球/美国/新兴市场）、英国富时 FTSEGood 系列指数、Bloomberg ESG 指数等。MSCIESG 系列指数为养老基金和对冲基金的 5000 多客户提供投资决策支持工具，对环境、社会和治理每一项都有标准，将三方面分项打分，加总形成一个整体的 ESG 分数，AAA 表示可持续表现最好，C 表示可持续表现最差。FTSE4Good 指数包括五个核心领域：环境可持续、支持人权、保证好的供应链劳工标准、处理贿赂和减轻气候变化。Bloomberg ESG 指数鼓励公司披露更多的 ESG 数据，基于这些披露分四大类——环境、社会、治理和 ESG 综合得分给包括 20000 家最活跃交易的上市公司打分③。

二、中国绿色金融与环境信息披露现状

（一）资本市场绿色金融与信息披露规定梳理

2016 年 8 月，中国人民银行联合七部委发布了《关于构建绿色金融体系的指导意见》。该意见为全球首个比较完整的支持绿色金融发展的政策框架，为中国绿色金融的发展给出了顶层设计。本节就已落地的关于证券投资方面，如

---

① 参见香港证券交易所官方网站，https：//sc. hkex. com. hk/TuniS/www. HKEX. com. hk/News/Market – Consultations/2016 – to – Present/May – 2019 – Review – of – ESG – Guide? sc_lang = zh – CN，访问于 2020 年 3 月 21 日。

② 参见伦敦证券交易集团官方网站，https：//www. lseg. com/sites/default/files/content/images/Green_Finance/ESG/2018/February/LSEG_ESG_report_January_2018. pdf。

③ 参见操群，许骞．金融“环境、社会、治理”（ESG）体系构建研究［J］．金融监管研究，2019（4）。

绿色债券、环境信息披露、绿色投资、绿色保险等方方面面的细化政策进行整理，如表2所示。

表2 证券投资细化政策

序号	类别	政策文件名称	发布部门	主要内容
1	绿色债券	中国人民银行公告〔2015〕第39号	中国人民银行	银行间债券市场发行绿色金融债券的流程条件
		《关于加强绿色金融债券存续期监督管理有关事宜的通知》		进一步完善绿色金融债券存续期监督管理，提升信息披露透明度，推动发行人加大对绿色发展的支持力度
		《绿色债券发行指引》	国家发展和改革委员会	绿色债券发行的适用范围和政策规定
		《非金融企业绿色债务融资工具业务指引》	中国银行间市场交易商协会	非金融企业绿色债务融资工具业务指引的内容，鼓励第三方认证机构对企业发行的绿色债务融资工具进行评估，出具评估意见并披露相关信息
		《关于支持绿色债券发展的指导意见》	中国证券监督管理委员会	绿色公司债券申报受理提供绿色通道，规定发行人应当认真履行信息披露义务，按照规定或约定真实、准确、完整、及时地披露绿色公司债券相关信息。申请发行绿色公司债券时，募集说明书应当披露拟投资的绿色产业项目类别、项目认定依据或标准、环境效益目标、募集资金使用计划和管理制度等内容
		《绿色债券评估认证行为指引（暂行）》	中国人民银行与中国证券监督管理委员会	对评估认证机构的资质、业务承接、评估认证内容、评估认证机构管理等方面进行了规范

续表

序号	类别	政策文件名称	发布部门	主要内容
2	环境信息披露	《定期报告内容与格式准则》2017 年版	中国证券监督管理委员会	强制要求环境保护部门公布的重点排污单位的公司或其重要子公司披露环境信息；重点排污单位之外的公司实行“遵守或解释”政策
		《上市公司治理准则》		指出上市公司应当按照法律法规和有关部门的要求，披露环境信息以及履行扶贫等社会责任相关情况
3	绿色投资	《绿色投资指引（试行）》	中国证券投资基金业协会	对绿色机构投资者作出普遍适用的规范性要求，要求基金管理人应每年开展一次绿色投资情况自评估并上报评估结果
4	绿色保险	《环境污染强制责任保险管理办法》	生态环境部和中国银行保险监督管理委员会	规范健全了环境污染强制责任保险制度，丰富了生态环境保护市场手段

监管部门针对发展绿色金融产品提出详细的指引办法，但是对于“绿色”的信息披露与鉴定缺少细化内容，这也存在着“漂绿”与“洗绿”的可能。ESG 信息披露需要有高质量、可获得的数据。首先，上市公司或发行人需要完善信息披露：一方面，责任投资教育很重要；另一方面，需要监管共同努力，制定法规强制要求披露；此外，信息披露的标准目前不是特别明确，这也会影响数据的质量。

（二）上市公司社会责任报告实践

从规范上市公司社会责任的法律文件性质上看，上市公司社会责任规范文件主要包括法律、政府主管或监管部门的规章或规定和证券交易所的自律性规范三种类型：（1）法律主要是指 2018 年修订的《公司法》，该法第五条对公司社会责任履行作概括性要求①；（2）政府主管或监管部门的规章或规定对公司（包括上市公司）社会责任的履行提出了具体要求。例如，2008 年 2 月 22 日，

① 《公司法》第五条公司从事经营活动，必须遵守法律、行政法规，遵守社会公德、商业道德，诚实守信，接受政府和社会公众的监督，承担社会责任。公司的合法权益受法律保护，不受侵犯。

国家环境保护总局发布的《关于加强上市公司环境保护监督管理工作的指导意见》对进一步完善和加强上市公司环保核查制度、积极探索建立上市公司环境信息披露机制、开展上市公司环境绩效评估研究与试点、加大对上市公司遵守环保法规的监督检查力度等问题作出明确而具体的规定等；（3）自律性规则主要是证券交易所发布的自律性监管规则，如2008年5月14日，上海证券交易所发布的《关于加强上市公司社会责任承担工作暨发布〈上海证券交易所上市公司环境信息披露指引〉的通知》等。

上市公司发布社会责任报告（CSR报告），对促进公众和投资者获取公司非财务信息，了解公司业务的社会和环境影响，实践价值投资具有重要意义。受政策等因素驱动，许多上市公司已经形成每年发布CSR报告的惯例。

中国上市公司协会会长宋志平于2020年1月4日在2020《财经》可持续发展高峰论坛上表示，我国上市公司是我国可持续发展的模范，是国民经济发展的压舱石、顶梁柱。上市公司是推动可持续发展的领军团体，预计今年上市公司出具社会责任报告的数量占比有望超过30%，将超过1000家[①]。但上市公司社会责任报告实践中也存在如下的问题：（1）企业报告标准不统一；（2）报告部分标准过于简单、应用缺乏；（3）企业对社会责任的认识不够，缺乏改进报告的持续动力。

（三）ESG应用案例——《绿色投资基金指引（试行）》

《绿色投资基金指引（试行）》（以下简称《指引》）是推动行业责任投资的重要抓手。以环境（E）、社会（S）和公司治理（G）为核心的ESG责任投资是资产管理行业新兴的投资策略，也是基金行业落实绿色发展理念、构建绿色金融体系的重要抓手。《指引》是在中国证券投资基金业协会与国务院发展研究中心金融研究所合作开展《上市公司ESG评价指标体系》的基础上，以E指标为基础，对基金管理人的绿色投资活动及其内部制度建设作出普适性指引，由机构自主灵活地运用相关指标和基本方法。同时也是落实绿色发展理念和《关于构建绿色金融体系的指导意见》任务要求，适应了行业发展的现实需要。

《指引》全文共分五章，分别为总则、目标和原则、基本方法、监督和管理和附则。该《指引》的实施为未来上市公司公司治理以及环境信息披露指明

---

① 资料来源：证券时报网，http：//app. stcn. com/? app = search&controller = index&action = search&type = article&wd = 宋志平 &catid = &before = &after = ；&order = time。

方向，其特色主要体现在为基金管理人提供了采用系统的 ESG 投资方法，综合环境、社会、公司治理因素落实绿色投资的建议与要求，同时规定环境信息披露的途径以及评价方法，具体条款见表 3。

表 3 《绿色投资基金指引（试行）》部分条款

《指引》条款	具体内容
第四条	有条件的基金管理人可以采用系统的 ESG 投资方法，综合环境、社会、公司治理因素落实绿色投资。
第五条	为境内外养老金、保险资金、社会公益基金及其他专业机构投资者提供受托管理服务的基金管理人，应当发挥负责任投资者的示范作用，积极建立符合绿色投资或 ESG 投资规范的长效机制。
第六条	基金管理人应根据自身条件，逐步建立完善绿色投资制度，通过适用共同基准、积极行动等方式，推动被投企业关注环境绩效、完善环境信息披露，根据自身战略方向开展绿色投资。
第九条	开展绿色投资的基金管理人可自行或通过第三方构建标的资产环境评价体系和环境评价数据库。标的资产环境评价指标应包括以下几个维度： （一）环境风险暴露，包括行业环境风险暴露、企业或项目环境风险暴露情况； （二）负面环境影响，包括单位能耗、污染物排放水平、碳排放强度、环境风险事件以及受环境监管部门处罚情况； （三）正面绿色绩效，包括公司业务或项目募集资金投向是否产生环境效益、绿色投入与绿色业务发展情况、绿色转型和产业升级情况； （四）环境信息披露水平，包括是否披露与主营业务相关的环境信息、是否披露关键定量指标以及环境目标完成情况。
第十条	基金管理人可以进行多元化的绿色投资产品开发。发行、运作主动管理的绿色投资产品时，应披露绿色基准、绿色投资策略以及绿色成分变化等信息。
第十二条	主动管理的绿色投资产品，应当将不符合绿色投资理念和投资策略的投资标的纳入负面清单。在组合管理过程中，应当定期跟踪投资标的环境绩效，更新环境信息评价结果，对资产组合进行仓位调整，对最低评级标的仓位加以限制。
第十四条	基金管理人应每年开展一次绿色投资情况自评估，报告内容包括但不限于公司绿色投资理念、绿色投资体系建设、绿色投资目标达成等。
第十五条	基金管理人应于每年 3 月底前将上一年度自评估报告连同《基金管理人绿色投资自评表》（参见附件一）以书面形式报送中国证券投资基金业协会。

当前，中国上市公司的环境信息披露不充分，披露质量不高且没有系统的披露指引。企业环境信息披露分散，并且有动机隐藏环保违规行为，“边治理、

边污染”，信息整合难度较大。《指引》为日后中国上市公司环境信息强制披露提供案例，为证券监管部门和交易所出台强制性环境信息披露规则提供参考，为细化新《证券法》关于信息披露章节清晰了目标。同时，《指引》将 ESG 理念引入上市公司治理，有助于完善上市公司整体质量，理由是 ESG 是一种关于如何发展的价值观。它将目标公司置于相互联系、相互依赖的社会网络中，将个体活动映射到整个社会网络，将公共利益引入公司价值体系，更加注重公司发展过程中的价值观和行为，以及由此带来的公司与社会价值的共同提升，而非孤立的单一公司的财务结果①。

三、改进建议

强化上市公司环境信息披露责任，以 ESG 理念应用公司治理结构，分别从中国证券监督管理委员会、证券交易所以及上市公司三个维度来构建强制环境信息披露与创新公司治理体系。

（一）细化《证券法》信息披露制度

如前所述，新《证券法》没有顺应全球资本市场绿色发展的要求，在环境信息披露方面作出规定。但是，笔者认为可以通过解释论等方法通过监管部门的规章形式落实上市公司 ESG 相关责任和义务。

《证券法》第七十八条规定：证券同时在境内境外公开发行、交易的，其信息披露义务人在境外披露的信息，应当在境内同时披露。因此，如果上市公司跨境发行的，境外市场有环境信息披露要求的，信息披露义务人同样应在国内市场进行信息披露。

《证券法》第八十四条规定：除依法需要披露的信息之外，信息披露义务人可以自愿披露与投资者作出价值判断和投资决策有关的信息，但不得与依法披露的信息相冲突，不得误导投资者。本条规定了义务披露人的自愿披露义务，特别是环境类、资源类上市公司应该被鼓励资源披露。《证券法》在涉“重大事项”应该披露范围上，其实采取了列举加兜底的方式。因此，同样对环境类上市公司，其排放与污染情况处罚、涉讼及其他公共事件当然应该属于

---

① 参见中国证券投资基金业协会、国务院发展研究中心金融研究所，中国上市公司 ESG 评价体系研究报告，http：//www. amac. org. cn/aboutassociation/gyxh _ xhdt/xhdt _ xhgg/201811/P020191231541717475024. pdf。

强制信息披露范畴。

综上所述，笔者认为，中国证券监督管理委员会可以部门规章的形式，细化上市公司环境信息披露要求，从而将上市公司环境社会责任法律化，推动公司治理创新。上市公司社会责任不仅仅是对股东道德上的“软法”约束，更应该通过立法作强制性规范①。《上市公司信息披露管理办法》并未提及“环境信息”，《上市公司环境信息披露指南（征求意见稿）》对于重污染上市公司强制进行环境信息披露作出规定以及上市公司发生重大环境问题的情况下应当承担的责任，可见目前关于上市公司环境信息披露的细化规定存在操作空间。

（二）交易所《上市与交易规则》强化环境信息披露

我们还建议，应严把 IPO 交易所注册审核中的 ESG 因素，强化拟上市公司的环境信息披露。上海证券交易所发布的《科创板股票上市规则》中专门有一节内容对拟上市公司社会责任的要求，更进一步的是《科创板股票上市规则》第 4.4.5 条规定的“上市公司应当严格遵守科学伦理规范，……，应当避免研究、开发和使用危害自然环境、生命健康、公共安全、伦理道德的科学技术，不得从事侵犯个人基本权利或者损害社会公共利益的研发和经营活动”。这是针对上市公司在科技创新或生产经营中如果不重视“科学伦理规范”，对社会和环境等造成不可预计的严重后果。交易所在 IPO 注册审核时，通过加强对 ESG 因素的把关，强化环境信息披露，可提升拟上市公司对持续发展的重视。

（三）上市公司内部治理规范

以 ESG 为核心的负责任投资理念，展现了当前对上市公司内部治理的新要求。从数十年的时间跨度看，那些单纯寻求收益最大化的公司，无视公司对其他利益相关者（包括环境、员工和社区）造成的影响，让公司长期发展面临风险，并非是有吸引力的投资目标②。ESG 有三个价值支柱：环境责任、社会责任和公司治理责任。公司治理责任是指公司应当完善现代企业制度，围绕受托责任合理分配股东、董事会、管理层权力，形成从发展战略到具体行动的科学管理制度体系。在 ESG 理念下有助于深化上市公司董事、监事以及高管的信义义务。

中国证监会对 2012 年《上市公司治理准则》进行修订并正式发布，修订的

---

① 参见闻雯．构建我国上市公司环境信息强制披露制度势在必行——基于企业社会责任法律化视角［J］．长春大学学报，2020（1）。

② 参见英美日的三家大型养老金机构：加州教师养老金、日本政府养老金、英国高校退休金，联合发布题为《携手共建可持续的资本市场》（*Our Partnership for Sustainable Capital Markets*）的公开声明。

重点包括：一是增加上市公司党建要求，强化上市公司在环境保护、社会责任方面的引领作用；二是进一步加强对控股股东、实际控制人及其关联方的约束，更加注重中小投资者保护，发挥中小投资者保护机构的作用；三是积极借鉴国际经验，推动机构投资者参与公司治理，强化董事会审计委员会作用，确立环境、社会责任和公司治理（ESG）信息披露的基本框架；四是对上市公司治理中面临的控制权稳定、独立董事履职、上市公司董监高评价与激励约束机制、强化信息披露等提出新要求①。针对以上修订内容，结合新发布的《证券法》，上市公司引入 ESG 治理理念需要设计科学的评价体系，针对上市公司的实际情况对于 E、S、G 三个维度设计不同的评价指标进行评级，同时对于评级的结果进行披露。上市公司内部治理效果的可量化、可视化是推动公司内部治理结构创新的动力。

四、结语

ESG 是一种关于如何发展的价值观。它将目标公司置于相互联系、相互依赖的社会网络中，将个体活动映射到整个社会网络，将公共利益引入公司价值体系，更加注重公司发展过程中的价值观和行为。在冠状病毒疫情全球流行、全球股市一片哀鸿的背景下，注重发展 ESG 理念的公司却是一枝独秀②，说明关注、推行 ESG 理念本身是推动自身内部治理结构创新的明智之举，同时也是时代的呼唤。

新《证券法》全面推行证券发行注册制度，显著提高证券违法违规成本，完善投资者保护制度，进一步强化信息披露要求，以及扩大《证券法》的适用范围，但是新《证券法》的实施仍然需要关注全球大流行的 ESG 理念，可通过中国证券监督管理委员会以管理办法的形式以及证券交易所上市规则完善环境信息披露的具体要求，同时上市公司落实 ESG 发展理念，内外因素双轮驱动，达到创新上市公司治理结构创新的目标，提高我国资本市场发展质量。

参考文献

[1] 中国证券投资基金业协会、国务院发展研究中心金融研究所．中国上

① 资料来源：http：//www. csrc. gov. cn/pub/newsite/zjhxwfb/xwdd/201809/t20180930_344905. html。

② 资料来源：新浪财经，疫情冲击全球对冲基金业：桥水巨亏，ESH 成黑马，https：//baijiahao. baidu. com/s? id = 1661223165140557677&wfr = spider&for = pc。

市公司 ESG 评价体系研究报告［M］. 北京：中国财政经济出版社，2018.

［2］兴业银行绿色金融编写组. 寓义于利——商业银行绿色金融探索与实践［M］. 北京：中国金融出版社，2018.

［3］刘国辉. 企业绿色评级的国际经验与启示［J］. 金融纵横，2017.

［4］陈宁，孙飞. 国内外 ESG 体系发展比较和我国构建 ESG 体系的建议［J］. 发展研究，2019（3）.

［5］中国工商银行绿色金融课题组. ESG 绿色评级及绿色指数研究［J］. 金融论坛，2017（9）.

［6］闻雯. 构建我国上市公司环境信息强制披露制度势在必行——基于企业社会责任法律化视角［J］. 长春大学学报，2020（1）.

［7］英美日的三家大型养老金机构：加州教师养老金、日本政府养老金、英国高校退休金，联合发布题为《携手共建可持续的资本市场（Our Partnership for Sustainable Capital Markets）》的公开声明，http：//m. tanpaifang. com/article/69205. html.

［8］http：//app. stcn. com/？app = search&controller = index&action = search& type = article&wd = 宋志平 &catid = &before = &after = ；&order = time.

［9］https：//baijiahao. baidu. com/s？id = 1661223165140557677&wfr = spider& for = pc.

［10］香港证券交易所官方网站，https：//sc. hkex. com. hk/TuniS/www. HKEX. com. hk/News/Market – Consultations/2016 – to – Present/May – 2019 – Review – of – ESG – Guide？sc_lang = zh – CN.

［11］伦敦证券交易集团官方网站，https：//www. lseg. com/sites/default/files/content/images/Green_Finance/ESG/2018/February/LSEG_ESG_report_January_2018. pdf.

［12］Max M. Schanzenbach，Robert H. Sitkoff，Stanford Law Review（forthcoming 2020），Draft of April 16，2019.

·投资者保护篇·

基于投资者保护机构持股的公益股制度研究

汪青松* 张 凯**

摘 要：新《证券法》赋予“投资者保护机构”在投资者保护方面的重要角色，但对于其持股行权的制度有待进一步的理论阐释和细化规定。将“投资者保护机构”的持股设计成一种“公益股”，可以构成加强外部投资者保护的辅助机制。“公益股”设计不仅在理论上具有弥补中小投资者“理性冷漠”的制度价值，也非常契合证券市场发展和投资者保护的实践需求。在新《证券法》相关规定基础上，应当赋予“公益股”股东参与公司重大事项的决策并行使监督权的权利，提起公益诉讼的资格，扩展“公益股”股东协助请求权，并赋予其提请召开公司临时股东大会的权利。

关键词：投资者保护机构 持股行权 公益股

新《证券法》专章规定了“投资者保护”制度，特别值得一提的是，若干条文赋予“投资者保护机构”在投资者保护方面的重要角色。其中，第九十四条第三款规定“投资者保护机构持有该公司股份的，可以为公司的利益以自己的名义向人民法院提起诉讼，持股比例和持股期限不受《中华人民共和国公司法》规定的限制”，第九十五条第三款规定“投资者保护机构受五十名以上

* 汪青松，西南政法大学教授、博士生导师。

** 张凯，西南政法大学2019级博士研究生。

投资者委托，可以作为代表人参加诉讼”。这些制度可能涉及投资者保护机构持有相应上市公司股份的情况。在我国证券市场实践中，中证中小投资者服务中心有限责任公司（以下简称投服中心）在客观上扮演着“投资者保护机构”的角色，其持有在上交所和深交所上市的公司每家 1 手（100 股）A 股股票。[①]在新《证券法》体系下，投服中心将可能真正依法承担起“投资者保护机构”的公共职能，由此需要进一步思考的是，其所持股份的特殊制度价值是什么？这种持股如何促进“投资者保护机构”法定职能的实现？循着这些思考，本文提出一种“公益股”思路，旨在阐明以便“投资者保护机构”的持股可以构成加强外部投资者保护的辅助机制。

一、“公益股”的制度价值与实践需求

（一）“公益股”对于弥补中小投资者“理性冷漠”的制度价值

公司的发展壮大离不开资金的投入，上市融资是许多公司首选的理想方式。在公司上市后，股东结构发生巨大变化，其中最突出的表现就是股东数量的剧增，外部投资者大力进入。大部分外部投资者，或者是由于投资数额有限而不愿付出行权成本，或者并无行权意识，故此公司依然掌握在原先的控制股东手中。不过，股权分散化所带来一大问题就是外部投资者之间会产生所谓“集体行动问题”。所谓“集体行动问题”，是指诉讼中部分当事人采取行动而无法排除他人“搭便车”，最终导致部分当事人行动的积极性降低，甚至没有人愿意采取任何有利于集体的行动。[②] 其他股东可以分享任何其他股东行使监督权的成果，这就导致任何个体股东都不会有太大的动机去花费额外的成本来对管理层进行监督。[③]“集体行动问题”最直接的表现便是公司中小股东在其权利行使和维护上呈现所谓“理性的冷漠”。

从改善公司治理的角度说，中小投资者所持股权是实现股权制衡的重要力量；从促进证券市场健康发展的角度说，以股权为基础的行权救济是加强中小投资者保护的重要抓手。这些功能的发挥当然可以依赖中小投资者的自主行权，但这在很大程度上要受到中小投资者“理性的冷漠”以及自身行权能力的

---

① 参见郭文英，徐明．投服研究（第 1 辑）[M]．北京：法律出版社，2018。

② 参见李激汉．证券民事赔偿诉讼方式的立法路径探讨 [J]．法学，2018（3）。

③ 参见 Daniel R. Fischel. Organized Exchanges and the Regulation of Dual Class Common Stock [Z]. 54 University of Chicago Law Review，134，1987。

制约。我国证券市场中个人投资者仍然占据相当大的比例，这些外部投资者往往缺乏必要的专业法律知识，甚至不会判断是否受损、损失的多少。[①] 以投服中心所进行的一系列支持诉讼维权案件为例，其中所涉及的信息披露日、基准日以及更正日和索赔计算方法的确定对于外部投资者而言无疑是一大挑战。“理性的冷漠”本身既是中小投资者基于成本收益考量和对自身行权能力不自信的结果，也说明既有的制度设计在促进中小投资者所持股权的功能发挥上存在不足。鉴于此，将“投资者保护机构”所持上市公司股份打造成“公益股”，并在此基础上构建起中小投资者保护的对应机制不啻为一种克服中小投资者“理性的冷漠”所带来弊端的可行思路。

（二）“公益股”制度的实践需求

“投资者保护机构”持股的公益性设计不独在理论上彰显其重要的制度价值，也非常契合证券市场发展和投资者保护的实践需求。根据投服中心和上海证券交易所联合发布的《投资者权益知识调查报告》显示，有 21.20% 的投资者未行使过任何基本权利，有 55.35% 的投资者未行使过任何有持股比例或持股期限要求的权利。[②] 深圳证券交易所发布的《2017 年个人投资者状况调查报告》也显示，通过网络投票形式行使投票权的投资者比例只有 25.2%，通过电话或者网络了解上市公司情况行使知情权的投资者比例只有 22.4%；行使其余各项权利的投资者比例均未超过 10%，甚至超过一半的投资者（52.5%）从未行使过股东权利。[③] 以上两组数据均表明，外部投资者在个人权利的行使和保护上处于意识薄弱的状态。这种状况的出现不仅与投资者自我权益保护意识的薄弱有关，更与投资者自我权益保护的能力不足有关。上述统计所针对的都是自然人投资者，相对于法人投资者而言，这类投资者在自我保护能力、投资者权益保护机制以及自我救济上均存在不足之处。自我保护能力的缺乏，以及投资者自我权益保护成本与收益之间的权衡，使他们在面对自我权利受损的情况下，更偏向于选择默默接受或者采取所谓的“用脚投票”方式撤回自身剩余投资额。

根据投服中心所进行的全国首例证券支持诉讼案例——刘某等诉鲜某、匹

① 参见郭文英，徐明．支持诉讼维权案例评析［M］．北京：法律出版社，2018。

② 参见周松林．投资者希望成立代理机构代表散户维权［N］．中国证券报，2016－08－26。

③ 深交所，2017 年个人投资者状况调查报告，http：//www.szse.cn/aboutus/trends/news/t20180315_519202.html，最后访问日期：2020 年 3 月 10 日。

凸匹金融信息服务（上海）股份有限公司等证券虚假陈述责任纠纷案，投服中心参与诉讼方式的介绍，投服中心是根据《民事诉讼法》第五十八条的规定，由原告户籍所在地居委会开出《推荐证明》，以接受原告委托的方式加入诉讼，成为原告诉讼代理人。[①] 实际上，借助“公益股”或许可以更便捷地实现上述目的。《最高人民法院关于审理证券市场因虚假陈述引发的民事赔偿案件的若干规定》第十八条关于因果关系认定的基本规则包括：“投资人在虚假陈述实施日及以后，至揭露日或者更正日之前买入该证券”或者“投资人在虚假陈述揭露日或者更正日及以后，因卖出该证券发生亏损，或者因持续持有该证券而产生亏损”。也就是说，“如果在虚假陈述实施日及之后，至揭露日或者更正日之前买入该证券”即是投资者，因而能够以自己名义提起该类诉讼，再结合民事诉讼中的代表诉讼制度即可实现对外部投资者权益之保护。概言之，借助“公益股”制度即能够实现上述目的，通过当前投服中心所持有的上市公司“一手股”的方式，投服中心成为绝大多数上市公司的投资者，在投资者权益受到损害时可及时为全体投资者的利益采取有效的救济措施。

（三）“公益股”制度的目标定位

普通投资者购买上市股票的目的是获取相应的投资回报，如低买高卖获得差价，或者从公司获得股息分配。但“投资者保护机构”所持上市公司股份不应当是基于自身获利的经济目的，而应当是为“公益”而持有。“公益股”的制度价值主要体现在其中小投资者保护的目的上。“公益股”的持有机构不论是在日常参与公司经营管理过程的监督还是在外部投资者权利受到损害而帮助其寻求法律救济，都应当始终基于这一目的。

目前采取投资者保护组织或者公司形式对投资者进行保护的法域主要有美国、加拿大、我国台湾地区等。美国于 1970 年《证券投资者保护法》建立了美国证券投资者保护公司，根据该公司对于自身职能的介绍，其主要是针对公司成员出现破产或者其他财务困难时，对该成员公司投资者留存于该公司的投资予以尽快返还。加拿大建立了加拿大基金协会投资者保护公司（MFDA Investor Protection Corporation），该公司目的在于为加拿大基金协会成员的投资者的投资承保，当该公司成员的投资者因其所投资公司的破产而无法从中取回自

① 参见郭文英，徐明．支持诉讼维权案例评析［M］．北京：法律出版社，2018。

己的投资时，由该公司返还投资者的投资或者是为投资者提供损害补偿。[①] 我国台湾地区则建立了台湾证券投资人及期货交易人保护中心（以下简称投资人保护中心），根据该中心对自身组织功能的简介："投资人保护中心系依投保法设立之财团法人保护机构，除负责提供投资人证券及期货相关法令之咨询及申诉服务，买卖有价证券或期货交易因民事争议之调处外，亦得为投资人提起团体诉讼或仲裁求偿；另针对证券商或期货商因财务困难无法偿付之问题，明订设置保护基金办理偿付善意投资人之作业。"[②] 除我国台湾地区采取的一手股方式与投服中心的做法类似外，美国和加拿大所采取的两种形式均存在相应的缺陷，即其只是针对其成员的破产或者是财务困难情形提供保障，而我们拟建立的"公益股"制度，是基于"投资者保护机构"的特殊地位以及其持股的广泛性，使该制度相较于美国和加拿大的做法能够更好地实现投资者保护之目的。

二、"公益股"持股主体的主要职责与法律性质

（一）"投资者保护机构"的主要职责

根据前文对"公益股"制度价值的阐述，"公益股"持有者应当以公益为目的，而非以获取投资利益为目的，具言之，"公益股"持有主体应当以加强外部投资者利益保护为目的。因而，"公益股"的持有者应当是公益主体或者是由政府设立的相关主体。目前，主流国家的投资者保护主体的设置，主要有英国、美国、澳大利亚以及加拿大设立的投资者保护基金；日本和韩国以组织法原则存在的投资者保护组织；我国台湾地区设立的"投资人服务与保护中心"等模式。[③] 其中，多数机构采取的是成员制方式运作，只有我国台湾地区的"投资人服务与保护中心"采取的是持股方式。

中国证监会于2014年8月批准设立证券金融类公益机构中证中小投资者服务中心。投服中心采取由中国证监会主导，其他社会组织力量积极配合的模式依法组建。根据投服中心官方网站对其自身的业务介绍，投服中心主要有行

---

① Coverage Policy，http：//mfda. ca/wp - content/uploads/IPC _ Cov _ Pol - 1. pdf，最后访问时间：2018 年 11 月 23 日。

② 证券投资人及期货交易人保护中心简介，https：//www. sfipc. org. tw/MainWeb/Article. aspx？L = 1&SNO = I6M + rmmp + ncCQmZoO7Z28g = =，最后访问日期：2020 年 3 月 16 日。

③ 参见邓峰．论投服中心的定位、职能与前景［M］// 投资者（第 2 辑）．北京：法律出版社，2018。

权、调解、维权、投资者教育四个部分的业务，根据其行权业务的介绍，投服中心公益性持有股票、基金、债券和期货等品种，以投资者身份，行使表决、提案、建议、质询等权利；在维权部分的介绍中，投服中心是为合法权益受损害的外部投资者提供公益性法律支持；为维护外部投资者合法权益以股东身份提起诉讼等。① 由此可见，投服中心设立时的主要职责就是为中小投资者自主维权提供教育、法律、信息、技术等服务。其中，“公益性持有证券等品种，以股东身份行权维权”是其重要职责之一。该种制度目前采取的形式主要是投服中心通过其持有的每家上市公司“一手股”来进行持股行权。投资者保护机构的有效运行，在投资者结构上，可以弥补我国资本市场成熟投资者的数量不足；在权力结构上，可以优化证券市场上的民事权利资源的配置；在具体功能上，可以以投资者身份行使民事权利，补强证券民事权利的实现机制。

（二）“投资者保护机构”的法律性质

从市场职能来看，投资者保护机构运行机制的本质逻辑是由政府成立专门的维权组织，通过公益性持有股票并行使股东权利，充分发挥市场自律作用，向市场释放信号，形成威慑，进而示范动员其他广大投资者共同参与到维权过程中，提高投资者维权意识和能力，将市场力量集中化、组织化。这种机制是为了弥补我国投资者保护体系中自为机制的不足，是我国中小投资者保护的重大制度创新，是我国资本市场监管部门为更深入、更全面保护投资者，尤其是相对弱势的中小投资者的合法权益而设计的一种具有中国特色的中小投资者保护创新机制，它与行政监管、自律管理共同构成我国保护中小投资者合法权益的“三驾马车”。因此，投资者保护机构兼具公共机构和机构投资者（公益股东）的双重属性，是集市场职能和监管职能于一身的特殊市场主体。②

三、“公益股”与相关制度的比较

公司股东作为公司的投资者享有分红权、监督权、知情权等权利，在股东不满公司管理层或者控股股东相关行为时，可以通过参与股东大会行使监督权、股东代表诉讼或者通过出售公司股份的方式退出公司从而保护自身权益。然而，无论是参与股东大会行权，股东大会和董事会等会议的请求召开，还是

① 中证中小投资者服务中心，http：//www. isc. com. cn/，最后访问日期：2020 年 3 月 15 日。

② 参见陈洁．新证券法投资者保护制度的三大“中国特色”［N］．中国证券报，2020 – 03 – 14。

股东代表诉讼，都对股东持股比例有相关的要求。例如，《公司法》第一百零三条对股东大会的表决方式规定为过半数通过或者是三分之二表决权以上股东同意；第一百一十条规定，十分之一以上表决权的股东方可提议召开公司董事会临时会议；第一百五十一条规定连续一百八十日以上单独或者合计持有公司百分之一以上股份的股东才可提起股东代表诉讼。从现有的做法看，投服中心所持有的一手股都无法从实质意义上实现以上目的，投服中心在《公司法》的既有制度下难以通过投票权来影响具体的管理决策，法律上也无法通过退出公司来进行否决，事实上也不存在通过改进公司绩效而获得回报的激励。[①] 因此，应当充分认识“投资者保护机构”虽然持股，但有别于一般意义上的普通股股东，其不以盈利为目的，也不以自身利益行权为目的，属于一种为了实现公益目的的特殊股东。为了这种公益目的的实现，需要对“投资者保护机构”的股权行使予以特殊设计，如赋予其在公司信息披露、独立董事的任免以及诉讼等方面的独特权利安排。

与本文所提出的“公益股”制度相似的股权设计主要是一些国家和地区的“黄金股”，这种股份赋予政府或者其控制的机构对私有化后的公司享有某种不为一般持股者所享有的特别权利。[②] 这种股份的主要行权方式是可以通过一票否决的方式对不利于国家和公共利益的公司决议予以否决，故该种股份主要是存在于公共性较强的公司中，如葡萄牙电信公司就存在该种类型的黄金股。但是在实践中，黄金股股东权利的设置为对于不利决议的否决上，在公益目的上对于我们所提到的外部投资者保护的联系并不大。除了黄金股外，还存在其他的与外部投资者保护相关，并旨在解决外部投资者自我保护能力不足或者是集体行动问题的制度设计，如上文所提到的美国“集团诉讼”制度，除此之外，还有德国根据《投资人示范诉讼法》（*Geseotur Einfliharng von Kapitalanleger Musterverfahren*）所建立的示范诉讼制度以及日本的选定代表人诉讼制度等，但是这一类诉讼基本上是通过律师、政府机关或者是公益团体的设立并赋予该团体相应的职责来代表外部投资者进行诉讼或者行权等。因此，这些制度设计都与我国投服中心所设立的持有“一手股”的制度有所区别，也不完全契合本文

① 参见邓峰．论投服中心的定位、职能与前景［M］//投资者（第2辑）．北京：法律出版社，2018。

② 参见汪青松．股份公司股东权利多元化配置的域外借鉴与制度建构［J］．比较法研究，2015（1）。

提出的“公益股”的功能定位。

四、新《证券法》的相关制度设计及其不足

（一）新《证券法》关于投资者保护机构持股行权的制度设计

1. 股东权利代为行使征集。根据新《证券法》第九十条第三款的规定，投资者保护机构可以作为征集人，自行或者委托证券公司、证券服务机构，公开请求上市公司股东委托其代为出席股东大会，并代为行使提案权、表决权等股东权利。

2. 受托开展先行赔付。根据新《证券法》第九十三条的规定，发行人因欺诈发行、虚假陈述或者其他重大违法行为给投资者造成损失的，发行人的控股股东、实际控制人、相关的证券公司可以委托投资者保护机构，就赔偿事宜与受到损失的投资者达成协议，予以先行赔付。

3. 主持调解、支持起诉与提起股东代表诉讼。根据新《证券法》第九十四条的规定，投资者与发行人、证券公司等发生纠纷的，双方可以向投资者保护机构申请调解；投资者保护机构对损害投资者利益的行为，可以依法支持投资者向人民法院提起诉讼；投资者保护机构所持有股份的公司的合法权益受到侵害的，投资者保护机构可以为公司的利益以自己的名义向人民法院提起诉讼，并且持股比例和持股期限不受公司法相关规定的限制。

（二）相关规定的不足之处

首先，缺乏关于投资者保护机构基本制度的规定。应进一步明确“投资者保护机构”的具体形式（现实中的机构名称、组织结构、法律地位、法定职责等）；应进一步明确“投资者保护机构”的市场职能和公共职能如何实现和协调。

其次，投资者保护机构代表发行人与投资者达成先行赔付的协议制度中，不清楚的地方体现在：投资者保护机构到底是受到损失的投资者的代表，还是发行人控股股东、实际控制人、相关的证券公司的代表？“先行赔付”资金来源保障是什么？投资者保护机构是否可参与到追偿程序中？以什么程序向发行人以及其他连带责任人追偿？如何保障追偿权的实现？

最后，调解与诉讼制度有待细化。目前存在的问题主要体现在：调解的具体机制如何构建？调解的效力如何？支持诉讼的方式与手段是什么？投资者保护机构在支持诉讼中具有什么法律地位？是否要明确投资者保护机构为公司利益以自己名义提起的是股东代表诉讼？是否要遵循《公司法》中的其他相关规

定？如何处理投资者保护机构与所代表的投资者之间的关系，如何充分保障投资者的知情权和其他利益？投资者明确表示不愿意参加该诉讼的方式与时间节点是什么？

五、“公益股”制度的完善

要使“公益股”制度设计充分发挥作用，我们应当通过立法明确赋予“公益股”以正当性并赋予其除股东基本权利之外的其他特别权利。除了新《证券法》的相关规定外，“公益股”所附带之权利安排还应当从以下几个方面予以完善。

首先，应当赋予“公益股”股东参与公司重大事项的决策并行使监督权的权利。公司外部投资者不可能参与到公司所有事项的决策上，通过赋予“公益股”股东以该项权利，可以有效遏制公司管理层或控制股东作出不利于公司外部投资者权利的决议。

其次，应当赋予“公益股”股东提起公益诉讼的资格。公益诉讼已经在我国《民事诉讼法》第五十五条以及《民事诉讼法〈司法解释〉》第二百八十四条进行了规定。《民事诉讼案司法解释》第二百八十四条规定：“环境保护法、消费者权益保护法等法律规定的机关和有关组织对污染环境、侵害众多消费者合法权益等损害社会公共利益的行为，根据民事诉讼法第五十五条规定提起公益诉讼，符合下列条件的，人民法院应当受理：（一）有明确的被告；（二）有具体的诉讼请求；（三）有社会公共利益受到损害的初步证据；（四）属于人民法院受理民事诉讼的范围和受诉人民法院管辖。”但是该规定并没有明确该法以外的其他专门法如何规定公益民事诉讼原告主体资格的具体规则、具体条件，以及按照专门法规定具有公益民事诉讼原告资格的机关与有关组织在个案中何者为适格原告主体等。[①] 当证券市场数量众多的投资者权利受到侵害时，既有明确的被告，也有具体的诉讼请求，能够满足前述第二百八十四条第一款第（三）和（四）项规定的条件。因此，欲使“公益股”制度在实践中更好地起到投资者保护作用，我们应当在《证券法》所赋予诉权的基础上进一步扩展其公益诉权。

---

① 参见郭雪慧．论公益诉讼主体确定及其原告资格的协调——对《民事诉讼法》第五十五条的思考［J］．政治与法律，2015（1）。

再次，应当扩展“公益股”股东协助请求权。投资者在权利受到损害时，无论其通过诉讼、仲裁、调解还是其他方式，都需要一定的证据支持，其权利方能得到维护和救济。从实践来看，持有公司大量股份的股东需要查询公司相关文件尚且不易，更匡论仅持有区区一手的投服中心了。要想更好地履行投资者保护的职责，投资者服务机构行权过程中，其他机构的协助不可或缺。新《证券法》仅在第九十条规定投资者服务机构依法征集股东权利的，上市公司应当予以配合，这显然是不够的。可以借鉴我国台湾地区“证券投资人及期货交易人保护法”第十七条之规定：“保护机构为处理下列情事，得请求发行人、证券商、证券服务事业、期货业或证券及期货市场相关机构协助或提出文件、相关资料：一、依本法规定提出之调处案件。二、依第二十一条第一项规定，对证券投资人或期货交易人未受偿债权之偿付。三、为提起第二十八条诉讼或仲裁。四、主管机关委托办理之事项。五、其他为利于保护机构执行保护业务之事项。”“保护机构依前项所得文件或相关资料，发现有违反法令情事，或为保护公益之必要时，应报请主管机关处理。受请求人未依前项规定协助或提出文件、相关资料者，亦同。”

最后，应当赋予“公益股”股东提请召开公司临时股东大会的权利。股东大会是一个公司的意思机关，通过股东大会形成的决议基本能够代表公司大部分股东的议事表示，在公司相关事项需要经过股东大会决议而未进行决议时，公益股股东可以通过该权利的行使以维护公司外部投资者的权利。之所以要赋予公益股股东该种权利，是因为根据我国《公司法》第一百条的规定，有权提起股东大会的主体为董事会、监事会或者是单独或合计持有 10% 以上公司股份的股东。虽然《公司法》规定了单独或者合计持有 10% 以上股份的股东可以请求召开，但是公司外部投资者参会成本以及维权成本相对于其投资额过高的事实使得该种权利实际上并未能在实质上对外部投资者提供救济途径。通过在立法上赋予“公益股”股东该种权利可以有效缓解这一问题。

证券集团诉讼的模式创新与制度设计

伍　坚*

摘　要：证券集团诉讼存在私人执行和公共执行两种模式，两者各有利弊，应当相互协调、相互补充。我国《证券法》第九十五条兼采两种模式，退出制的公共执行模式更是独树一帜的制度创新，可以更加充分地实现证券集团诉讼损害填补和违法阻吓两大功能目标，但在投服中心作为代表人发起集团诉讼时的实务操作等方面仍需要进一步的制度配套和设计。

关键词：集团诉讼　私人执行　公共执行　退出制

我国《证券法》于2019年修订时，在传统代表人诉讼的“旧瓶”内，装入了投资者保护机构作为代表人参加诉讼的“新酒”。这一模式与域外主流立法模式均有区别，其是否有助于证券集团诉讼之功能发挥，又还需要哪些制度配套？本文将对此展开研究，以期对我国证券市场法治完善有所裨益。

一、证券集团诉讼的主要模式

所谓集团诉讼，是指为了集团成员的共同利益，由一个或者数个代表人在法院许可下代表集团成员进行的诉讼。通说认为，集团诉讼制度起源于英国的代表诉讼（Representative Proceeding），却在美国发扬光大。1938年，美国《联邦民事诉讼规则》第二十三条打破集团诉讼只适用于衡平法的传统，将其引入普通法领域。1966年，该条修订时扩大了适用范围，规定集团成员除非明示退

---

* 伍坚，华东政法大学经济法学院教授、副院长、法学博士、法学博士后。

出，否则推定加入，集团诉讼制度的主要框架基本定型。由于美国证券法的影响力以及该项制度在解决“大众小额”损害方面的独特价值，很多国家（地区）也陆续规定集团诉讼制度，并形成了不同的立法模式。

（一）私人执行模式

美国是私人执行模式的典型代表。当收到私人提起的集团案件起诉后，法院需要决定是否给予许可（Class Certification）。《联邦民事诉讼规则》要求法院考察先决条件和维持条件。第23（a）条规定的先决条件有四项：（1）众多性（Numerosity），即由于成员人数众多，导致不可能由全体成员共同诉讼；（2）共同性（Commonality），成员间存在共同的法律或事实问题；（3）典型性（Typicality），集团代表的请求或抗辩在集团中具有典型性；（4）保护充分性（Adequately Protect），集团代表能够公平且充分地维护集团的利益。符合上述要件后，法院才考虑以集团诉讼的形式受理系争案件。第23条（b）规定的维持条件包括：（1）集团成员各自请求时的利益；（2）集团成员所提诉讼进行的程度和性质；（3）诉讼在受案法院审理是否在期待范围之内；（4）以集团诉讼进行是否更有优势。在得到法院许可后，集团代表及集团律师需要向已知或潜在的集团成员发布通知，使他们知晓集团诉讼已被启动，并选择是否退出。

有观点指出，美国集团诉讼关键的驱动力量有三：选择退出制度、风险收费方式以及美式诉讼费用收取规则。① 在“退出制”下，不希望参加集团诉讼的成员需要作出明确表示，他们之后可以自行向法院起诉而不受集团诉讼结果的拘束。凡是没有明确表示退出的当事人均自动成为集团成员，诉讼结果对其产生效力。风险收费采取胜诉才需支付的原则（No Win No Pay），激励众多投资者抱着免费尝试的态度被动加入集团。如果不实行风险收费，集团诉讼的规模和数量将会大大减少，此时只有少数财力雄厚的原告（一般是机构投资者）才可能起诉，但他们不大可能发起集团诉讼，因为这样做会减少自身的收益。此外，与很多国家规定败诉者负担诉讼费用（Loser - pays Rule）不同，美国长期实行双方各自负担律师费用的做法，诉讼成本较低。以上三种力量，再结合与众不同的诉讼文化等因素，促使集团诉讼自20世纪60年代以后在美国蓬勃发展，进而引领世界立法潮流。

---

① 参见 John C. Coffee. Entrepreneurial Litigation：Its Rise，Fall，and Future［D］. Harvard University Press，2015。

但是，仅有少数国家采取美式退出制集团诉讼制度，如澳大利亚、加拿大、以色列、葡萄牙等。[①] 大多数的欧洲国家实行加入制，成为集团成员必须明示加入，而非默示推定，这可能是欧洲范围内证券集团诉讼应用规模相对更小的一个重要原因。有学者因而主张，欧洲的集团诉讼应采取美国式退出制。[②]

（二）公共执行模式

我国台湾地区是公共执行模式的首创者。依据2003年起施行的“证券投资人及期货交易人保护法”（以下简称投保法）第二十八条，保护机构为维护公益，于其章程所定目的范围内，对于造成多数证券投资人或期货交易人受损害之同一证券、期货事件，得由20名以上证券投资人或期货交易人授予诉讼或仲裁实施权后，以自己的名义起诉或申请仲裁。“证券投资人及期货交易人保护中心”（以下简称投保中心），即为该法所指的保护机构。虽然投保中心在法律上属于财团法人，但由于其设立资金系由包括证券交易所及期货交易所在内的证券期货相关机构所捐助，其董事人选依法由证券期货主管机关遴选或指派，事实上具备强烈的公益色彩，学者一般认为投保中心是具有官方色彩的非营利组织，应属公设财团法人。[③]

投保中心的主要业务包括：（1）受理投资人对相关法令的咨询及相关争议的申诉；（2）受理投资人提出的民事争议调处申请；（3）对造成多数投资人受损害的同一证券、期货事件，进行集团诉讼或仲裁；（4）股东代表诉讼及董监事解任诉讼；（5）针对证券商或期货商因财务困难无法偿付的问题，办理保护基金偿付作业；（6）监督上市上柜公司归入权的行使；（7）参与股东会，实践股东行动主义。在集团诉讼方面，投保中心提起的案件可分为四大类：公开说明书不实、财报不实、操纵股价以及内幕交易。截至2018年底，投保中心办理的集团诉讼案件尚处于法院审理或强制执行等程序的有123件，涉及14.5万余名投资人，请求金额共计519.02亿元新台币。另有122件已结案，金额78亿余元，人数2.2万余人。[④] 由于战绩显著，投保中心被美国学者誉为证券集

---

① 参见Hensler. D. R. The Globalization of Class Actions：An Overview ［J］. 622 Annals of the American Academy of Political and Social Science，28，2009。

② 参见Tiana Leia Russell. Exporting Class Actions to the European Union ［J］. 28 Boston University International Law Journal，178，2010。

③ 参见王文宇，张冀明．非营利组织主导的证券团体诉讼——论投资人保护中心 ［J］. 月旦民商法杂志，2007（2）。

④ 投保中心2018年度年报，https：//www. sfipc. org. tw/MainWeb，2020年3月18日访问。

团诉讼本土化的典范。[①]

不同于美国的退出制，我国台湾地区采取加入制。关于律师费，依据“投保法”第三十三条规定，投保中心不得请求报酬，胜诉所得赔偿扣除诉讼或仲裁必要费用外分别交付给委托人。实务上，投保中心是以其自有经费委派内部律师参与诉讼或仲裁。

需要强调的是，我国台湾地区并未限定投保中心是唯一适格的证券集团诉讼当事人，未委托投保中心起诉的投资者可以自行提起诉讼，也可以依据“民事诉讼法”中选定当事人的相关规定提起集团诉讼。因此，就立法而言，台湾地区是兼采公共执行模式和私人执行模式的“双轨制”。但在实践中，证券集团诉讼几乎由投保中心独揽，证券律师代表当事人提诉的案例基本没有。究其原因，应当是法律对投保中心提起证券集团诉讼有诸多优惠规定，投资大众由此不愿花费自己的时间与金钱自行委任律师提起诉讼，[②] 导致立法上的“双轨制”异化为实践中的“单轨制”。

二、两种模式的比较

（一）私人执行模式的弊端与改革

在过去几十年间，美国证券集团诉讼制度已经受到广泛的批评，很多人士指出，该项制度导致大量扰诉和滥诉，这主要有以下两方面的原因。

一是原告通过诉讼牟利。在 1995 年以前，《联邦民事诉讼规则》对原告提起集团诉讼的要求很低，其只需向被告提出清楚的权利主张，无须掌握更多证据就可启动诉讼。此外，首席原告的产生遵循“先到先得”原则，最先起诉的人自动成为首席原告，有权代表集团其他成员进行诉讼并指定集团首席律师。只要原告不败诉，律师就可获得丰厚律师费。这些有利因素，再结合退出制、风险收费以及美式诉讼费用规则这三大驱动因素，导致一些职业原告和证券律师互相勾结，不断寻找猎物然后频繁起诉。

二是大量通过和解结案。集团诉讼一般周期较长，诉讼成本高昂。对被告来说，无论是公司还是董事、高管，抑或承销商、会计师等中介机构，败诉的

---

① 参见 Curtis J. Milhaupt. Nonprofit Organizations as Investor Protection: Economic Theory and Evidence from East Asia [J]. 29 Yale Journal of International Law, 196, 2004。

② 参见王文宇，张冀明. 非营利组织主导的证券团体诉讼——论投资人保护中心 [J]. 月旦民商法杂志，2007 (2)。

责任通常大于和解的责任。[①] 对投机的原告及其律师来说，即使和解可能不符合集团成员的最大利益，但尽快了结以将精力用于下一个猎物更加合算，他们有极大动机去达成过早且过于低估的和解协议。[②] 由大众小额的特质所决定，其他成员存在集体行动困境，难以对此形成有效约束。

填补损失和阻却违法，是证券集团诉讼的两大目标，[③] 但在美国传统制度之下，这两大目标常常落空。就填补损失而言，投资者收到的赔偿往往只是真实损失的一部分；如果赔偿金/和解金最终是由公司支付，相当于用一部分投资者的钱去弥补另一部分投资者，甚至出现“羊毛出在羊身上”的结果。就阻却违法而言，董事、高管实施不法行为产生的责任可由公司通过章程等免除，还可以通过保险机制对外转嫁，真正的违法责任人常常高枕无忧。

鉴于此，美国在 1995 年通过《私人证券诉讼改革法》（*The Private Securities Litigation Reform Act*，PSLRA），为减少侵扰诉讼采取了下列做法：一是加强了对首席原告的要求。法院指定最具利害关系的集团成员为首席原告，其从集团诉讼的和解或判决中有权获得的赔偿仅限于持股比例对应的部分。二是强化了对律师的限制。首席原告选择首席律师时须经法院同意；律师收费不得超过合理比例；原告律师败诉时应承担对方的诉讼费用。三是提高了起诉标准。原告在进行证据开示前，必须证明被告存在欺诈故意或者不当行为的特定事实。四是降低了被告的责任风险。取消三倍赔偿规则；针对非为故意的被告，以比例责任取代原先的连带责任；对预测性陈述（Forward－looking Statement）设置“安全港”，豁免将来可能的责任。

PSLRA 仅适用于在联邦法院提起的证券集团诉讼。为规避其适用，一些原告律师迅速转向州法院起诉，使得在联邦法院进行的证券集团诉讼案件数量明显下降。于是在 1998 年，美国又通过了《证券诉讼统一标准法》（*The Securities Litigation Uniform Standards Act*），除了一些例外，集团成员在 50 人以上时必须在联邦法院起诉。[④] 2005 年，美国又制定了《集团诉讼公平法》（*The Class Action Fairness Act*），收紧了集团认定标准，并使跨州的集团诉讼可以合并

① 参见任自力. 美国证券集团诉讼变革透视［J］. 环球法律评论，2007（3）。

② 参见 John C. Coffee，Jr.，Understanding the Plaintiff's Attorney：The Implications of Economic Theory for Private Enforcement of Law through Class and Derivative Actions［J］. 86 Columbia Law Review，690，1986。

③ 参见 Private Securities Litigation Reform Act of 1995，Pub. L. No. 104－67，109 Stat. 737，1995。

④ 参见 The Securities Litigation Uniform Standards Act of 1998，15 U. S. C. §77。

到联邦法院审理。[①] 该法适用于包括证券集团诉讼在内的所有集团诉讼，在对待集团诉讼的态度上，仍然体现出较为明显的限制倾向。

应当如何评价前述立法改革？虽然 PSLRA 的目的在于防止滥诉，但证券集团诉讼的数量并未减少。[②] 当然，这未必说明 PSLRA 的实施效果不尽如人意。一种可能的解释是，PSLRA 对证券集团诉讼的限制态度，或许会“诱使”公司当事人更加放心地实施不法行为，这又反过来促使集团诉讼案件数量上升。但是，学者们确实担心，在受到更多限制的情况下，律师主导的证券集团诉讼可能更多聚焦于损害金额较大的案件，导致放过一些小额证券欺诈案件。[③] 对已有案件的实证分析显示，机构投资者担当首席原告可以获得更多的赔偿金并支付更少的律师费，但 PSLRA 保护投资者的功能尚未充分体现。[④] 近年来，证券集团诉讼和解金占投资者损害的比例还在逐年下降，从 1996 年的 7% 跌落到 2013 年的 1.8%、2014 年的 1.9%、2015 年的 1.6%，反映出证券集团诉讼损害填补乃至违法阻却功能日趋弱化。[⑤] 这表明，虽然美国早已意识到私人主导的证券集团诉讼存在诸多缺陷，并采取了一些改进措施，但并未根本解决执行过度与执行不足并存的问题。

（二）公共执行模式的优劣分析

相比律师主导的私人执行模式，具有官方色彩的公共执行机制在以下方面存在优势：（1）缓解执行不足。公共执行机构发起集团诉讼的目的不是追求经济收益，不会因此“挑肥拣瘦”，可将私人执行不愿触碰的小额损害案件纳入执行范围。（2）提高获赔金额。对于赔偿金/和解金，公共执行机构最多只能获得办理案件时支付的成本费用，剩余部分必须分配给投资者。公共执行机构聘请的律师费用通常远远低于私人执行模式下的律师费用，在赔偿额度一致的情况下，投资者的实际获赔金额显著增加。我国台湾地区学者就认为，投保中

① 参见 The Class Action Fairness Act，Pub. L. No. 109 -2，119 Stat，2005。

② 参见 Michael A. Perino，Did the Private Securities Litigation Reform Act Work? [J]. 2003 University of Illinois Law Review，941 -942，2005。

③ 参见 John C. Coffee，Jr.. Reforming the Securities Class Action：An Essay on Deterrence and Its Implementation [J]. 106 Columbia Law Review，1543，2006。

④ 参见 James D，Cox & Randall S，Thomas. Does the Plaintiff Matter? An Empirical Analysis of Lead Plaintiffs in Securities Class Actions [J]. 106 Columbia Law Review，1587，2006。

⑤ 参见 Svetlana Starykh & Stefan Boettrich. Recent Trends in Securities Class Action Litigation：2015 Full - Year Review Record Number of Cases Being Filed Faster than Ever with the Shortest Alleged Class Periods [J]. Nera Economic Consulting，33，2016。

心主导集团诉讼的模式成功避免了美国律师主导模式的滥诉以及律师剥削投资者的弊端，值得肯定。[①]（3）实现公共利益。私人执行的根本目的是获得损害赔偿乃至借此牟利，无心追求公共利益，经常提前和解。即使事实上产生了阻却违法的效应，也只是附带收益。公共执行机构的主要追求恰恰相反，较少因此选择和解，更有助于公共利益的实现。（4）具备举证优势。私人主体受到各种因素限制，在调查取证时经常面临困难，公共执行机构在此方面有一定优势。不过，我国台湾地区的经验显示，这种优势未必强出太多。台湾证券集团诉讼的特点之一是高度依赖刑事程序，投保中心主要依赖检察署函转的刑事起诉书作为民事起诉的依据，只有少数案件是由新闻报道或投资人申诉后，由投保中心主动调查进而提起诉讼。[②]

当然，公共执行模式也有劣势：（1）资源有限。公共执行机构在人员、经费等方面受到限制，常常需要在执行能力与执行目标之间寻求适度妥协，可能集中相对有限的资源去处理那些典型、重大案件。以台湾投保中心为例，其2018 年度年报显示，除董事长、总经理、副总经理外有专职员工 37 人，其中法律服务处 29 人，管理处 8 人。而同期台湾证券交易所上市公司就有 900 余家。由于体制、经费等限制，投保中心也很少在集团诉讼案件中寻求外部专业人士支援。如此有限之人手，即便专业素养再高，似也难以担当重任。（2）政治压力。公共执行机构可能受到来自相关行政部门的政治压力，使其无法按照自己意愿执行案件。（3）规制俘获。公共执行机构时常遭受益集团的干扰和游说，甚至被俘获，从而不能时时以公共利益为己任。（4）激励不足。仍以台湾投保中心为例，不得请求报酬的规定使投保中心以及具体办案的内部律师均缺乏足够的经济激励；由于案件办理效果也未必与相关人员升迁有明确关联，行政激励同样不足。面对屡禁不绝的证券欺诈案件，投保中心难免因为激励不足而消极懈怠。另外，除了执行不足，也不能排除公共执行机构出于政绩考量等因素，动辄提起集团诉讼，产生执行过度。作为对比，成千上万的私人充当执行者，有时更能发现违法行为，也更在乎成本控制，通常具有更高的执行效

① 参见林郁馨．投资人的诺亚方舟——投资人保护中心与证券团体诉讼之实证研究［J］．月旦法学杂志，2014（6）。

② 同注①。

率。而且，私人执行受到政治压力或者外部利益集团游说的可能性更低。[①]

上述分析，提醒我们应当理性看待集团诉讼中的私人执行和公共执行模式。美国式的私人执行模式固然有其缺陷，台湾式的公共执行模式也非尽善尽美。如果仅仅通过指出一种模式存在问题，进而主张应当采取另一种模式，这一做法就属于“天堂谬误”（Nirvana Fallacy）。由于国情不同，私人执行模式在美国的负面教训未必会在我国重演，导致美国集团诉讼负面作用较大的因素，有的在我国并不存在，如错综复杂的双重法院制度；有的在我国比较容易得到控制，如巨额的律师费用和好讼的法律文化。[②] 但可以肯定的是，由于“市场失灵”和“政府失灵”同时存在，证券集团诉讼的实施权利不应被独家垄断。私人执行和公共执行两者相互配合、相互协调、相互补充，才能充分实现损害填补和违法阻吓这两大目标。

三、我国所采模式及其进步性

我国《证券法》第九十五条规定了两种类型的代表人诉讼：一种是第一款和第二款之下的代表人诉讼，相关规定与《民事诉讼法》的既有制度基本相同，唯一区别是未明确“未参加登记的权利人在诉讼时效期间提起诉讼的”是否可以适用该判决、裁定；另一种是第三款之下投保机构提起的代表人诉讼。这两种类型的代表人诉讼在性质上存在明显差异：前者，代表人本身就是与案件有直接利害关系的当事人之一；后者，投保机构未必就是当事人。该条规定清楚表明，我国内地也如台湾地区一样兼采私人执行和公共执行两种模式。然与台湾地区不同的是，在公共执行模式中，内地选择了退出制，而台湾地区选择了加入制。不同的选择背后往往有其特定考量因素，很难简单断言何者更优。对我国证券市场来说，两者谁更合适却是一个值得探讨的问题。

在私人执行模式下，退出制和加入制的比较由来已久。支持退出制的主要理由集中在以下四点：其一，保证了投资者利用司法救济的权利（Access to Justice）。考虑到证券不法行为常常造成多人小额损害，若采加入制，部分投资者受精力、金钱、心智等各种因素影响，未必会积极加入诉讼。其二，有助于

---

① 参见 Matthew C. Stephenson. Public Regulation of Private Enforcement: The Case for Expanding the Role of Administrative Agencies [Z]. 91 Virginia Law Review, 2005。

② 参见章武生. 我国证券集团诉讼的模式选择与制度重构 [J]. 中国法学, 2017 (2)。

集团诉讼目标的落实。退出制在理论上可以使所有受害投资者均成为原告，这将使加害者作出全面赔偿，不会因为许多集团成员没有加入诉讼而部分免责，损害填补和阻却违法的目标更容易达成。其三，退出制无须每个成员积极表态，节省大量成本，而且减少了重复诉讼，具有效率优势。其四，退出制更能保证司法裁判的一致性。[①] 批评意见认为，退出制将受害人的消极默示视为同意，将其强制加入本来可能不愿加入的集团，致其被迫放弃诉讼者自治权（The Right of Litigant's Autonomy），而该项权利是民主体制的核心权利。因此，《联邦民事诉讼规则》第23条采取的退出制是不民主的，在某种程度上甚至是违宪的。[②] 此外，律师可将退出制提供的众多成员名单作为敲诈被告的武器，促使达成提前和解的协议，而推定加入的集团成员可能不像主动加入的成员那样关心诉讼情况，难以阻止个别原告及其律师与被告合谋和解。

本文认为，在退出制下，受害人于集团诉讼发动时会收到通知，如果对此不满意则可以选择离开。退出制没有改变诉讼权的归属，受害人仍然是自己决定是否进入集团诉讼，只是在具体操作上有别于加入制，很难说其诉讼自治权受到了侵犯。至于扰诉、滥诉，通过加强法院的司法审查，也可起到一定的规制效果。另外，美国证券集团诉讼过度执行的现象有其深刻的法律、市场乃至文化传统，在采取退出制的其他国家，如加拿大、澳大利亚等，滥诉扰诉的现象相对并不多见。立足于证券欺诈行为的特质和集团诉讼制度的目的，应当承认退出制可更充分救济权利、阻吓违法，且在实施效率和保障裁判一致性方面也具有明显优势。

不过，上述结论仅是针对私人执行模式而得出，在公共执行模式中是否也一样成立呢？毫无疑问，在退出制的前述四点优势中，促进司法利用、效率较高以及确保裁判一致性三点不会因为集团诉讼是私人发起还是公共机构发起而有所区分，至于损害填补，前已述及，公共执行理论上应当表现更佳。同时，私人执行模式中存在的双方合谋这一弊端，在公共执行模式中也可得到有效缓解。如果说在私人执行模式下，人们对退出制和加入制还有不同倾向的话，那么在公共执行模式下，这一问题的答案恐无太多分歧。我国台湾学者早就指出

---

① 参见 Stuart Clark, Christina Harris. The Push to Reform Class Action Procedure in Australia: Evolution or Revolution? [Z]. 32 Melbourne University Law Review, 2008。

② 参见 Martin H. Redish. Wholesale Justice: Constitutional Democracy and the Problem of the Class Action Lawsuit [D]. Stanford University Press, 2009。

了投保中心主导的加入制集团诉讼的问题：可能无法一次性解决相关纷争，并发生裁判矛盾情形，不符合诉讼经济的原则；投保中心决定办理集团诉讼的信息，虽尽可能地向大众通知或者公告，仍有许多投资者未能注意而不能参加集团诉讼，权益保障似有不足，也使集团诉讼制度功能大打折扣。[①] 相比之下，我国内地《证券法》于公共执行模式采取退出制，在世界范围内独树一帜，制度创新的进步性非常明显。

四、具体制度配套和设计

在肯定现行立法模式积极意义的同时，也要看到《证券法》第九十五条关于集团诉讼公共执行模式的规定还较为粗疏，很多问题尚未明确，下面择其要者加以分析。

（一）投保机构的改革

我国的证券投资者保护机构有两个：一是2005年由国务院批准设立的中国证券投资者保护基金有限责任公司（以下简称投保基金公司）；二是2014年由中国证监会批复成立的中证中小投资者服务中心有限责任公司（以下简称投服中心）。根据《证券投资者保护基金管理办法》，投保基金公司主要是在“证券公司被撤销、关闭和破产或被证监会实施行政接管、托管经营等强制性监管措施”时发挥作用，其虽然涉及投资者保护，但更多的还是作为证券公司的风险处置机制。比较而言，投服中心作为归属中国证监会直接管理的证券金融类公益机构，主要职责包括：（1）行权服务。公益性持有证券等品种，以股东身份或证券持有人身份行权。（2）纠纷调解。受投资者委托，提供调解等纠纷解决服务。（3）维权服务。为投资者提供公益性诉讼支持及其相关工作。（4）投资者教育。面向投资者开展公益性宣传和教育。（5）调查监测。调查监测投资者意愿和诉求，代表投资者，向政府机构、监管部门反映诉求。基于投服中心在监督发行人、上市公司以及维护投资者利益方面承担着更为主要的任务，可以认为《证券法》第九十五条所指的投保机构具体即指投服中心。

台湾投保中心常被批评人手有限且激励不足，以致影响其诉讼能力，内地投服中心对此应予特别警惕。截至2019年底，内地A股市场上市公司总数

① 参见刘连煜，林俊宏．投资人团体诉讼新时代的来临［J］．月旦法学杂志，2004（8）。

3760家，自然人账户1.58亿户，[1] 规模远超台湾证券市场。面对《证券法》赋予的新任务，以及上市公司治理水准有待提升的现实，投服中心在体制架构维持不变的情况下，如欲在集团诉讼方面积极作为，至少应有充足的财力。唯有如此，方能承担集团诉讼的高额诉讼费用，并可以更加市场化的报酬吸引更多的专业人士加入集团诉讼案件的办理过程，防止因“案多人少”、激励不足等影响诉讼能力。目前，投服中心的股东单位为上海证券交易所、深圳证券交易所、上海期货交易所、中国金融期货交易所和中国证券登记结算有限责任公司，可以考虑吸纳全国股转公司、大连商品交易所、郑州商品交易所等证券、期货市场的主要机构作为股东，增加投服中心注册资金，如从目前的30亿元增至60亿元，以为未来可能出现的证券集团诉讼浪潮留有充分应对余地。

另外，考虑到投服中心的费用支出受到年度预算的限制，但证券市场中重大欺诈案件的发生数量以及标的金额等无法在制订预算时充分测算，未来或许会出现与集团诉讼相关的预算额度不足以支付案件费用的结果，故而应对投服中心办理重大证券集团诉讼案件设置例外，允许其不受预算限制而动用其他资金。在某种程度上，这一点可能更加重要。

（二）投服中心如何发起集团诉讼？

按照《证券法》第九十五条第三款，投保机构受50名以上投资者委托时[2]，可以作为代表人参加诉讼，并为经证券登记结算机构确认的权利人依照第九十五条第二款向人民法院登记。因此，如果是法院先行受理了个别投资者的起诉，并公告通知其他投资者登记后，投保机构可以诉讼代表人身份为投资者登记并启动集团诉讼程序，这一点应无疑义。

不清楚的地方是，投服中心可否在法院尚未发布公告时，自行征集满50人后主动向法院进行权利人登记以启动集团诉讼？该问题的实质是，法院可否拒绝投服中心发起的集团诉讼并转为其他诉讼类型？提出该问题并非是杞人忧天。《证券法》第九十五条第二款“人民法院可以发布公告”之表述，于《民事诉讼法》1991年问世时就已出现在代表人诉讼的条款中，只是一直较少得到适用。在1997年轰动一时的清华大学学生与中国电信之间的“200卡”案中，

① 解析投资：2019年A股年终盘点，https：//www.sohu.com/a/364966373_100243475，2020年3月20日访问。

② 投保机构可以通过官网发布公告等方式向投资者主动征集委托，也可以被动接受投资者的委托。

原告请求法院发出公告以便其他同类受害者进行权利登记，法院予以拒绝，理由是依据法律规定，法院可以发公告，也可以不发公告。[①] 在过去的司法实践中，该案并非孤例，反映出我国法院对群体纠纷解决中适用人数不确定的代表人诉讼的保守、消极立场。[②]

在美国、韩国等私人执行模式下，为限制滥诉，法院对证券集团诉讼的申请有决定权，可以不予许可。而在中国台湾地区，法院不能拒绝受理投保中心提起的诉讼。鉴于公共执行模式下滥诉问题并不严重，以及我国法院对群体性纠纷采取集团诉讼的传统排斥立场，应当认为投服中心在征集满 50 人后即有权主动向法院进行权利人登记并启动集团诉讼，法院不得转换诉讼类型，否则法条中的制度创新将可能沦为空文。为了避免未来出现纷争，最高人民法院与中国证监会应当建立相关协调机制。

（三）公共执行模式与私人执行模式的具体协调路径

面对证券欺诈行为，受到损害的投资者可以单独诉讼或者提起普通共同诉讼，也可以提起代表人诉讼，后者又可分为人数确定、无须公告以及人数不确定、可以公告这两种类型。如果投保机构选择启动集团诉讼，就需要考虑两种执行模式的协调问题，以免浪费司法资源。

在协调路径上，应当依照不同模式启动的时间先后分别处理：（1）如果私人执行模式先行启动，投保机构于相关案件审理期间又提起退出制集团诉讼，此时不能推定先行起诉的投资者属于集团成员，但他们可以通过撤诉而加入集团诉讼。如果不撤诉，法院可以参照《最高人民法院关于审理消费民事公益诉讼案件适用法律若干问题的解释》第十条的规定，中止私人执行的诉讼直至集团诉讼终结。这里有一例外，若法院因人数不确定发布了公告，但投保机构未在公告期内启动集团诉讼，嗣后即不得再行提起集团诉讼。（2）如果公共执行模式先行启动，部分投资者之后再个别起诉的，应视为其退出集团诉讼。《韩国证券集团诉讼法》第二十八条就有类似规定：除外申告（即退出申请）期间

① 参见吴飞．从清华 200 卡案件看中国集团诉讼［J］．中央政法管理干部学院学报，1999（5）。

② 2020 年 3 月 13 日，浙江杭州中院同时在官方微信、《人民法院报》《中国证券报》刊登《“15 五洋债”“15 五洋 02”债券自然人投资者诉五洋建设集团股份有限公司等人证券虚假陈述责任纠纷系列案件公告》，宣布采取人数不确定的代表人诉讼方式审理该案并通知相关权利人在规定期限内向法院登记。该公告的发布，标志着我国证券民事赔偿代表人诉讼第一案正式启动，这是否表明国内法院对集团诉讼的态度发生了转变，作者认为仍然需要继续观察。

届满前，对成为证券集团诉讼目的的权利和同一权利单独提起诉讼的当事人视为除外申告，但不包括在除外申告期间内撤回诉讼的情况。

（四）投资者的退出时间

不管是加入制还是退出制，法院于受理证券集团诉讼后应通知投资者有关诉讼事项，以便他们决定是否加入或者退出集团诉讼，这不仅体现了对投资者诉讼权利的尊重，也有助于减少讼累。

在美国，对于根据第 23 条（b）（3）批准的集团，法院必须命令向集团成员发出根据实际情况可能采取的最佳通知，包括向所有经过合理努力可以识别的成员发出个别通知，通知必须载明的一项内容就是集团成员选择退出的期限和方式。一般而言，退出期限由法院根据个案不同情况酌情指定，通常是在法院通知发布或寄出后 30 ~ 60 天的时间。如果确有必要，法院可以指定更长的时间。[①] 但是，在集团成立初期、案件进展尚不明朗时就要求投资者选择是否退出，无异于强迫投资者赌博，所谓的诉讼自决权也是有名无实。于是在 2003 年，美国国会对《联邦民事诉讼规则》进行了修改，23 条（e）（3）确立了著名的“二次退出制”，即在第 23 条（b）（3）下的集团诉讼中，如果集团成员在诉讼初期未申请退出，除非和解方案给予集团成员一次新的请求退出机会，法院可以拒绝批准和解协议。韩国的立法与美国在 2003 年前的规定较为接近。当法院作出集团诉讼许可决定时，法院要毫不迟延地将包含除外申告的期间和方式在内的相关内容告知集团成员。从诉讼许可决定的确定日起算，除外申告的期间一般是 60 日。在我国台湾地区，如果投资者加入后又想退出，可于言辞辩论终结前或询问终结前撤回诉讼或仲裁实施权之授予，并通知法院或仲裁庭。

笔者同样认为，过早要求投资者选择是否退出集团诉讼是不合理的。基于我国《民事诉讼法》关于审判程序的规定，投资者在法庭辩论终结前决定是否退出是比较合适的做法。

（五）投保机构撤诉、和解

在私人执行模式下，集团诉讼的撤诉、和解受到特别限制，以防双方合谋损害其他集团成员利益。美国《联邦民事诉讼规则》第 23 条（e）规定，集团诉讼的撤诉与和解都必须得到法院批准，在履行通知和听证程序后，法院只有

① 参见罗健豪．美国集团诉讼退出制研究［D］．上海：复旦大学，2008。

在认为撤诉是出于自愿或者和解有公平、合理且充分的理由时才会批准。韩国的规定大体相同，代表人撤诉、和解或者放弃诉讼请求必须得到法院许可。在作出许可决定前，法院应当告知集团成员，并给予其陈述意见的机会。不同的地方是，韩国未采取“二次退出制”，如果法院在听取集团成员对撤诉、和解等的异议后仍然作出许可决定，所有集团成员将受到约束。

除了法院审查以外，限制和解、撤诉的另外一种机制是投资者同意，台湾地区“投保法”第三十一条就属此种机制。投资者对投保中心授予诉讼或仲裁实施权后，投保中心有为一切诉讼或者仲裁行为之权，但投资者可以限制投保中心的舍弃、认诺、撤回或和解。投资者中一人所为的限制，效力不及于其他投资者。

无论是私人执行还是公共执行，和解、撤诉等情形与集团成员利益密切攸关，诉讼代表人有权单独决定而不受任何限制的做法显然不合适，在比较法上也缺乏有说服力的立法例作为支撑。那么，大陆应采法院审查还是投资者同意机制？有观点主张前者，但本文更倾向于后者，理由主要有以下几点：首先，法院审查机制主要针对私人执行模式，投保机构具有官方色彩，基本不具追求自身经济利益的动机，法院审查的必要性大为降低；其次，即使认为投保机构可能怠于履职，因而法院审查仍有价值，也需意识到，在我国案多人少、法官普遍满负荷办案的大背景下，法官出于快速了结案件的目的，可能选择高度依赖投保机构的判断而不一定会仔细审查；即便愿意审查，法官是否具备评估和解、撤诉等是否合理的能力也有待思量。① 最后，我国《民事诉讼法》一直采取当事人同意机制，代表人变更、放弃诉讼请求或者承认对方当事人的诉讼请求，进行和解，必须经被代表的当事人同意。法院审查机制与现行法律冲突，不大可能付诸实施。当然，投资者同意机制可能面临的一个质疑是，在退出制集团诉讼中，由于大部分权利人都是被动登记的，获得所有当事人的同意并不现实。但该疑虑本质上是对“同意”的理解问题，在此不妨也采取“默示同意”做法，即准备撤诉或达成和解方案时应发布公告征求同意，持异议的投资者应当明示反对，他们可以退出集团诉讼；如果投资者未在一定期限内明示反对，则视为同意。证券集团诉讼案件审理周期一般不会太短，多花几十天时间

① 参见 John Bronsteen. Class Action Settlements: an Opt - in Proposal [Z]. 2005 University of Illinois Law Review, 2005。

履行一下征求同意程序，不会产生过多麻烦和较大成本，但对投资者诉讼权利的保障和正当法律程序的实现却有着极其重要的价值。为使投资者的同意具有实质意义，有必要强化撤诉、和解等环节中的信息公开，让投资者清楚了解这样做的原因及其影响，从而决定是否同意。

（六）诉讼费用等优惠

关于集团诉讼的诉讼费用，一些立法例按照普通诉讼一体对待，也有立法例实施特别优惠。以韩国为例，证券集团诉讼的诉讼费用减半收取，且上限封顶为5000万韩圆。我国台湾地区“投保法”的规定更为全面，优惠举措涵盖了裁判费、执行费以及财产保全时的担保。保护机构提起诉讼或上诉，诉讼标的金额或价额超过3000万元的部分暂免缴裁判费，该项费用由一审法院依职权裁定向应负担诉讼费用的一方（一般是败诉方）征收，但就保护机构应负担诉讼标的的金额或价额超过新台币3000万元部分的裁判费，免予征收。在保护机构申请强制执行的场合，执行标的的金额或价额超过3000万元时，超过部分暂免缴执行费，并从执行所得中扣还。此外，保护机构提起诉讼，申请假扣押、假处分、假执行时，法院可以作出免予担保的裁定。

证券集团诉讼标的金额巨大，按比例征收的诉讼费用也就相对高昂。在公共执行模式下，投保机构是出于公益目的发起诉讼，在诉讼所涉相关费用的收取上予以优待有其合理性。但是，具体的优惠方式需要精细设计。像韩国那样不加区分地实行费用减免，将不利于私人执行和公共执行两种模式的平等竞争。我国的私人执行模式本就先天不足，如果再给予投保机构较大优惠，投资大众可能会涌向投保机构，一方面使投保机构不堪重负，另一方面也将使私人执行模式名存实亡。就此而言，台湾地区的做法完全可资借鉴。内地可将“缓交”诉讼费作为对投服中心的优惠，如上市公司败诉，该部分费用即由上市公司缴纳；如投服中心败诉，为体现对公益性集团诉讼的鼓励，则对投服中心应缴纳的费用设置上限。这种做法，可使投保机构在其败诉的大型集团诉讼案件中享受到一定的优惠，缓解财务压力；同时又不影响律师在规模稍小的集团诉讼案件中与投保机构充分竞争。

五、结束语

我国社会目前仍然处于转型时期，各类群体性纠纷层出不穷，需要以多元化的纠纷解决机制予以应对。在这其中，集团诉讼制度发挥着不可替代的积极作用。在多年呼吁之后，中国版的证券集团诉讼制度终于落地，虽然制度设计上还有一些空白和需要进一步厘清的地方，但现有规定已足以令我们充满期待。诚如霍姆斯所言，法律的生命不在于逻辑，而在于经验。证券集团诉讼制度的生根发芽、开花结果，需要我们不断摸索和试验，一如证券市场已然走过的三十余年。当下的中国证券市场，拥有集中统一的监管体制，采用了技术先进的证券交易和登记结算系统，配置了公益性的投资者保护机构，有足够多的理由期待证券集团诉讼制度的精彩演出。通过先行先试，待到时机成熟，未来的退出制证券集团诉讼未必不可从投服中心扩展至社会律师，从证券领域扩展至消费者保护等其他领域，且让我们拭目以待。

投资者保护的程序法理

——新《证券法》第六章相关条文评述

刘哲玮[*]　孙碧霞[**]

摘　要：本次《证券法》修订增设的投资者保护专章中蕴含大量程序法内容，表明了强化证券民事责任、加强投资者程序保护的立法意图，其中体现的程序法理主要包括多元化纠纷解决机制与民事诉讼的关系、证明责任的分配以及群体争议中的当事人适格问题。但同时存在着的多元机制中角色定位不清、证明责任分配中投资者实质地位未变、群体性纠纷中配套机制不足的问题，可能导致立法意图难以圆满实现。为落实投资者保护，实践中应注重诉讼法基本原理、警惕风险。

关键词：投资者保护　集团诉讼　证明责任　程序法理

近年来，随着我国资本市场的快速扩张和投资者结构的日趋多元，投资者保护成为完善资本市场基础性制度建设的核心问题。一方面，投资者保护与资本市场的高质量发展息息相关。另一方面，我国资本市场个人投资者数量庞大，截至2020年2月期末投资者数量中，自然人账户数占已开立A股、B股账户总数的99.76%。[①] 因此，保护投资者，尤其是中小投资者在我国更显其重要。自《国务院办公厅关于进一步加强资本市场中小投资者合法权益保护工作

---

* 刘哲玮，北京大学法学院副教授。

** 孙碧霞，北京大学法学院法学硕士研究生。

① 相关数据来源于中国证券登记结算有限责任公司官方网站，http://www.chinaclear.cn/zdjs/tjyb2/center_tjbg.shtml，最后访问日期：2020年3月14日。

的意见》（国办发〔2013〕110 号）颁布以来，投资者保护制度体系逐步构建，形成了“一体两翼”的制度性安排；[①] 投资者保护的法律规则不断细化，包含法律、司法解释、部门规章、规范性文件等多个类别。

在此背景下，新修订的《证券法》在第六章设立专章对投资性保护问题进行集中规定，意图在事前、事中、事后三个阶段全面提升权益保护水平，充分体现了立法者对该问题的强调。《证券法》投资者保护专章中兼含实体法规范与程序法规范，本文拟就其中涉及的民事诉讼法内容进行梳理，分析证券市场投资者保护中蕴含的程序法理及可能的风险，以求在遵循程序法理的基础上实现投资者保护的立法目标。

一、内容梳理：《证券法》第六章中的程序法内容

综观《证券法》第六章，在投资者适当性制度、债券持有人保护及证券纠纷解决三个方面的规定中均包含程序法规范。这些规定中既有突破性的新创造，也有对现行诉讼法规定的重述，充分展现了为证券市场投资者提供程序保护的立法意图。

（一）投资者适当性制度中的程序法内容

《证券法》第八十八条规定了投资者适当性原则。根据该条第一款，证券公司向投资者销售证券、提供服务时的应履行适当性评估、匹配及风险提示义务；第三款规定了相应的赔偿责任。本次《证券法》修订首次在法律层面规定投资者适当性制度，在具体的法律适用中单行法优先调整，因此第八十八条可以作为独立的请求权基础。第八十九条区分普通投资者和专业投资者，强调对普通投资者的保护。根据该条第二款，普通投资者与证券公司发生纠纷时，证券公司应就其行为合法性以及无误导欺诈行为承担证明责任，属于民事证据法上的专门规则。

从司法实践来看，投资者在与证券公司发生诉讼时，最为困难的问题往往是还原案件事实。尤其是关于投资者适当性的评估和提示，投资者自己往往较难保留相关证据，证明起来较为困难，因此证明责任的分配就是这类案件的关

---

① “一体”是指中国证监会投资者保护局；“两翼”是指中国证券投资者保护基金有限责任公司和中证中小投资者服务中心。参见彭江，朱宝琛．多方共织投资者保护“安全网”［N］．经济日报，2019－06－03。

键。最高人民法院《全国法院民商事审判工作会议纪要》（法〔2019〕254 号）（以下简称《九民纪要》）第七十五条中明确规定，该要件事实由证券公司承担证明责任。本次《证券法》在第八十八条中并未明确作出证明责任的分配，本应当按照一般证明责任分配原理，由投资者承担证明责任，但根据第八十九条的规则，在普通投资者和证券公司的纠纷中，包括投资者适当性义务在内的证明责任都分配给了证券公司。而由于专业投资者本身就是适格投资者，也具有更强的证据收集能力和固定意识，因而并不需要证明责任分配上的特殊安排。

（二）债券持有人保护机制中的程序法内容

《证券法》第九十二条是对债券持有人保护机制的规定。该条明确了债券持有人会议和债券受托管理人制度，并规定债券兑付纠纷中，债券受托管理人可以以自己的名义代表债券持有人提起、参加民事诉讼或者清算程序。一直以来，债券受托管理人的诉讼主体资格问题颇具争议，《证券法》第九十二条第三款首次在法律上明确强调债券受托管理人有权以自己的名义提起诉讼，这一规定是诉讼法的专门规则。债券受托管理人的地位与《中华人民共和国民事诉讼法》（以下简称《民事诉讼法》）第五十三条、第五十四条规定的诉讼代表人不同，《证券法》并不要求债券管理人本身持有债券，也即债券管理人本身并非直接的权利主体人，但却可以根据《证券法》的规则和债券持有人的授权，以自己的名义获得起诉资格，这在民事诉讼法学中被视为当事人资格的一种突破，即诉讼担当。

（三）证券纠纷解决中的程序法内容

第九十三条规定了先行赔付制度，根据该条，投资者保护机构可以接受责任方委托，与投资者达成协议，予以先行赔付。先行赔付属于侵权责任人与被害人之间的民事和解。[①] 其实质是制度运转的结果，达成该结果的前提是具备有效的和解程序，尤其是针对受损投资者人数众多的情况。另外，证券期货监管机构、调解组织的先行赔付也可与司法诉讼对接。[②] 该制度是在集团诉讼和证券调解之外解决投资者保护问题的又一项程序性创举。

---

① 彭冰．解读《证券法》中的先行赔付条款，微信公众号“北京大学金融法研究中心”，2020 年 3 月 12 日。

② 最高人民法院、中国证券监督管理委员会印发《关于全面推进证券期货纠纷多元化解机制建设的意见》的通知（法〔2018〕305 号）。

第九十四条规定了证券调解、支持起诉及股东派生诉讼，均是针对投资者保护的争议解决方式，各款规定与《民事诉讼法》相关条文紧密衔接。该条第一款规定了证券调解，是证券纠纷多元化解机制的一环。“普通投资者提出调解请求的，证券公司不得拒绝”是有别于传统民事调解的规定。第二款规定了投资者保护机构可以支持起诉，其法理基础为《民事诉讼法》第十五条。投资者保护机构通过选择案件、委派诉讼代理人等方式在立案、庭审等环节支持权益受损的中小投资者依法诉讼维权。[①] 第三款规定了持股的投资者保护机构有权提起股东派生诉讼，豁免了《中华人民共和国公司法》第一百五十一条第一款有关持股比例和持股期限的限制，属于《证券法》在股东派生诉讼原告适格问题上的特殊规定。

第九十五条规定了代表人诉讼和证券集团诉讼，为投资者的群体性争议提供程序规则。该条第一、二款规定了代表人诉讼的诉讼形态，包括人数确定和人数不确定的代表人诉讼，这只是对《民事诉讼法》第五十三条、第五十四条规定的重述。此规定的意义在于激活证券纠纷中代表人诉讼的适用，其效果也十分显著，2020 年 3 月 13 日，杭州中院宣布采取人数不确定的代表人诉讼方式审理某证券虚假陈述责任纠纷系列案件，这是《民事诉讼法》规定第五十四条在证券民事赔偿诉讼领域的首次司法实践。[②] 该条第三款规定了证券集团诉讼，投资者保护机构受五十名以上投资者委托即可作为代表人参加诉讼，并为经证券登记结算机构确认的权利人向人民法院登记，采取“默示加入、明示退出”的规则，是有别于传统代表人诉讼制度的创新规定。

二、程序法理：证券投资者保护中的诉讼法基础

不难看出，新《证券法》第六章的具体条文中有诸多内容涉及诉讼规则在投资者保护中的适用。从民事诉讼法学理论上看，这些规则主要涉及多元化纠纷解决机制与民事诉讼的关系、证明责任的分配以及群体争议中的当事人适格问题。

---

① 支持诉讼的相关实践详见中证中小投资者服务中心官方网站，http：//www. isc. com. cn/html/zc-ss/，最后访问日期：2020 年 3 月 14 日。

② 参见杭州中院官方微信，全国证券民事赔偿代表人诉讼第一案启动！代表人诉讼了解一下，2020 年 3 月 13 日。

（一）多元化纠纷解决机制

1. 证券纠纷解决机制中投资者保护的不足

传统上，证券纠纷解决机制在投资者保护问题上的作用并不彰显。一方面，证券投资者难以得到诉讼程序的保护，起诉难、门槛高。由于立法及司法条件局限等原因，最高人民法院曾一度要求各级法院对涉证券民事赔偿案件不予受理。[①] 但即便2003年《最高人民法院关于审理证券市场因虚假陈述引发的民事赔偿案件的若干规定》就对证券民事诉讼作出具体规定，一直以来证券诉讼与证券监管相较仍难谓活跃。[②] 投资者获得诉讼保护难的原因大概有以下几点：第一，投资者分散且人数众多时，法院排斥代表人诉讼方式，而单个投资者适用正式程序的成本高且多为小额纠纷，成本与收益的不匹配造成当事人提起诉讼意愿低；第二，我国法院虚假陈述案件的平均审理时长是30.5个月，[③] 诉讼的耗时可能进一步导致执行时相关责任主体已无力偿付，诉讼救济效果差；第三，证券诉讼专业性强，专业人员或机构缺乏时，诉讼方式对法官与普通投资者的难度大。另一方面，其他证券纠纷解决机制同样欠发达。开展证券期货纠纷多元化解机制试点之前，诉讼外解纷机制的制度设计不足，传统民事调解机制相对单一，难以应对复杂的证券纠纷解决需求。并且，投资者与责任主体能力、力量悬殊的问题仍然存在，难以为没能进入诉讼程序的投资者提供充分保护。

2. 两措并举加强程序保护

非诉讼纠纷解决程序的非对抗性、自愿性、低成本等特点为诉讼程序所不具备，增加了民众“接近正义”的机会，也扩容了社会的纠纷解决能力。[④] 因此，在民事纠纷解决中，诉讼与非诉讼纠纷解决程序均发挥重要作用。多元化纠纷解决机制通过解纷资源的合理化、科学化配置，实现民事纠纷的彻底性、全面性和高效性解决，促进各类纠纷解决路径相互之间的功能互补和衔接协作，并进而保障社会秩序的和谐稳定发展。[⑤] 本次《证券法》修订在证券民事

---

① 《最高人民法院关于涉证券民事赔偿案件暂不予受理的通知》（法明传〔2001〕406号）。

② 只有33.91%的行政处罚案件引发了民事赔偿诉讼。参见汤欣，陈旺．虚假陈述民事司法的实践——回顾与思考［M］//投资者（第1辑）．北京：法律出版社，2018。

③ 参见最高人民法院民事审判第二庭编著．全国法院民商事审判工作会议纪要理解与适用［M］．北京：人民法院出版社，2019。

④ 参见范愉．当代世界多元化纠纷解决机制的发展与启示［J］．中国应用法学，2017（3）。

⑤ 参见潘剑锋．论民事司法与调解关系的定位［J］．中外法学，2013（1）。

诉讼与非诉讼纠纷解决机制两方面都作出了规定，通过证券纠纷多元化解机制的构建保护投资者合法权益。第一，完善证券民事诉讼机制，降低诉讼门槛。对证券代表人诉讼的强调和激活在一定程度上降低了中小投资者进入诉讼程序的成本；投资者保护机构以资本市场独立第三方专业机构的身份对证券虚假陈述案件投资者的损失进行核算等配套制度为诉讼提供专业化帮助。第二，发展其他证券纠纷解决机制，首次在法律层面规定先行赔付制度和证券纠纷调解。先行赔付制度弥补了正式诉讼程序时间成本高的缺陷；由小额诉调、委派调解或委托调解、示范判决、调解协议的司法确认等共同组成的证券纠纷调解及诉调对接机制，利于纠纷调解机制发挥成本低、周期短的优势，改变无效调解的局面。此外，投资者保护机构在上述两类纠纷解决过程中都发挥了积极作用，其介入先行赔付和解程序、证券纠纷调解程序、支持起诉甚至作为代表人参加诉讼，改变了力量不对等的两造格局。

（二）证明责任

1. 证券民事诉讼中的证明责任

《最高人民法院关于适用〈中华人民共和国民事诉讼法〉的解释》（以下简称《民诉法解释》）第九十条第二款规定，“在作出判决前，当事人未能提供证据或者证据不足以证明其事实主张的，由负有举证证明责任的当事人承担不利的后果。”法理上认为，证明责任是一种败诉风险，证明责任的分配实质上是事实真伪不明时的不利益风险由哪方负担。① 非诉讼途径解决纠纷也常笼罩在“诉讼的阴影”下，因此该种风险既是当事人提起诉讼时考虑的风险，也影响投资者在调解等其他事后救济途径中的地位。另外，证券诉讼与普通民事诉讼相较也有其特殊性。证券纠纷专业性强、交易复杂，投资者往往处于相对不利的地位，成功证明上市公司、证券公司或其他责任主体违法违规等要件事实成本高、难度大。因此，证券诉讼中的证明责任分配影响着当事人得到程序保护的难度和纠纷解决结果，尤其是在关涉广大普通投资者的证券纠纷中。在证明责任分配问题上是否要对投资者倾斜保护的问题与证券纠纷中投资者保护力度紧密相关。

① 参见许可．民事审判方法——要件事实引论［M］．北京：法律出版社，2009；张卫平．民事诉讼法［M］．北京：法律出版社，2016。

2. 证明责任分配上向投资者倾斜

证明责任分配的一般原则规定在《民诉法解释》第九十一条，主张权利存在的当事人应对权利发生要件承担证明责任。本次《证券法》修订的一大变化是，数个条文中强调证明责任转换，将投资者权利发生要件事实的证明责任分配给证券公司方承担。在投资者保护专章中，第八十八条下由卖方机构履行投资者适当性义务，第八十九条下与普通投资者发生纠纷的，行为是否合法及是否存在误导、欺诈行为由证券公司承担证明责任。另外，第八十五条关于虚假陈述的民事责任规定中，将原条文中“控股股东、实际控制人”的过错责任变更为过错推定责任，即由发行人的控股股东、实际控制人对过错要件承担证明责任，这一规定不仅降低了投资者证明负担，也实质上扩大了责任主体的范围。

综合上述法条，证明责任分配的特殊规则主要有以下考量：第一，当事人证明的难易程度，由于专业性和复杂性所限，中小投资者往往难以成功证明行为人的过错。第二，当事人与证据距离远近，如从我国目前相关投资者适当性规定来看，大多规定了证券公司应当对其投资者适当性制度实施情况和相关文件记载、留存。① 第三，整体立法旨趣。② 其一，出于加强投资者保护的目的，立法者希望更容易认定特定要件事实的发生从而适用《证券法》相关规定；其二，证明责任的转换不仅在具体纠纷解决过程中为投资者提供更多程序保护，这种有利于外部小股东的举证规则还能够杠杆化般地扩大证券诉讼机制的威力，形成社会监督氛围，从而遏制不法行为。③

（三）群体性争议的当事人适格

证券民事赔偿诉讼的一大特点是群体性纠纷。根据数据统计，2003—2014年平均每起虚假陈述民事诉讼有84名原告，④ 而责任主体的行为往往会侵害不特定的多数人利益，主动提起虚假陈述民事赔偿诉讼的投资者只是受害投资者总人数的一小部分。进一步地，小额多数的证券纠纷特点还会产生集体行动难题，成本收益不相称成为个人投资者提起诉讼的高门槛，本就分散的投资者更难以共同维权。在我国，自然人投资者作为证券交易主力军的情况下，如何构建解决群体性争议的诉讼机制尤为重要，而作为起诉要件与实体判决要件的当

① 最高人民法院民事审判第二庭。
② 参见［日］新堂幸司．新民事诉讼法［M］．林剑锋，译．北京：法律出版社，2008。
③ 参见缪因知．证券诉讼在中国：适用前景与改进方略［J］．北方法学，2012（1）。
④ 见前注汤欣等，第53－54页。

事人适格更是其中的关键问题。

根据《民事诉讼法》第一百一十九条第（一）项，“原告是与本案有直接利害关系的公民、法人和其他组织”。在民事诉讼法理上，一般将其解释为原告必须适格，即有作为本案当事人起诉应诉的资格。① 而当事人适格的判断标准，应当是判断其是否是争议民事法律关系的主体。② 本次《证券法》就群体性证券争议的当事人适格问题作出规定，拓宽权利救济渠道、提供诉讼机会，弥补了传统代表人诉讼的缺陷。第一，赋予非民事法律关系当事人以诉讼实施权。第九十二条第三款中债券受托管理人并不实际持有债券；第九十五条第三款中投资者保护机构尽管持股也未必受到虚假陈述之损害。规定诉讼担当人的好处在于，一方面，不存在传统代表人诉讼中选不出代表人而消耗司法资源的情况，利于发挥集约诉讼的经济效益优势；另一方面，赋予第三方诉讼实施权可以避免分散投资者因集体行动困境而无人主动起诉的局面。第二，在适用“默示加入、明示退出”规则的证券民事损害赔偿诉讼中，未声明退出的当事人都受到判决效力约束。这一新规实质上扩大了原告范围，更多此前被阻拦在诉讼大门之外的投资者不用参与具体诉讼进程和承担高成本即成为本案当事人，从而有机会获得相应赔偿，起到降低诉讼保护门槛的作用。

三、风险预测：证券投资者保护可能面临的程序法问题

虽然新《证券法》在投资者保护中直接体现民事诉讼法的原理，但如果从民事诉讼法学的角度观察，依然可能存在一定的风险，值得从业人士的警惕。

（一）多元机制中的角色定位不清

1. 多重身份的利益冲突风险

中证中小投资者服务中心（以下简称投服中心）是目前唯一持股行权的投资者保护机构，由证监会批准设立并直接管理，是具有非营利性及公益性特点的社团法人。③ 本部分主要以此为对象进行分析。投服中心兼有多个身份和职

① 参见［德］罗森贝克，施瓦布，戈特瓦尔德．德国民事诉讼法（上）［M］．李大雪，译．北京：中国法制出版社，2007。

② 参见张卫平．民事诉讼法［M］．北京：法律出版社，2016；李浩．民事诉讼法［M］．北京：法律出版社，2015。

③ 参见陈洁．投服中心公益股东权的配置及制度建构——以持股行权为研究框架［M］//投资者（第1辑）．北京：法律出版社，2018。

能：第一，作为股东持股行权，参与公司日常治理，包括提出建议、质询、参加股东大会等；第二，作为专业调解组织参与纠纷解决；第三，提供证券支持诉讼、提起股东直接诉讼和派生诉讼、损失计算等维权服务；第四，面向投资者开展公益性宣传和教育。投服中心兼有多个身份的好处在于可以全方位践行投资者保护，但也同时存在责任不清、角色相冲突的风险，这一冲突在诉讼中更为明显。从诉讼法理上讲，投服中心接受法院委托作为独立第三方专业机构出具《证券投资者损失核定意见书》时，虽然是由具体的鉴定人作出，但由于我国的鉴定管理体制采取的是机构鉴定，并不接受独立鉴定人，鉴定机构和鉴定人其实呈现捆绑关系，在资料共通、信息共享上难以分割。因此，即便投服中心未参与代表人诉讼，其股东身份也意味着其与案件结果存在利害关系且知悉一方当事人的机密信息，构成利益冲突风险。[①] 又如，投服中心提供调解服务时，身份是调解人；提起代表人诉讼时，身份是本案原告，这两种身份之间同样可能存在利益冲突的风险，使相关责任人在进行调解时心存顾忌，担心相关陈述和证据在后续的诉讼中对其不利。新近的进展是，证监会已经批准投服中心设立跨区域、跨市场的全国性证券期货纠纷公益调解机构——中证资本市场法律服务中心，该中心建立后将承担投服中心的全部调解工作，[②] 有望解决调解职能带来的主体冲突问题。

2. 多元化机制发展不平衡的风险

适用与纠纷性质相适应的纠纷解决机制、发挥各纠纷解决机制的优势，使民事诉讼与诉讼外纠纷解决机制互相衔接和协作，是建立纠纷多元化解机制的应有之义。而投资者保护机构多重身份的另一风险在于和解与调解冲击证券民事诉讼的适用，导致多元化机制的发展不平衡。投服中心的定位与我国台湾地区“投资者服务与保护中心（IPC）”最为接近，它们同时也是监管机关设立的公共组织，尽管其法定性依据还不够强，但在当下仍然是依据公共权力而设立的，其资金来源于其他的法定机构，隶属于证券监管部门。[③] IPC 在证券民

① 《民事诉讼法》第四十四条规定了鉴定人利益冲突而回避的情形。关于专家证人利益冲突的讨论，参见杨良宜．证据法（下册）（未发表），“国际仲裁中专家证人的利益冲突与采纳”段节。

② 参见中证资本市场法律服务中心官方网站，http：//www. isc. com. cn/tj - html/zxjs/，最后访问日期：2020 年 3 月 25 日。

③ 参见邓峰．论投服中心的定位、职能与前景［M］//投资者（第 2 辑）．北京：法律出版社，2018。

事诉讼实践中出现的一些问题值得我们注意。第一，证券诉讼复杂、当事人众多、审判时间长，IPC 作为唯一负责证券团体诉讼的投保中心负担重。[①] 第二，在对证券团体诉讼结果不确定时，IPC 倾向于不提起诉讼，其多数民事诉讼都同时伴有在先的刑事诉讼程序。第三，IPC 考虑是否为保护投资者提起诉讼时有可能受到政府和证券公司的影响。例如，雷曼兄弟请求破产保护后，IPC 出于本地银行业稳定的政治考虑而放弃提起团体诉讼。[②] 类似地，我国投服中心也出于诉讼能力和资源有限、激励不足、自身风险偏好、公权力影响等原因，倾向于通过调解、和解方式化解矛盾。另外，投服中心作为唯一有权提起集团诉讼的机构，面临市场上众多的证券民事赔偿纠纷，其用何种标准选择案件以兼顾典型性与公平性也是需要进一步考虑的问题。

进一步地，这对民事诉讼冲击的结果是在证券纠纷解决中无法形成规则。证券民事诉讼的特殊意义体现在其规则形成的标杆功能，即为各种自治性机制和任意性机制提供必要的示范指示和司法监督。没有作为基石和底线的民事诉讼，各种机制就失去了价值判断和成本控制的样本，无法真正解决纠纷。[③]

（二）证明责任分配中的实质地位不变

新《证券法》多次规定证明责任转换以加大投资者保护力度，理论上证明责任分配向投资者倾斜的确有利于投资者保护，但实质上投资者的不利地位可能并不因此改变。

2001 年出台的《最高人民法院关于民事诉讼证据的若干规定》（法释〔2001〕33 号）第四条第八项曾规定，在医疗侵权诉讼中，过错及因果关系要件的证明责任由医疗机构承担。这一规定本出于加强患者保护的目的，但实践中医疗机构及医务人员为保存证据应对日益严重的医疗诉讼和赔偿责任的压力，对患者普遍实行过度检查等手段，大大增加了患者的医疗费负担，形成了较为明显的防御性医疗态势；并且有条件的医院在诊室安装录音、录像系统，

① 参见王文宇．台湾地区投资人保护中心的法制与实践［M］//证券法律评论（2015 年卷）．北京：中国法制出版社，2015。

② 参见 Ching – Ping Shao. Representative Litigations in Corporate and Securities Laws by Government – Sanctioned Nonprofit Organizations: Lessons from Taiwan［J］. Asian – Pacific Law & Policy Journal, Vol. 15, No. 1, 2014。

③ 参见刘哲玮．我国民事纠纷解决模型的反思和重构——从三鹿毒奶粉事件切入［J］. 北大法律评论，2012（1）。

以获取证据保护自己。[①] 同样地，证券民事诉讼中证明责任的转换可能导致证券公司只加强义务履行之形式，如证券公司在销售和提供服务的过程中只是通过更多的提示记录、调查问卷、确认文件和录音录像手段保护自己，而没有真正履行适当性匹配等法定义务。在这种情形下，面对众多的格式条款和高度专业的证券交易，对普通投资者的实质保护依然欠缺，甚至可以说证券公司在证明责任重新分配中受到的不利影响还会以某种方式转嫁到投资者身上。进一步存在的风险是，诉讼过程中对要件事实的证明责任表面化为提出证据的责任，证券公司只要提交一系列经由投资者签字的文件和录音录像即完成证明，此时投资者诉讼地位的改变并没有带来权益保护的结果。若要解决上述问题，一方面要在证券纠纷裁判中逐渐积累经验，要件事实认定过程中避免表面化和形式化的思维；另一方面，需要证券实体法规范和程序法规范共同作用，证明责任分配外还需要细化的实体规则予以支持。

（三）群体性纠纷中的配套机制不足

修订后的《证券法》在原告适格问题上作出的规定固然强化了证券民事责任，然而证券领域群体性纠纷解决仍不乏其他阻碍，使投资者保护难以落实。

第一，立案阶段仍需要更多规则支持。一方面，缺乏具体的立案程序。《证券法》第九十五条规定了三种多数人诉讼形态，法院对采用何种诉讼形态享有决定权。法院何时及何种条件下决定采用集团诉讼机制、投资者保护机构介入后如何处理在先或并行立案的单独诉讼或传统代表人诉讼、投资者保护机构作为代表人向法院登记后对其他权利人的通知等程序细则都待落实。另一方面，实体法难题影响投资者范围的确定。《九民纪要》第八十一条和第八十二条规定了虚假陈述纠纷代表人诉讼中基本事实的审查前置，包括投资者的交易方向与诱多、诱空的虚假陈述是否一致，以及虚假陈述的实施日、揭露日或者更正日等。然而根据现有规则，如何对审理程序中争议较多的诱多、诱空进行区分，如何确定揭露日、更正日等标准日仍然是司法中的难题。目前，由于存在证监会处罚前置的程序安排，使上述问题都在行政处罚阶段先行解决，如果希望改变处罚前置，那么上述问题就都会涌入法院立案阶段，因此对更为细致的规则供给提出要求，否则必然会导致登记立案过程中投资者的分类困难与不公。

第二，审判程序的规则有待明确。其一，《民事诉讼法》第五十三条、第

① 参见杨立新．中国医疗损害责任制度改革［J］．法学研究，2009（4）。

五十四条规定诉讼代表人变更、放弃诉讼请求或承认对方当事人的诉讼请求、进行和解，必须经被代表当事人的同意，第九十五条第三款“明示退出”的逻辑显然与此不符，投资者保护机构的诉讼权限与传统诉讼代表人应有所区别。其二，投资者何时有权“声明退出”仍需细化规定。其三，法院的审判权与当事人诉权的具体配置有待明确。根据美国《联邦民事诉讼规则》第 23 条（e）款，获确认之集团诉讼的诉求、争点或抗辩仅在法院许可下方能和解、撤诉或妥协，并且法院必须将撤诉或和解方案通知所有可能受方案约束的成员并提供听证的机会，可见集团诉讼中法院发挥着比以往更积极的作用。2020 年 3 月 24 日发布的《上海金融法院关于证券纠纷代表人诉讼机制的规定（试行）》（以下简称《代表人诉讼规定》）已经尝试着就审判规则作出细化，有助于明确代表人的权限范围、声明退出的时间节点和司法对调解的干预。但从具体条文上看，依然大幅承继了既有代表人诉讼制度和司法调解的规则，能否应对证券集团诉讼的新问题，还有待进一步的检验验证。

第三，缺乏对诉讼赔偿金的执行规则。在美国集团诉讼的索赔程序下，先总体上确定被告承担的赔偿金数额、为被告赔偿责任划定最高限额，然后由被告将赔偿金支付到法院设定的基金账户中，法院指定代表人或集团律师负责进行管理和分配。[①] 并且，《联邦民事诉讼规则》第 23 条（b）款（1）项（B）目规定了有限基金集团诉讼，以保证在资金不足以满足众多诉求时每位成员按比例获得赔偿金额，避免一些原告得到赔偿而许多原告一无所获。[②] 而在我国人数不确定的代表人诉讼和集团诉讼中，起诉时受害投资者人数是不确定的，潜在的损害赔偿金额不受控制，甚至可能足以使公司破产。加之缺乏相应的分配程序和执行规则，若公司赔偿完毕部分权利人后资金不足，后主张权利的投资者面临不公平受偿的风险。因此，《证券法》第九十五条第二、三款的规则固然有利于降低诉讼门槛，但我国可能会因实际执行困难而使法院不愿，甚至不敢适用这一制度。根据《代表人诉讼规定》第四十条，代表人可以代表全体原告申请执行，执行款项先交由投资者保护机构提存再通过证券交易结算系统向胜诉原告进行二次分配。这一规则是针对上述问题的解决方案，不过未登记

① 参见王福华．如何向集团额赔偿——以集团诉讼中的赔偿估算和分配为中心［J］．法律科学（西北政法大学学报），2009（1）。

② 参见［美］理查德·D．弗里尔著．美国民事诉讼法（下册）［M］．张利民，孙国平，赵艳敏，译．北京：商务印书馆，2013。

而单独起诉的投资者即便适用先前裁判结果，也仍然面临无法全额受偿的风险。

四、结论

证券民事诉讼是证券市场发展的关键因子，与证券监管互为补充。此次修订的《证券法》在投资者保护专章设置大量诉讼法规范，体现了民事诉讼法的相关理论对证券投资者保护大有裨益。民事诉讼及纠纷多元化解机制的完善、更有利地证明责任分配、接近司法的当事人适格设定均有利于增进投资者权益保护，强化证券民事责任。需要注意的是，证券民事诉讼乃至证券多元化纠纷解决是一个整体性工程，与其他纠纷解决途径紧密衔接，与相关证券实体法共同作用、贯穿立案程序至执行程序，任何一个环节、一组关系都事关民事诉讼的效果。因此，规范适用上依然要注意诉讼法基本原理，避免风险，从而真正实现立法者的投资者保护意图。

市场实践

直接融资视角下区域经济发展

——基于青岛辖区的调研分析

张文鑫* 任 路** 武 剑***

摘 要：“提高直接融资比重”多次出现在党和国家的多个顶层设计文件中，成为金融供给侧结构性改革的重要内容。本文在深入解析发展直接融资的意义基础上，以融资结构为视角，通过实地调研、问卷函调等方式，梳理分析了青岛辖区直接融资的现状及问题。调研发现，青岛直接融资存在规模小比重低、结构不平衡、股权融资和债券融资规模小、私募基金发展不充分等短板和问题。文章对比国内发达地区情况，分析了制约青岛直接融资发展的因素，并从股权融资、债券融资、私募基金、并购重组等方面提出工作建议。

关键词：融资结构 直接融资 区域经济发展

一个国家或地区的直接融资和间接融资的比例关系反映了金融市场结构。以社会融资规模中直接融资净额的比例为统计口径，2019 年我国直接融资比重为 32.5%。[①] 从国际看，不仅远低于美国、日本等发达国家，也落后于部分发展中国家。可以说，我国融资结构不平衡、直接融资比重低，已成为金融服务实体经济的短板。从国内看，直接融资比重与地区经济水平、产业发展阶段、资本市场发育程度显著正相关。部分发达省市通过发展资本市场，提高直接融

* 张文鑫，青岛证监局党委书记、局长、一级巡视员。

** 任路，青岛证监局公司监管处副处长。

*** 武剑，青岛证监局公司监管处一级主任科员。

① 参见中国人民银行 .2019 年社会融资规模增量统计数据报告，http：//www. pbc. gov. cn/goutongjiaoliu/113456/113469/3960224/index. html。

资比重，积聚了创新要素资源，推动了新旧动能转换，实现了金融与实体经济相互促进的良性循环。为此，青岛证监局调研组通过实地调研、问卷函调广泛收集资料，对青岛辖区的直接融资的现状、短板问题、影响因素开展了专题调研，并提出以下几点工作建议。

一、发展直接融资的意义

金融的基本功能，是将资金从盈余部门转移到短缺部门，实现储蓄向投资的有效转换[①]。其中，直接融资是资金供需双方直接进行资金融通的活动，可分为股权类、债券类、混合类三种类型。股权类主要包括IPO、上市公司再融资、新三板发行股票、区域性股权市场、私募股权基金等；债券类包括公司债券、资产支持证券、政府债券等；混合类主要是指可转债。相对应，间接融资是资金供需双方通过金融中介间接实现资金融通的活动，主要是指银行贷款。[②]两种融资方式相互补充、相辅相成，为实体经济注入金融“血液”。两者的比例关系构成了融资结构的基本内涵。一个企业的融资结构反映了其对资本要素的整合能力，一个国家或地区的融资结构决定了金融服务实体经济的质量和效率。长期以来，我国居民储蓄向投资的转化主要依赖银行间接融资[③]。这种强依赖存在较大弊端，微观上资金配置成本高、低效率低，不利于企业降低融资成本、改善公司治理，宏观上造成经济过度杠杆化、风险积聚在银行体系，蕴藏着巨大的金融风险。而大力发展直接融资能够有效避免上述问题，具有特殊意义。

（一）降低企业融资成本

直接融资与间接融资在成本上没有绝对的高低之分，需要根据融资主体的自身状况及金融环境作具体分析。一般而言，债券融资成本低于贷款成本。以公司债为例，根据有关统计，2019年公募公司债加权平均利率4.40%，低于1~5年期的银行贷款基准利率4.75%。对高信用评级的发行人来说，债券融资的成本优势更加明显。2016年上半年，青岛港公司抓住债券市场利率下行窗口期，在交易所市场公开发行35亿元5年期公司债，平均利率仅3%，相比银行贷款，每年节省财务费用6000万元。

---

① 参见程栋才．中国融资结构变迁及其风险防范问题研究［D］．天津：天津财经大学，2009。

② 参见证券业从业人员一般从业资格考试辅导教材编委会．金融市场基础知识［M］．北京：中国财政经济出版社，2017。

③ 参见王德会．构建间接融资与直接融资并存的“储蓄—投资”机制［J］．金融研究，1998（9）。

（二）丰富长期融资渠道

直接融资投资周期相对较长，除股权、债券等传统方式外，还有可转债、永续工具、优先股、认股权证等混合性融资工具，以及资产证券化、私募股权基金等特殊融资方式。以资产证券化为例，它以出售基础资产的未来现金流进行融资，以资产信用代替企业主体信用，克服了传统债务融资只看重主体资质和担保措施的局限，开辟了融资新路径，为解决民营和中小企业融资难提供了新思路。目前已开展证券化融资的基础资产，涵盖债权、收益权、信托受益权等大类二十余种具体资产，成为交易所市场服务实体经济的重要融资品种。

（三）提高资金配置效率

价格机制是市场机制的核心。当前，我国贷款利率市场化改革尚未完全落地，货币政策及市场信号在信贷市场间传导有效性不足，使信贷定价难以准确及时反映市场利率水平，影响资金配置效率。融资难、融资贵问题长期困扰中小企业，部分原因就在于金融资源配置存在结构性矛盾，不少资金被配置低效领域。直接融资通过市场化定价机制，能够及时反映资金供求关系，通过价格机制引导资金高效率配置。此外，直接融资下的信息披露等市场约束机制，有助于促进企业更合理地使用资金，提高资源配置效率。

（四）改善公司治理水平

在间接融资中，银行通过事前授信审批、事中资金使用监控、事后财务报表监督等方式，间接影响和改善贷款企业的公司治理。但由于银行有效参与度不足、反应不及时，作用较为有限。对直接融资而言，在融资环节，通常会要求融资方满足一定的财务约束、信息披露和监管要求，这会促使融资方加强财务约束，改善公司治理能力；在持续期环节，债券持有人或股东可以通过信息披露、参与决策、激励约束等一系列机制，深层次地参与融资方公司治理，降低代理成本。当前，新一轮国企混改正全面提速，一些国企通过股权融资，或引入战略投资者，或实施股权激励、员工持股，激发企业家精神和人才创造力、积极性，完善激励约束机制，有效改善了公司治理。

（五）助推新旧动能转换

信贷资金风险偏好低，偏好于重资产、周转快的传统工业企业，导致资金大量进入传统产业甚至是产能过剩行业，造成资源不合理配置。随着经济发展进入新常态，经济增长从“要素驱动”转向“创新驱动”，涌现了一大批以科技、知识、技术、数据等要素为核心的新经济企业。这类企业的资产更多表现为专利、技术、商誉、平台等无形资产，与传统信贷模式不相适应。直接融资具有风险共担、利益共享、定价市场化、服务多层次等特点①，在培育新动能、服务新经济方面具有优势，有助于经济结构转型升级。

（六）助力去杠杆防风险

在间接融资中，银行是风险的最终承担者。过度依赖间接融资，会造成杠杆率过高，风险集中于银行体系，容易引发系统性风险。2019 年第三季度末，我国宏观杠杆率已高达 251%②，去杠杆迫在眉睫。发展股权融资有利于保持杠杆率稳定。在直接融资中，投资者自担投资风险，使风险承担主体多元化和分散化，能够分散银行体系风险，维护金融体系稳定。此外，直接融资对间接融资的替代和竞争效应，也会倒逼银行不断提高自身的风险管理能力。

（七）满足多元财富管理需求

满足人民群众财富管理需求是金融市场发展的重要使命。从投资角度看，随着我国人均 GDP 突破 1 万美元大关，居民对于财富管理的需求愈加强烈。以银行为主的传统财富管理体系存在投资渠道狭窄、产品类型单一、差异化不足、定价不合理等问题。发展直接融资将为居民财富管理提供更大的空间。青岛作为全国唯一以财富管理为主题的金融综合改革试验区，发展直接融资与金改试验区建设的目标任务和功能定位相契合，有利于推动试验区更好地探索我国特色财富管理发展道路。

二、我国和青岛直接融资发展现状

（一）直接融资统计口径

2010 年 11 月，中国人民银行开始研究和编制社会融资规模统计指标，12 月召开的中央经济工作会议首次提出“保持合理的社会融资规模”。之后，社会融资规模连续多年被写进中央经济工作会议文件和政府工作报告，成为金融宏观调控的重要监测分析指标。社会融资规模既有增量指标，也有存量指标，但主要是指增量。社会融资规模增量是指一定时期内，实体经济从金融体系获得的资金额，它从全社会资金供需的角度反映了金融对实体经济的支持，既包含银行体系的间接融资，又包括股票、债券等直接融资，在直观反映规模的同

① 参见祁斌，查向阳．直接融资和间接融资的国际比较［J］．新金融评论，2013（6）。

② 参见郭向军．进一步做好稳金融工作［N］．学习时报，2020－01－08。

时，也能够反映融资结构特征①。

根据指标编制说明，社会融资规模主要由四个部分构成。一是金融机构表内业务，包括人民币贷款和外币贷款；二是金融机构表外业务，包括委托贷款、信托贷款和未贴现的银行承兑汇票；三是直接融资，包括非金融企业境内股票和企业债券融资；四是其他项目，包括保险公司赔偿、投资性房地产、小额贷款公司和贷款公司贷款②。社会融资规模口径不断调整和完善。在过往实践中，一般使用非金融企业境内股票和企业债券之和作为直接融资金额。相应地，直接融资比重是二者之和与社会融资规模增量之比。本文将该口径称为狭义直接融资比重。在《金融业发展和改革"十二五"规划》中所使用的直接融资统计口径也为该口径。该规划提出到"十二五"期末，即2015年，非金融企业直接融资占社会融资规模比重提高至15%以上。实际上，2015年债券和股票等直接融资占社会融资规模的比重为24%。

$$狭义直接融资比重 = \frac{非金融企业境内股票 + 企业债券}{社会融资规模} \times 100\%$$

近年来，政府债券发行规模不断扩大，对银行贷款、企业债券等的接替效应增强，成为对实体经济提供融资支持的新渠道。将其纳入社会融资规模统计，更能全面反映金融对实体经济的资金支持。为此，自2018年9月起将地方政府专项债纳入统计；自2019年12月起将国债和地方政府一般债纳入统计，与原有地方政府专项债合并为政府债券指标③。作为债券的一类品种，政府债券也是由资金供需双方直接进行资金融通，因此，本文认为，应将政府债券纳入直接融资比重统计范围。此外，新三板发行股票、区域性股权市场、私募股权基金也均属于直接融资范畴。但由于目前计入社会融资规模的非金融企业境内股票融资，仅指非金融企业在沪深交易所发行股票融资。出于数据可比性考虑，本文未将上述三类直接融资方式的数据纳入统计。本文所选取的直接融资比重统计口径为包括非金融企业境内股票、企业债券、政府债券在内的广义直接融资比重。其中，企业债券、政府债券的融资额为发行额减去兑付额后的净

① 参见盛松成，阮健弘，张文红．社会融资规模理论与实践（第三版）[M]．北京：中国金融出版社，2016。

② 参见中国人民银行．社会融资规模构成指标的说明，http：//www. pbc. gov. cn/diaochatongjisi/116219/116225/2851748/index. html。

③ 参见中国人民银行．2019年社会融资规模增量统计数据报告，http：//www. pbc. gov. cn/goutongjiaoliu/113456/113469/3960224/index. html。

融资额。这里的企业债券指广义的企业部门债券，主要包括证监会监管下的交易所债券、中国银行间市场交易商协会监管下的非金融企业债务融资工具、国家发展改革委监管下的企业债。这里的政府债券包括国债和地方政府债。

$$广义直接融资比重 = \frac{非金融企业境内股票 + 企业债券 + 政府债券}{社会融资规模} \times 100\%$$

（二）我国直接融资概况

2019 年我国社会融资规模增量 25.58 万亿元，比 2018 年多 3.08 万亿元①，反映出金融支持实体经济力度持续增强。按照前述的统计口径，2019 年我国直接融资规模为 8.31 万亿元，直接融资比重为 32.5%，反映出金融体系仍以间接融资为主的显著特征。相较于 2018 年，直接融资规模增长 4600 多亿元，但占比小幅下降，由 34.9% 下降到 32.5%。如表 1 所示。

表 1　近两年我国社会融资规模结构　　单位：亿元、%

项目	2019 年金额	占比	2018 年金额	占比
社会融资规模增量	255752	100	224919	100
1. 银行表内业务	167560	65.5	152507	67.8
2. 银行表外业务	-17618	-6.9	-29310	-13.0
3. 直接融资	83099	32.5	78455	34.9
4. 其他	22711	8.9	23267	10.3

资料来源：中国人民银行网站。

从我国直接融资的内部结构看（见表 2），政府债券已成为直接融资的最主要部分。企业债券规模远超股票，已成为贷款之外实体企业获得资金的第二大渠道。

表 2　近两年我国直接融资内部结构　　单位：亿元、%

项目	2019 年金额	占比	2018 年金额	占比
直接融资	83099	100	78455	100
1. 企业部门债券	32417	39	26319	33.5
2. 政府部门债券	47204	56.8	48530	61.9
3. 非金融企业境内股票融资	3478	4.2	3606	4.6

资料来源：中国人民银行网站。

① 参见中国人民银行 .2019 年社会融资规模增量统计数据报告，http://www.pbc.gov.cn/goutongjiaoliu/113456/113469/3960224/index.html。

从地区看，直接融资规模与地区经济发展水平相关度较高。例如，2019 年直接融资规模前六位的地区分别是北京、广东、江苏、浙江、上海、山东（见图 1）。研究表明，直接融资规模与地区经济发展水平存在互为因果的关系。经济较发达的地区，优质企业较多，劳动生产率和资本回报率较高，资金容易聚集，企业获得融资相对便利，随着储蓄转换为投资，进一步促进经济增长，直接融资与经济增长形成了良性互动关系①。

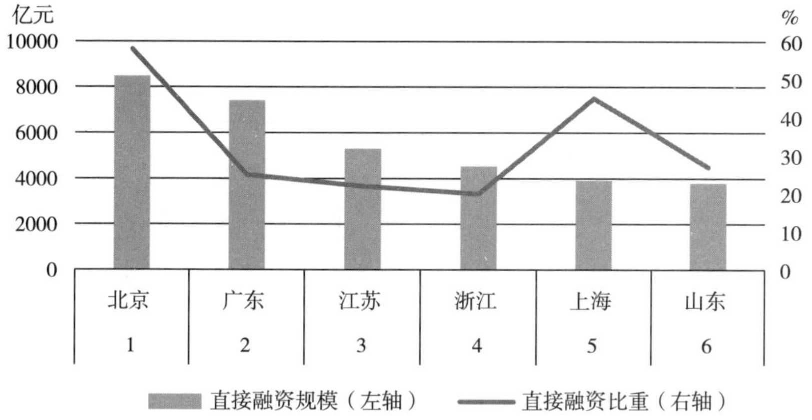

图 1　2019 年部分地区直接融资情况

（资料来源：中国人民银行网站）

（三）青岛直接融资概况

2019 年，青岛社会融资规模增量 3311 亿元。按照上述口径统计的直接融资规模为 1094 亿元，直接融资比重为 33%。如表 3 所示。

表 3　2019 年青岛社会融资规模结构　　单位：亿元、%

项目	金额	占比
社会融资规模增量	3311	100
1. 银行表内业务	2075	62.7
2. 银行表外业务	-112	-3.4
3. 直接融资	1094	33.0
4. 其他	254	7.7

资料来源：中国人民银行青岛市中心支行。

① 参见盛松成，阮健弘，张文红．社会融资规模理论与实践（第三版）[M]．北京：中国金融出版社，2016。

从青岛直接融资的内部结构看，近两年青岛直接融资中，企业债券占比65.7%，地方政府债券占比28.4%，股票融资占比5.9%（见表4）。企业债券成为直接融资的最主要部分。

表4　2019年青岛直接融资内部结构　　单位：亿元、%

项目	金额	占比
直接融资	1094	100
1. 企业部门债券	719	65.7
2. 政府部门债券	311	28.4
3. 非金融企业境内股票融资	64	5.9

资料来源：中国人民银行青岛市中心支行。

从企业债券的具体构成看，证监会监管下的交易所债券（包括公司债和企业资产支持证券）净融资512.2亿元，占比超过七成。中国银行间市场交易商协会监管下的非金融企业债务融资工具（包括超短融、短融、中票）净融资185.7亿元。国家发展改革委监管下的企业债净融资21.1亿元。如表5所示。

表5　2019年青岛企业债券净融资结构　　单位：亿元、%

项目	金额	占比
直接融资	719.0	100
1. 交易所债券	512.2	71.2
2. 非金融企业债务融资工具	185.7	25.8
3. 企业债	21.1	3

资料来源：中国人民银行青岛市中心支行。

（四）青岛资本市场直接融资成效

提高直接融资比重，关键是发展资本市场。按前述口径统计，2019年青岛资本市场直接融资净额对全市直接融资净额的贡献率达到80%。以股票和债券发行额口径统计，2019年青岛资本市场直接融资达到1092亿元，接近2018年的2倍。从效果看，资本市场直接融资在配置资源、降低成本、分散风险、服务发展等方面有效发挥作用。2019年青岛9家企业IPO，当年IPO家数占山东省省一半，在全国城市中仅落后于北京、上海、杭州、深圳、苏州六市，与广州并列全国第六，首发融资额全国第七；2020年第一季度又新增2家过会企业，境内上市公司将达到41家，数量居北方城市第三位。境内上市公司是青岛实体经济“基本盘”，总市值4300亿元，证券化率37%。88家新三板公司作为民营和中小企业代表，正成长为资本市场“生力军”。1732家蓝海股权挂牌企业构筑起多层次资本市场坚实“塔基”。交易所债券全年发行量885亿元，目前存续债券余额1769亿元，直接融资“主渠道”地位明显；绿色债、纾困债、可续期债、可交换债、项目收益债等创新品种落地，服务实体经济更加精准；300亿元地方政府债在沪深交易所发行，占全市发行总额的87%，有力地保障了民生和重点项目建设。辖区在中基协登记的股权创投类私募基金管理人182家，备案基金313只，在投项目783个，在投规模548亿元，1/3投向青岛本地。目前，辖区过会待发行企业2家，在审6家，辅导备案19家，形成了“辅导一批、申报一批、过会一批、上市一批”的良好动态格局。

三、青岛直接融资的短板和问题

（一）规模小占比低

从直接融资规模看，2018年、2019年，青岛的直接融资规模分别为590亿元、1094亿元。2019年实现大幅增长，主要驱动因素是公司债和地方政府债增长迅速，且统计口径扩大，将地方政府一般债券新纳入统计。从直接融资比重看，青岛近两年直接融资比重为30%、33%，与全国平均水平持平。2019年北京、上海的直接融资净额分别为8469亿元、3911亿元，占比为58%、45%。G20国家的直接融资占比集中在65%～75%①，北京已接近该水平。与国内发达地区相比，青岛直接融资的规模和占比都相对落后。

（二）结构不平衡

从直接融资主体的数量看，近3年青岛利用资本市场直接融资的企业仅200家左右，这与全市50余万企业主体、3500余家规上工业企业相比，占比极低。从直接融资主体的结构看，主要集中于国有和大中型企业，民营和中小企业获取资金有限。例如，全市2019年发行公司债的22家企业中，仅有1家为民营企业，其余均为国有企业。从地域分布看，青岛下辖各区市发展不均衡。青岛下辖的七区三市中，李沧区、莱西市、平度市三个区市，目前仍没有上市公司，莱西市、平度市两个区市没有企业在交易所市场发债。

① 参见祁斌，查向阳．直接融资和间接融资的国际比较［J］．新金融评论，2013（6）。

（三）股权融资短板明显

上市公司数量和质量在一定程度上反映了该地区经济发展活力和质量。特别是在稳杠杆的大背景下，发展股权融资被放在优先位置，上市公司作为股权融资主力军，作用更加突出。然而，在上市公司数量方面，青岛短板明显。截至2020年3月底，青岛境内上市公司39家，全国城市排名第23位，大幅落后于GDP排名。全国上市公司数量第一梯队的6市，数量均过百，北京350家、上海309家、深圳302家、杭州149家、苏州124家、广州111家；6市在审企业分别为40家、45家、38家、21家、15家、10家，青岛为6家。在同类城市中，与青岛GDP相近的南京、宁波、无锡、长沙上市公司分别为91家、82家、79家、62家，厦门为50家。

（四）债券融资仍偏小

与贷款相比，债券规模大、期限长、成本低，能够提高企业在资本市场的知名度。与股票相比，债券能够调节资本结构、具有杠杆效应、利息能够抵税，不影响控制权。但在之前的一段时期内，存在“股大债小”现象。2015年，证监会发布公司债新政，有效激发实体企业利用债券融资的积极性，此外，随着地方政府举债融资行为进一步规范，地方政府债券规模逐渐上升，债券对直接融资的贡献已远超股票，形成了与国际趋同的“小股大债”的局面。2019年，全国和青岛的债券净融资额占社会融资规模的比例均为31%，而股票占比均不到2%。2019年，青岛企业发行各类交易所债券金额585亿元，而济南企业发行交易所债券的规模超过800亿元，与之相比，青岛债券融资规模仍有较大发展空间。

（五）私募基金发展不充分

以私募股权基金为代表的风险投资是最有活力的创新资本，也直接融资的重要渠道。总体来看，青岛私募股权基金发展不充分，对直接融资的贡献程度不够。首先是基金规模较小。从私募基金管理人家数、备案基金数量、基金规模三项指标看，青岛虽在北方均排名第三，但与南方发达城市相比差距显著，规模小、实力弱，缺少有影响力的头部机构。深圳的上述三项指标分别是青岛的17倍、26倍和22倍，宁波的上述三项指标分别是青岛的3倍、5倍和5倍。此外，天使、创投发展不充分，投长、投早、投小、投科技的趋势不显著；2/3的资金投向外地项目，投本地比例偏低；基金备案时间较短；投研和风控能力较弱；在本地企业中知名度和认同度不高；专业人才不足。

（六）相关风险隐患不容忽视

金融和风险从来都是相伴相生。资本市场特有的创新机制，可以在一定程度上分散和转移外部性风险，但内生性风险仍然存在。特别是在外部经济环境调整时，风险暴露会进一步加剧，易引发风险事件。股票质押、债券违约、私募基金、场外配资是当前资本市场重点领域风险，相关风险在青岛有不同程度表现。私募基金管理人普遍存在自我约束力差、合规意识不足等问题。一些借金融创新旗号进行金融诈骗的非法交易场所、打着私募基金的幌子进行非法集资的“伪私募”等违法活动，都对正常投融资活动形成干扰，成为风险隐患，需要及时依法查处，保障市场稳定。

四、制约青岛直接融资发展的因素

（一）市场主体发育不充分

企业是融资的主体。在直接融资体系中，资金供给方直接承担风险，因此对企业的资产规模、经营状况以及合规性方面的要求相对较高。相比间接融资，直接融资的进入门槛较高。因此，一个地区的企业数量、规模、竞争力，关系着直接融资的发展。目前，青岛有企业50余万家，高新技术企业3100余家，规模以上工业企业3500余家，数量分别是深圳的1/4、1/5、2/5；2019中国企业500强，青岛有4家企业入选，而深圳为26家。以上数据反映出，在企业数量、科技属性、规模等方面，青岛与深圳还存在较大差距，这是制约青岛直接融资发展的基础性因素。

（二）产业结构较为传统

产业吸引资本，资本助力产业，融资结构和产业结构密切相关。间接融资风险偏好低，比较看重融资主体的资产变现能力、抵押担保状况，偏好重资产的传统产业。股权融资则更看重融资主体未来产生现金流的能力，风险容忍度较高，青睐发展潜力大的新兴行业。科创板就明确定位于硬科技企业，重点支持新一代信息技术、高端装备、新材料、新能源、节能环保以及生物医药等高新技术产业和战略性新兴产业。目前青岛战略性新兴产业增加值不足GDP的10%，百强民企主要集中于建筑、零售批发、设备制造、金属制品等传统行业；而深圳则超过40%，百强中信息技术、新能源行业占比高。

（三）中介机构存在短板

青岛本土的资本市场中介机构实力弱，是长期以来制约直接融资发展的一块短板。辖区唯一的法人证券公司中信证券（山东）有限责任公司无承销保荐、财务顾问等投行业务资格，其他证券机构为分公司或营业部，以经纪业务为主，缺少投行专业人才。会计师和律师事务所多为分所或加盟所，承接资本市场业务能力弱，青岛拟上市公司选聘本市会计师的比例不到1/3。全市34家担保机构中仅有1家评级AA+，而杭州、南京、长沙、无锡均有AAA担保机构。本市AAA担保机构缺位导致一些企业发债时不得不赴外地寻求增信。

（四）资本市场意识不强

调研发现，目前仍有相当比例的企业家对资本市场的认识不到位，不想用、不敢用、不会用的现象仍存在：有的企业家只熟悉贷款流程，不了解直接融资渠道；有的信息闭塞，对企业上市缺少信心；有的存在“先发展后规范”心理，没有及时整改不规范问题，形成上市障碍；有的对规范改制成本心存顾虑，犹豫不决。以区域性股权市场为例，全国34家市场的挂牌企业中，股份制企业占比39%，2019年户均直接融资额262万元；青岛蓝海股权市场股改占比仅为9%；户均直接融资额为205万元，两项数据均大幅落后于全国平均水平，从侧面反映出青岛企业利用资本市场的积极性有待进一步激发。

（五）支持政策存在优化空间

目前，资本市场顶层设计陆续出台，各地配套支持政策也在不断落地。例如，2018年11月5日，习近平总书记宣布在上交所设立科创板并试点注册制，资本市场迎新一轮发展红利，各地政府重视程度、支持力度空前，安徽、云南等省份以及济南、郑州、南京、广州等地政府迅速行动出台专项奖励政策，其中云南省奖励金额1600万元，凸显各地对抢抓科创板发展机遇的决心和支持力度。通过梳理青岛支持政策，发现部分政策的系统性、有效性有提升空间。例如，政策集成不足，导致市场主体在理解和使用政策有所不便，一定程度上影响了实施效果。此外，个别政策没有紧盯形势变化及时作出调整，导致面临重要机遇时发展步伐稍慢。

（六）间接融资相对发达

一组数据能够反映证券业和银行业的实力差距。2019年末，我国金融业机构总资产为318.69万亿元，其中，银行业机构总资产290万亿元，证券业机构总资产 8.12 万亿元①；全国银行机构法人 4600 余家，网点 22.8 万个，从业人员近 400 万；证券机构法人 130 余家，证券营业部 1 万余家，从业人员约 35 万。2019 年末青岛银行业总资产 2.53 万亿元②，网点 1600 余个，从业人员超 3.4 万人；证券业总资产 3200 多亿元，分支机构 149 个，证券从业人员 3500 余人，3 项指标均为前者的 1/10 左右。近年来青岛信贷投放增长较快。2019 年末，青岛贷款余额 1.82 万亿元，同比增长 13%；全年贷款增量突破 2000 亿元，同比增长超过 20%。青岛贷款余额和增量分别占全省的 1/5 和 1/4，大幅超过 GDP 在全省 1/6 的占比。信贷供给相对充裕，客观上对直接融资产生挤占效应。

五、从融资结构角度对青岛区域经济发展的建议

（一）大力发展股权融资，打造资本市场城市名片

股权融资为企业提供资本金，是含金量最高的融资方式，是直接融资的核心。一是深入理解新《证券法》确立的注册制理念，坚持主板、创业板、科创板、新三板、区域性股权市场一体推进，对应不同的上市条件和企业规模，建立有效的多层次后备资源库。二是大力支持企业到新三板挂牌，培育符合条件的挂牌公司公开发行并进入精选层，切实用好新三板改革政策红利。三是持续推动区域性股权市场挂牌企业实施股改，适时引入机构投资者、战略投资者，加快上市步伐，真正打造成上市“后备军”，同时发挥示范引领作用，带动全市企业股改形成浓厚氛围。四是抓住再融资新规带来的政策红利，支持上市公司通过股权再融资做大做强。五是用好分拆上市政策，积极支持符合条件的上市公司对优质资产分拆上市。六是学习借鉴苏州工业园区开发主体上市经验，积极探索国家级经开区开发主体的上市路径。

（二）积极发展债券融资，大幅提高直接融资比重

债券是直接融资的主渠道。一是组建 AAA 评级的政策性融资担保机构，并通过优化风险补偿和考核激励机制，引导担保机构聚焦服务本地民营和中小企业，充分发挥担保增信的杠杆效应。二是用好双创债、私募可转债、信

---

① 参见中国人民银行. 2019 年末金融业机构总资产 318.69 万亿元，http：//www.pbc.gov.cn/goutongjiaoliu/113456/113469/3993266/index.html。

② 参见青岛银保监管局. 2019 年全年青岛辖区银行业监管统计信息披露，http：//www.cbirc.gov.cn/branch/qingdao/view/pages/common/ItemDetail.html？docId=887511&itemId=1763。

用保护工具等支持民营企业债券融资的政策工具，以市场化方式打造若干成功案例，形成示范效应，推动民营和中小企业发债融资破题。三是用好疫情防控专项债等政策工具，助力企业防控疫情和复工复产。四是推动房地产投资信托基金（REITs）落地，促进形成房地产市场平稳健康发展长效机制。五是建立公司信用类债券跨部门协调机制，推动市发展改革委、人行、证监部门信息共享。

（三）加快私募基金聚集，助力打造创新创业高地

私募基金是直接融资体系的重要有生力量。一是用好“青岛创投风投十条”，发挥青岛市财富管理金融综合改革试验区的独特优势，有重点地引进和培育一批实力强的私募机构，对标发达地区私募基金行业发展情况，进一步明确发展目标。二是普查管理人应登记未登记、产品应备案未备案事项，督促及时到中国证券投资基金业协会登记备案，利用自律监管提升规范水平。三是进一步出台优惠政策，吸引本地注册、异地经营的私募机构在青岛办公，真正形成基金集聚发展浓厚氛围。四是学习深创投等旗舰引导基金的运营经验，做强青岛市市级创业投资引导基金，力争打造在全国具有影响力的政府引导基金管理品牌，同时，发挥政府引导基金带头作用，引导其他私募基金投长、投早、投小、投科技、投本地。

（四）用好并购重组渠道，助推产业结构优化升级

资本市场是并购重组主渠道、存量盘活主战场。青岛上市公司2017—2019年完成并购重组交易59起，规模751亿元。通过资本市场并购，相关公司或延伸上下游产业链，或进行多元化发展，或实现“腾笼换鸟”、动能转换，或走出去拓展海外业务。2019年10月，证监会修改《上市公司重大资产重组管理办法》，允许符合国家战略的高新技术产业和战略性新兴产业相关资产在创业板重组上市，恢复重组上市配套融资，进一步支持上市公司通过重组注入“新鲜血液”，提高上市公司质量。地方政府可在产业政策引导、土地政策、财税和金融支持等方面进一步出台政策，加大政策供给，通过支持正在实施的并购项目，加快产业结构调整升级，助力国企混改；进一步支持开展股权激励和员工持股，充分调动人才积极性和创造力，完善国有企业法人治理结构。

（五）健全中介服务体系，补齐资本市场发展短板

中介机构是直接融资的“催化剂”。一是利用资本市场全面深化改革和扩大对外开放的有利契机，推动证券期货基金相关法人机构新设取得突破。二是

用好新《证券法》对相关证券服务机构资格由审批改备案的政策红利，发挥主管部门和行业协会作用，对本地会计师、律师、资产评估等证券服务机构扶优限劣，分类支持，探索以新三板基础层审计业务为切入点，培育本地会计师事务所做强做大。三是引导光大理财和正在筹建的青银理财等银行理财子公司，依规对接辖区上市公司和债券发行人，为辖区资本市场注入增量资金，助力直接融资发展，实现互利双赢。

（六）抓好配套政策对接，发挥政策激励引导作用

地方配套支持政策是促进本地资本市场健康发展的有力抓手。精准有效的支持政策，有助于调动市场主体积极性，激发市场内在活力。一是突出政策集成。整合现行有效的政策，进一步简化政策实施程序，更加方便企业理解和运用。二是抓好政策落地。落实企业上市相关审批事项“绿色通道”，加大政策奖励力度，鼓励奖励资金拨付向早期倾斜。三是优化考核机制。将企业到新三板和区域性股权市场挂牌、规范化股改等内容纳入政府部门考核范围，建立覆盖多层次资本市场的考核体系。四是积极进行政策拓展。给予科创板上市企业更大力度的奖励，发挥示范引导作用；比照上市奖励标准，激励符合条件的新三板企业公开发行并在精选层挂牌；比照债券融资奖励标准，激励企业利用资产证券化方式融资；加大对蓝海股权市场的支持，鼓励其在挂牌数量全国第六的基础上，用足券商股东资源，积极争取试点，激活平台功能；对创投税收政策扩展至所有私募股权基金；在奖励企业基础上，加大对企业家激励。

（七）深化培训宣传对接，营造资本市场良好氛围

一是持续深入开展万名企业家资本市场培训专项行动，实现精准化政策宣传和业务培训。二是发挥资本市场中介机构的专业和人才优势，引导其通过金融辅导队，开展“一对一”“面对面”政策宣讲。三是发挥青岛资本市场服务基地作用，支持各类资源向基地开放，将其打造成为多层次资本对接平台。四是支持青岛证券期货业协会、上市公司协会、非上市公众公司协会、财富管理基金业协会四家资本市场行业协会发展壮大，在做好自律管理的基础上，发挥协会平台优势，开展资源对接，服务青岛资本市场发展和企业直接融资。五是适时召开全市资本市场发展大会，持续营造有利资本市场发展的外部氛围。

（八）落实联防联控责任，推进风险防控体系建设

发展直接融资要牢牢守住风险底线。一是积极履行属地监管职责，对金融市场重点领域风险持续保持警惕，加强风险源头管控，完善风险应对预案，提高应对处置风险能力。二是督导相关部门落实前期已出台的支持上市企业健康稳定发展政策措施，督促纾困债、纾困基金聚焦专项用途，助力民企纾困，防范化解股票质押风险。三是加强政府部门协调联动，切实防范私募领域风险，对打着私募基金幌子非法集资行为，按照打击非法集资依法查处。

新三板异常交易行为研究初探

伍　云* 　袁　野**

摘　要：异常交易是指同一特定金融市场，行为人在参与金融工具二级市场交易中违反正常投资者的合理预期，并可能会影响市场交易公平和效率的不当行为。研究借鉴以欧盟为代表的市场滥用法律法规，本文从异常交易的基本含义入手，通过对全球二级市场异常交易案例的归类分析，总结概括出一般性异常交易行为的常见类型；结合新三板交易监管实践，重点分析了不同市场层级和交易方式下投资者交易行为对股票价格的联动影响，据此对新三板异常交易进行研判，并提出了新三板异常交易认定的要件和思路。

关键词：异常交易　市场滥用　市场层级　交易方式

一、异常交易基本含义

国际证监会组织指出，各国交易所市场监察的主要职责包括识别市场异常交易并采取有效制止措施，防范违法违规交易行为发生，维护市场秩序①。关于异常交易的界定，各国法律法规均未对其给出确切的定义。从严格意义上讲，异常交易并非明确的法律术语和理论概念。各国交易场所普遍采用"列举式""列举加概括式"等方式对二级市场异常交易行为模式进行归类定义。随

* 伍云，全国中小企业股份转让系统有限责任公司市场监察部总监。

** 袁野，全国中小企业股份转让系统有限责任公司市场监察部高级经理。

① 参见 Technical Committee of IOSCO. Investigating and Prosecuting Market Manipulation [EB/OL]. [2019-07-22]. http://www.iosco.org/library/pubdocs/pdf/IOSCOPD103.pdf。

着违法违规交易手法愈加复杂多变，近年来以欧盟为代表的市场滥用法律法规中指出，异常交易的监管目标为及时发现和防范“市场滥用”，维护交易的公平和效率。“市场滥用”的法律概念由英国金融服务管理局（Financial Services Authority，FSA）在《1986年金融服务法》的基础上首次明确，是指由行为人单独或合谋进行扰乱市场交易秩序的行为；同时要求“市场滥用”的构成要件应当具备一定弹性，保证能够将可能发生的新型异常交易行为类型一并纳入①。2003年，欧盟《内幕交易和市场操纵（市场滥用）指令》及相关监管纲要将内幕交易和市场操纵行为整合为“市场滥用”的法律概念，首次从立法层面进一步明确了金融工具交易型操纵、信息型操纵、内幕信息异常交易的参考监控预警，强化交易所一线监管②。

借鉴“市场滥用”相关法律法规，我们可以从异常交易监管目标的角度对其予以界定：异常交易是指在同一特定金融市场，行为人在参与金融工具二级市场交易中违反正常投资者的合理预期，并可能会影响市场交易公平和效率的不当行为。从上述概念分析，异常交易具有相对属性：一是同一特定金融市场；二是同一特定金融工具（组合）；三是正常交易者。其中，“正常交易者”是指在同一特定金融市场中常规参与相关投资交易的具有有限理性的行为人③。“正常交易者”的合理预期是指行为人从事的二级市场交易行为是合法合规的或基于正常的交易动机发生的，并且对同一特定金融市场中“正常交易者”的投资决策不会产生重大影响。行为人从事的交易行为多大程度上可能误导“正常交易者”的投资决策，与该市场的投资者结构、行为动机、交易机制及活跃度等微观结构因素有关，主要表现为对金融工具交易价格或交易量的影响④。

为进一步阐明异常交易的基本含义，需要对异常交易与“市场滥用”“交易异常”“交易受限行为”等与市场交易秩序相关的常见概念予以厘清。主要包括以下三方面：

第一，异常交易与“市场滥用”的区别。一是行为性质上，异常交易包括

① 参见 Financial Services and Markets Act 2000. Part VIII. 118－131。

② 参见 Market Abuse Directive：Level 3－first set of CESR guidance and information on the common operation of thc Directive。

③ 参见 Herbert Smith Freehills. UK：Financial Services and Markets Act 2000：Market Abuse. ［EB/OL］. ［2019－08－05］. http：//www. mondaq. com/uk/Finance－and－Banking/14172。

④ 参见曹硕．欧盟金融监管制度对我国交易一线监管的启示［N］．证券时报，2018－09－18。

违反交易所自律监管规则不构成违法的以及可能与“市场滥用”竞合的不当行为等；“市场滥用”是指违反法律法规达到违法认定标准，但低于刑事案件立案追溯标准的违法违规行为，在中国法律语境下即证券行政违法行为。二是在行为认定上，异常交易不强调行为人从事该行为的主观故意和不当得利，只要求特定的市场行为符合异常交易的客观认定要件；“市场滥用”除满足交易行为的客观要件外，同时要求行为人的主观故意和行为的社会危害性。

第二，异常交易与“交易异常”的区别。二者皆表示超出投资者合理预期的非正常状态，均影响正常交易秩序。一是在行为原因上，异常交易通常存在非正常交易动机或真实意愿，“交易异常”属于非主观因素所致，如不可抗力、第三方原因、人为失误等。二是在客观结果上，异常交易表现为对金融工具交易价格或交易量的影响；“交易异常”则表现为“交易无法正常开始”“交易无法连续进行”“交易结果异常”“交易无法正常结束”等情形。

第三，异常交易与“交易受限行为”的区别。一是在行为属性上，异常交易具有相对人特征，是指违反其他“正常交易者”合理预期的不当行为；“交易受限行为”要求行为人交易的合规性，是指根据法律法规、部门规章、规范性文件和业务规则等规定，对买卖金融工具的范围、时间、数量、方式等进行合规限制。二是在行为认定上，异常交易强调相关行为的客观结果表象为金融工具交易价格或交易量异常；“交易受限行为”则以是否违反相关合规要求为主要认定依据，并不强调其对金融工具价量的影响。

二、异常交易主要类型

二级市场异常交易表示可能影响金融工具交易价格或交易量的不当行为模式的客观表现状态①。根据异常交易的行为性质，从简单易行的角度出发，异常交易的认定采用客观行为认定原则，集中于行为人客观行为模式的主要识别，并以从事行为的客观表象为主要认定依据。通过研究借鉴全球 26 个国家近 40 年 390 起二级市场异常交易案例发现，二级市场异常交易的行为表现与“市场滥用”的客观行为模式趋同、类型有限且反复出现，并且受交易制度和

① 参见刘筱萌，杨梦．证券市场异常交易行为及其监管问题研究［J］．证券法律评论，2018。

产品创新的影响不显著[①]。一般性的异常交易主要类型如下：

第一，内幕信息异常交易。内幕信息异常交易的监管目的是发现和防范“信息的不当使用”，监控核查行为人从事的行为是否是基于不为市场所公知的信息而作出，且该信息的知悉可能对正常投资者的投资决策产生重大影响。行为模式通常表现为可能对金融工具交易价格产生重大影响的信息披露前，行为人大量或持续买入（卖出）相关金融工具。

第二，交易型操纵异常交易。交易型操纵异常交易的监管目的是发现和防范“价格扭曲”，监控核查行为人从事的行为是否可能使正常投资者认为交易品种的价格或价值被置于一个扭曲的水平[②]。交易型操纵异常交易主要包括虚假申报、拉抬打压、维持涨跌幅限制价格、约定交易、影响参考价格、特定时间的价格或价值调整等行为模式。通常表现为行为人单纯通过买卖行为完成对金融工具交易价格或交易量的影响，不涉及散布虚假信息等其他价格信号传递手段。

第三，信息型操纵异常交易。信息型操纵异常交易的监管目的是发现和防范“虚假或误导性信号的制造、传播和散布”，监控核查行为人从事的行为是否可能使正常投资者产生关于交易品种的供给或需求、价格或价值方面的错误或误导。信息型操纵异常交易主要包括利用虚假或不确定的重大信息，或者制造、控制、擅自发布信息之前（或之后）实施交易行为，以及进行与自身公开发布的评价、预测、投资建议相背离的交易行为等行为模式[③]。通常表现为行为人仅利用信息披露（传播）手段或者除信息披露手段外同时配合二级市场交易，误导投资者投资决策，可能影响金融工具的交易价格或交易量。

第四，循环交易。循环交易的监管目的是发现和防范“市场假象”，监控核查行为人从事的行为是否可能给予正常投资者交易结果虚假或误导的假象。上述行为以自买自卖交易、互为对手方交易、补偿交易、资金转移交易以及隐性交易等行为模式为主。循环交易通过影响金融工具交易价格或交易量进行“诱多”“诱空”、利益输送或洗钱等。

第五，不当指令处理。不当指令异常交易的监管目的是发现和防范市场参

---

① 参见 FMSB. Misconduct Patterns in Financial Markets - Selected Case Studies. [EB/OL]. [2019 - 08 - 12]. http://fmsb.com/wp - content/uploads/2018/07/Selected - Case - Studies_V21. pdf。

② 参见陈晨．操纵证券市场犯罪要素认定的司法观察［J］．证券法苑，2017（21）。

③ 参见蔡奕．信息型操纵基本法律范畴分析［J］．证券法苑，2016（18）。

与者与客户的利益冲突，监控核查行为人在执行交易指令时是否进行不当处理进而影响正常的交易秩序。不当指令处理主要包括“老鼠仓”、程序化交易执行冲突①、错单交易②等行为模式。

三、新三板交易行为分析

立足于新三板风险分层管理的顶层设计，随着交易制度改革推进和投资者估值理念的调整，不同市场层级的投资标的、交易机制、投资者结构等微观特征明显差异化，进而影响到投资者的交易行为模式。本文将按照市场层级和交易方式两大基本维度，重点分析投资者的交易行为与股票价格之间的联动关系，进一步对新三板异常交易进行研判，从而总结归纳出新三板异常交易的认定要件。

（一）集合竞价股票固定对手方交易占比较高

集合竞价股票交易常见为投资者与固定对手方③之间买卖股票，并且董监高等内部人交易居多。统计期间④，集合竞价股票单一投资者与固定对手方成交数量为66.09亿股，占期间股票交易数量的比例为66.76%。从撮合频次看，固定对手方在同一只集合竞价股票撮合成交次数于［2，5］区间内的成交数量占比接近50%；从身份主体看，挂牌公司董监高与固定对手方成交数量占比57.27%，成交股票占比63.79%，其中，固定对手方主要是与挂牌公司董监高可能涉嫌关联关系的自然人或机构（见图1）。

---

① 在程序化交易中，经纪商在特定时间内执行客户包销或代销某投资组合的要求，剩余交易中经纪商可做自营交易；在这种情况下，经纪商（提前）执行对冲策略可能会影响投资组合的市场价格，损害客户利益。

② “按照国际证监会组织在《差错交易政策研究报告》所作的定义，错误交易是指因市场参与者行为或交易系统故障而导致被错误执行的交易。错误交易中的‘错误’一般包含两种情形：一种情形是交易指令存在错误并得到执行的交易；另一种情形则是交易指令虽正常发出但因不可抗力、技术故障或者人为差错等原因而被错误执行。”陈亦聪．证券交易异常情况的法律规制［M］．北京：法律出版社，2014。

③ 本文根据新三板集合竞价股票交易频次的特点，将固定对手方界定为统计期间在同一只集合竞价股票盘中或盘后撮合成交2次及以上的证券账户。

④ 统计期间为2018年7月至2019年6月。

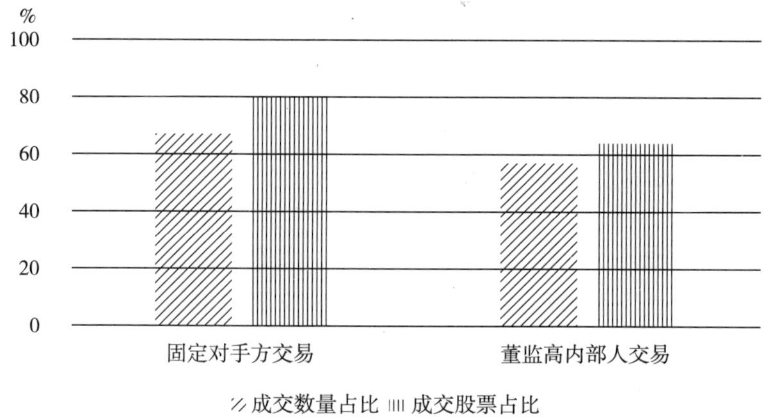

图1　新三板集合竞价股票固定对手方交易情况

相比做市股票，集合竞价股票噪音投资者相对较少，公众股东之间买卖博弈力量不充分，尤其是较低市场层级的挂牌公司股权分散度较低，股权风险溢价较难公允确定。在上述交易环境下，集合竞价股票的二级市场交易主要通过董监高等特殊身份主体与固定对手方之间实现，投资者偶发或特定的交易需求形成的股票价格尚难认定为“竞争性均衡价格”①。因此，在集合竞价股票异常交易的认定环节中，相比交易较为活跃的做市股票，需要进一步延长时间窗口以判断投资者异常交易的行为周期。

（二）做市股票交易行为与信息披露具有较强的耦合性

从证监会执法实践来看，其对内幕交易重大性的判断主要是基于价格可能敏感性的判断标准②。为进一步测算新三板信息效应对股票价格的影响，拟采用事件研究法对价格的实际敏感性进行测试。以 2019 年 10 月 12 日（T 日）“全面深化新三板改革”事件为窗口期，分别计算各市场层级和交易方式股票的累计超额收益率（CAR）（见表 1）。结果表明：一是 T+1 日内投资者可以通过反转交易策略获得累计超额收益。二是做市股票于 T+2 日对舆情事件基本消化，CAR 整体回落；集合竞价股票对信息的反应速度相对较慢，CAR 未被逐日平滑。三是集合竞价股票收益率表现出隔夜“反转”效应，投资者容易因投机情绪出现过度反应，导致股票收益率在随后的反向调整中呈现较大变动幅度；而做市股票收益率伴随少量“动量”效应，投资者容易出现反应不足，导

① 参见施东辉．股市异常交易监管之辨［N］．上海证券报，2017－09－05。
② 参见萧鑫．内幕信息重大性标准及其投资者设定［J］．证券法苑，2017（20）。

致股票收益率在随后股价修正中出现一定的惯性上扬空间。四是窗口期内成交量最大的“成大生物”隔日“反转”效应更为明显，活跃投资者更易受“噪音”影响出现过度买卖行为，随后股价修复中出现反向调整；而基础层做市股票中，活跃投资者比例不高，做市商组织交易功能尚待进一步发挥，股票收益率波动相对较为稳定。

表1　事件窗口期新三板股票累计超额收益率

事件窗口期	基础层集合竞价	创新层集合竞价	基础层做市	创新层做市	成大生物
T-2 日	-2.13	-2.22	-2.36	-2.06	-2.15
T-1 日	-2.03	-2.21	-2.00	-1.85	-2.67
T+1 日	1.10	1.49	1.13	1.30	1.64
T+2 日	-0.34	-0.23	0.08	0.02	-0.39
T+3 日	0.66	0.76	0.06	0.59	-0.083

从上述分析可以得出，做市交易方式下信息效率较高，尤其是创新层做市股票价格反应信息的速度更快。较高市场层级做市股票的交易行为与信息披露的耦合性有所提升，利用公发进精选层信息进行信息型操纵、内幕交易的动机相对较强，公开发行前后信息型操纵、内幕信息异常交易需重点监控。而集合竞价交易方式下（尤其是较低市场层级）信息相对无效或者效率不高，重大敏感信息在类似情况下披露后可能无实际股价变化，叠加非理性交易需求等诸多因素，内幕信息重大性认定标准如何适用尚需斟酌。

（三）投资者买卖行为对股价影响为多日跨度周期

为进一步评估新三板投资者买卖行为对股票价格的影响期间，拟测算不同时间窗口内有成交股票投资组合的累计超额收益率。根据监管实践及相关理论，股票二级市场超额收益率（AAR）显著不为零且 CAR 的绝对值随买卖行为显著上升，则倾向于认为期间股票价格人为操作的可能性较大①。以最长不超过 20 个交易日的期限内最近有成交 1 日、3 日、5 日、7 日和 9 日为滚动窗口，分别计算统计期间新三板股票 AAR② 和 CAR③。结果表明，最近 5 个有成

① 参见 Fischel D & Ross D. Should the Law Prohibit ‘Manipulation’ in Financial Markets? [J]. Harvard Law Review, 1991, 105。

② 假设以同期全市场有成交股票组合的平均收益率为市场基准收益率，超额收益率 = 股票收益率 - 市场基准收益率。

③ CAR 为 ARR 滚动窗口的累计加总。

交的交易日内（［5，20］区间），以新三板有成交股票为市场投资组合的CAR的绝对值相对较高且相应AAR波动[①]较大，投资者交易行为对股价整体影响为多日跨度，并且可能对股价产生显著影响的时间跨度为5个有成交的交易日（见表2）。主要原因是较低市场层级股票交易相对不连续，小额交易即造成较大价格波动。

区分不同市场层级和交易方式，基础层集合竞价股票在［5，40］区间内CAR绝对值高于市场整体均值，一定程度上可以推定以最长不超过40个交易日的期限内最近有成交5日为时间窗口，较大概率上可能更好地描述基础层集合竞价股票的异常交易周期；基础层集合竞价股票异常交易的时间跨度相比市场整体延长，与该层级微观结构特征相符。同理，撮合频次调整后，创新层做市股票交易的连续性明显增强，异常交易周期有收窄趋向，数据表明，以最长不超过20个交易日的期限内最近有成交4日为时间窗口，较大概率上可能更契合创新层做市股票异常交易的行为特征。

表2　新三板不同股票投资组合累计超额收益率

组合1	［1，20］	［3，20］	［5，20］	［7，20］	［9，20］
市场CAR平均值	-1.42	-3.08	-3.46	-2.97	-2.78
市场AAR波动率	0.054%	0.046%	0.115%	0.038%	0.183%
组合2	［1，40］	［3，40］	［5，40］	［7，40］	［9，40］
基础层集合竞价CAR	-1.43	-3.17	-3.68	-3.19	-2.79
组合3	［1，20］	［3，20］	［4，20］	［5，20］	［7，20］
创新层做市CAR	-1.10	-2.31	-2.65	-2.51	-1.91

由上述推导得出，新三板异常交易行为呈明显多日跨度周期，以［5，20］区间为代表。区分不同市场层级和交易方式，基础层集合竞价股票异常交易的时间跨度较长（［5，40］区间内），而创新层做市股票异常交易对股价的影响作用较快（［4，20］区间内）。

（四）股票价格涨跌幅离散值呈差异化分布

新三板不同市场层级和交易方式的股票涨跌幅呈现一定分化趋势。根据分位数统计方法，以最长不超过20个交易日的期限内最近有成交5日为时间窗

① AAR波动率为该变量标准方差的平均值。

口，分别测算股票涨幅和跌幅异常值在0.5%概率及以下的主要对应数值（见表3）。结果表明：一是一次集合竞价股票价格波动更为离散，离散系数①为1%，做市股票价格波动相对较为连续，但右厚尾风险显著，较大的正日收益率发生的概率大于绝对值较大的负日收益率发生的概率。二是一次集合竞价股票价格波动较大，极端值（0.2%）为涨687%、跌90%；创新层做市股票价格波动较小，极端值为涨41%（1%）、跌36%（0.01%）。

表3 新三板股票涨跌幅分位数统计

涨跌幅分位数	基础层集合竞价	创新层集合竞价	涨跌幅分位数	基础层做市	创新层做市
0.1%	-0.93	-0.81	0.01%	-0.43	-0.36
0.25%	-0.87	-0.67	0.1%	-0.37	-0.31
0.5%	-0.78	-0.60	97.5%	0.32	0.30
99.5%	3.11	1.53	99%	0.44	0.41
99.7%	4.18	2.05	99.5%	0.52	0.48
99.8%	6.87	2.84	99.7%	0.62	0.53

此外，考虑到现阶段集合竞价股票固定对手方交易占比仍比较大，为进一步量化股价离散值的分布特征，拟增加表征挂牌公司流动性水平等指标进行测算。数据表明，最近5个有成交的交易日内，集合竞价股票价格异常波动分布有以下特点（见表4）：基础层集合竞价股票涨跌幅极端值多发生于期末股东人数50人以下、日均成交笔数5笔以内的挂牌公司交易中，并且股票交易本身不够活跃，在其间买卖账户数指标上未见明显差异；创新层集合竞价股票涨跌幅极端值对挂牌公司的股东人数无明显差异要求，其与创新层进层股东人数规定有关，但从上述期间买入和卖出账户均值、日均成交笔数等指标中看出，交易活跃度相对较低的挂牌公司常出现股价明显异常波动。因此，新三板股票价格异常波动呈明显差异化特征，市场层级越高、撮合频次越大，股票交易相对连续、异常交易行为周期逐渐收窄、涨跌幅异常值较小。

① 离散系数表示为标准方差的平均值，数值越大，变量的离散性越高。

表4　新三板集合竞价股票价格涨跌幅离散值分布特征

市场层级	交易方式	期末股东户数	其间买卖账户数平均值	日均成交笔数	股价涨跌幅阈值
基础层	集合竞价	[2，50]	—	[2，5]	-85%，400%
创新层		—	[2，5]	[5，10]	-70%，300%

四、新三板异常交易认定思路

（一）异常交易行为研判

新三板异常交易行为是指《全国中小企业股份转让系统股票交易规则》（以下简称《交易规则》）第一百二十二条规定的可能影响股票交易价格或者股票成交量的二级市场不当行为。《交易规则》通过“列举法”规定了内幕信息异常交易、交易型操纵异常交易、信息型操纵异常交易和循环交易等异常交易主要行为模式。据统计，2019 年对新三板异常交易行为采取自律监管措施逾百件，其中，采取限制证券账户交易自律监管措施 15 件。违规事实表明，新三板异常交易主要表现为交易型操纵异常交易与循环交易竞合的复合型异常交易，以盘中交易与大宗交易同日（隔日）反向（同向）交易为主要形式。其中，盘中异常交易以拉抬打压、对倒对敲等模式为主，监管案例数量合计超过 90%；大宗交易以补偿交易、隐性交易等模式为主。

不同交易方式股票的流动性差异进一步影响着投资者的异常交易行为模式和主观意图。按照挂牌公司所属市场层级和交易方式等维度区分异常交易的客观表现状态，对新三板异常交易研判如下：一是集合竞价股票隐性交易手法复杂、隐蔽，市场层级调整、申请在证券交易所上市、股票（公开）发行、收购前后等复合型异常交易的关联性可能更加紧密，欺诈型交易行为需重点监控。比较典型的案例包括：打压股价后实现特定减持①、拉抬并维持股价实现高价定增发行②、拉抬打压（反向交易）后涉嫌非法销售股票③、涉嫌利益输送和洗钱行为等。二是做市股票较为活跃，对重大信息披露的反应较为敏感，信息型操纵、内幕信息异常交易需重点监控。三是精选层股票实行连续竞价交易制

① （离任）董监高通过实际控制或涉嫌关联账户多次打压股价并大宗交易实现特定减持需求。

② 账户组于挂牌公司定向发行公告前拉抬股价而后大宗分散股权实现违规获利。

③ 账户组拉抬股价后以高价向数名投资者转让股份并违规获利。

度，异常交易行为持续时间较短，短线操纵等盘中异动发生的概率增大。除此之外，新三板产品和业务创新不断涌现，混合型做市商交易、程序化交易等业务模式可能出现新型异常交易，同样需要纳入重点监控。

（二）异常交易认定要件

根据前述异常交易监管原理，针对新三板异常交易的特殊性，提出异常交易认定的具体要件：新三板异常交易的认定要件包括行为模式异常和价（量）异常两方面，强调行为人的行为方式、行为结果和两者之间的因果性。

第一，行为人从事的交易行为是否客观表现为“市场滥用”的行为模式。包括但不限于：一是明显背离“正常交易者”合理预期或无正当交易动机，如不计交易亏损或风险（大量或多次进行高买低卖的交易、大量买入高风险股票）等。二是存在欺诈手段的交易或申报，如向投资者传递价量虚假信号、传播虚假信息并配合交易、非法销售等。三是对应“内幕交易”违法形态的交易行为，如大量净买入或净卖出、交易行为背离原有交易习惯和可能知悉内幕信息等。四是作为价格操纵手段的交易行为，如频繁报撤单、作尾盘、封涨停、操纵发行和收购价格等。五是过度投机炒作的交易行为，如日内大量或频繁进行回转交易、大额申报或成交等。六是涉嫌利益输送、洗钱进行的交易，如实现一方对另一方的支付或资金转移等。七是申报或成交行为扰乱市场正常交易秩序，如错价型异常交易、错量型异常交易等。其中，符合以上七项情形之一，可构成行为模式异常要件。

第二，行为人从事的不当行为是否影响证券的交易价格或交易量。这里，“影响”是指行为人的行为致使证券交易价格或交易量异常。以股价异常认定为例，为进一步排除单次或偶发交易行为产生的随机性价格波动，同时更好地契合不同市场层级挂牌公司二级市场交易需求，具体工作步骤如下：一是选取相对合理的异常交易分析周期。结合历史监管案例，以市场层级和交易方式为主指标，辅以 CAR 变化、公众化水平、交易活跃度等因素为参考指标判定可能存在人为操纵价格的时间跨度。二是判断时间窗口内股票价格波动的异常值。可以通过神经网络等机器学习模型深入分析影响股票价格（数量）波动的主要变量和相应权重，进一步验证股票交易价格或交易量的异常阈值，在条件允许的情况下尽量降低预判的错误率。本文通过建立神经网络模型对（可能）

影响新三板股票价格异常波动的因子进行回归分析①，发现盘中申买（卖）价格的异质性对股价异常波动分布有重要影响。三是客观推定行为人不当行为与价量变化的因果关系。根据异常交易的具体行为模式，区分市场层级和交易方式，建立包括投资者申报数量（占比）、成交数量（占比）、成交金额（占比）、行为影响区间、拉抬打压幅度等一系列客观量化行为人主观意图的指标体系。行为人符合上述指标特征越多，推定其主观意图愈加明显（即影响或意图影响股票价量异常变化的可能性越大），构成异常交易的概率越大。四是进行人工决策。结合股票基本面、挂牌公司重大信息、行业估值和市场整体走势等因素进行定性与定量分析，对异常交易行为进行认定。

① 为深入分析影响新三板股票价格异常波动的因子，以 2018 年 7 月至 2019 年 6 月为统计期间，建立神经网络模型并对 20 余个变量、约 350 万个数据进行测算；结果显示，模型预测效果整体较好，相对错误为预测值 0.09（实际值 0.17），为下一步运用机器学习模型预测新三板异常交易行为奠定基础。

新三板首次公开发行定价方式研究

刘　靖[*]　王文翌[**]　刘建伟[***]

摘　要：新三板对首次公开发行定价作出了重大的制度创新突破。新三板《公开发行规则》征求意见稿允许发行人和主承销商自主协商，选择直接定价、竞价或询价方式确定发行价格。相比A股IPO“询价＋定价”的单一模式，新三板首次公开发行自由度更高，给发行人和券商提供了多元化的选择，同时也对定价方案带来了挑战。本文总结了国际上对三种公开发行定价方式的学术研究结果，回顾了近50年以来全球范围内公开发行定价方式的历史演变，并以日本、中国香港、中国台湾资本市场定价方式的演变为例，阐述三种公开发行定价方式的优缺点，尝试为新三板发行人、承销商找到合适的公开发行定价方式，为投资人了解各种定价方式的特点提供依据，也为管理层后续完善业务规则细则提供参考。

关键词：首次公开发行定价　新三板　询价

2019年11月8日，股转系统发布业务规则征求意见稿，对公开发行①定价方式作出了重大突破。不同于沪深交易所首次公开发行股票常用的“网下累计投标＋网上固定定价”（即网下询价＋网上直接定价），新三板允许以定价、竞

* 刘靖，上海申银万国证券研究所新三板首席分析师。

** 王文翌，上海申银万国证券研究所新三板小组分析师。本文仅代表个人观点，不代表所供职机构观点。

*** 刘建伟，上海申银万国证券研究所新三板小组分析师。本文仅代表个人观点，不代表所供职机构观点。

① 本文中的“公开发行”均特指股票首次公开发行。

价或询价的方式发行，并且《公开发行规则》也没有严格规定什么情况下发行人必须采用哪种定价方式，赋予了发行人和券商更多自主裁量权，与A股较为固定的定价和配售机制产生了重大差异。

一、认识三种定价方式：直接定价、竞价和询价[①]

IPO定价方式分为三种基本类型：直接定价（Fixed Price，也叫固定价格定价）、竞价（Auctions，也叫拍卖定价）以及询价（Book - building，也叫累计投标）[②]。主要区别在于：（1）承销商如何收集投资者对新股需求的量、价信息？（2）发行人和承销商是否拥有最终定价权？（3）承销商是否拥有新股的差别分配权？如表1所示。

表1　三种定价方式

<table>
<tr><th>类别</th><th>细分类型</th><th>投资人意向信息收集</th><th>定价规则</th><th>分配规则</th></tr>
<tr><td rowspan="2">直接定价发行（固定价格）</td><td>i. 尽力推销</td><td rowspan="2">收集，但信息不完全，无约束力</td><td rowspan="2">承销商确定</td><td>i. 承销商自主分配</td></tr>
<tr><td>ii. 公开发售</td><td>ii. 抽签或平均分配</td></tr>
<tr><td rowspan="2">竞价发行（拍卖定价）</td><td>i. 统一拍卖定价</td><td rowspan="2">投资者申报申购价格和数量</td><td>i. 所有中标者按中标价成交</td><td rowspan="2">按申购数量成交</td></tr>
<tr><td>ii. 差别拍卖定价</td><td>ii. 所有中标者按各自出价成交</td></tr>
<tr><td>询价发行（累计投标）</td><td>—</td><td>发行方向投资者路演，收集量价需求</td><td colspan="2">承销商综合确定价格和分配量</td></tr>
</table>

直接定价（固定价格）发行，是指承销商与发行人在发行前确定发行价格，并以该价格出售股票。根据定价后承销商是否具备分配新股的权利，可以进一步细分为允许配售和公开发售（Public Offer）两种。固定价格下的允许配售一般较多出现在美国，即尽力推销（Best Efforts）；公开发售则更为常见，欧洲、亚洲的许多国家（地区）、新兴市场国家都曾经或正在使用这种方法。

竞价（拍卖定价）发行，是指投资者申报价格和数量，再按价格从高到低加总申购量，达到发行量的价格就是中标价。根据成交价格的不同规定，可以

① 参见陈蓉. IPO发售机制的国际融合和中国考察［J］. 证券市场导报，2002（7）：29－33。
② 分别对应《公开发行规则》中的定价、竞价和询价。

再分为统一拍卖定价（Uniform Auctions）和差别拍卖定价（Discriminatory Auctions），其要点在于统一价格拍卖中，所有中标申购都按中标价成交；差别价格拍卖中，所有中标申购都按各自出价成交。

询价（累计投标定价）发行，是指承销商向投资者路演，收集其量价需求，综合确定价格和分配量。区别于固定价格和拍卖方式，其本质在于：承销商拥有对 IPO 股票的自由分配权①。在美式累计投标方式下，承销商不一定按申报数量比例配发，也不一定按价格由高到低顺序配发，而是基于其利益考虑配发新股②。

混合定价，是指将上述基本方式结合到一起。目前占主流地位的混合定价方式是：累计投标定价＋固定价格。在这种混合方式中，累计投标定价的对象一般是机构投资者及海外投资者，通过累计投标方式确定发行价之后，则以此价格向零售投资者（Retail Investors）公开发售。一般认为，这种混合定价方式属于广义上的累计投标方式。这也是目前 A 股主要采用的定价方式。

二、三种方式各有利弊，需权衡发行成本和定价效率

根据我们对已有学术研究的总结，三种定价方式的利弊（见表 2）主要在于：

（1）定价效率方面（定价效率是指证券价格反映信息的能力）：固定定价差于竞价和询价，因固定定价没有广泛收集投资者报价信息；

（2）发行成本方面：固定定价＜竞价＜询价；

（3）公开透明方面：固定定价和竞价均较为公开透明，不易产生腐败，而询价给了承销商更大权利；

（4）投资者行为方面：询价发行在控制投资者搭便车行为、提高发行成功概率、控制信息收集成本进而提高定价准确性等方面，都优于竞价方式。

---

① 参见 Benveniste L M，Spindt. P A. How investment bankers determine the offer price and allocation of new issues［J］. Journal of Financial Economics，1989，24（2）：343－361。

② 中国 A 股 IPO 的累计投标发行采用“网下询价＋网上定价”，网下参与询价的同类投资者必须以相同比例配售，而投资者的分类标准由监管部门规定。香港 IPO 分为两部分：国际配售＋公开发售。IPO 价格通过对国际配售的投资者询价来确定。国际配售更接近美式累计投标，承销商对这部分股份有较大分配权。IPO 价格确定后，再通过公开发售向散户以固定价格销售。

表 2　三种定价方式比较

	优点	缺点	特点
固定价格	1. 发行费用低 2. 比较符合公平原则	定价过程缺乏市场反馈，折价率高，价格发现能力不足	1. 适合市场容量较小、个人投资者比重较大的国家 2. 适合发行量较小的 IPO 项目 历史：20 世纪 90 年代前在美国以外的国家占主导地位，如今仅在亚洲、非洲部分发展中国家流行
竞价发行	1. 规则透明，不易产生腐败 2. 较好地反映市场定价信息，有效降低 IPO 抑价	1. 容易出现“搭便车”，从而扭曲定价 2. 由于投资者的有限理性，参与规模和收益率容易大幅波动	1. 适合发达程度较高，投资者普遍比较理性的国家 2. 适合信息披露较充分，发行量较大，受到市场追捧的 IPO 项目 历史：20 世纪 80—90 年代许多国家曾经尝试过，如今逐渐被发行人和承销商放弃
询价发行	1. 有效激励机构投资者提供定价信息 2. 发行成功概率较高	1. 容易形成承销商与机构投资者的利益输送 2. 直接费用过高	对资本市场和 IPO 项目的适应性比较好 历史：20 世纪 80 年代之前仅在美国、加拿大实施，如今在世界绝大多数国家处于主导地位

（一）固定价格发行：发行费用最低，但定价效率不足

1. 优点 1：流程简单，发行费用较低

由于定价前无须广泛收集投资者有约束力的要约（投标或询价），固定价格发行的 IPO 流程更简单，耗时更短，发行费用更低。Ljungqvist、Jenkinson 和 Wilhelm 对 1992—1999 年 65 个国家或地区的 IPO 数据进行了比较，发现许多国家固定价格的发行成本低于询价发行①。

2. 优点 2：较为符合“公平原则”

与累计投标定价方式相比，固定价格方式排除了承销商的自主分配，或者采用抽签分配，或者采用人人有份的平均分配，保证能够把新股比较公平的分配给申购者。因此，即使以累计投标或拍卖为主要定价手段，一些股票交易所也会切分出部分新股以固定价格分配给个人投资者，如中国大陆、中国台湾、

① 参见 Ljungqvist A P，Jenkinson T，Wilhelm Jr W J. Global integration in primary equity markets：The role of US banks and US investors［J］. The Review of Financial Studies，2003，16（1）：63－99。

中国香港和日本等。

3. 缺点：抑价率高，价格发现能力不足

由于发行价格在发行前确定，且承销商无法给予投资者提交真实信息的激励，相对于其他方式，固定价格方式更容易受到信息不对称的影响，抑价率更高。不论承销商拥有股票分配权（如美国的尽力推销），还是不拥有股票分配权（如英国的公开发售），固定价格方式下的 IPO 抑价现象都非常严重，大大高于拍卖与累计投标两种方式①。

（二）竞价发行：最公开透明，但群体非理性和集体博弈会扭曲定价

1. 优点 1：规则最透明，不易产生腐败

竞价（拍卖）确定的价格是市场供需双方选择的结果，正好能使市场出清，是市场化程度最高并且相对公平的定价机制。在拍卖机制中，价格是以市场出清为准则确定的，股票是根据事先确定的规则分配的，因此承销商和发行人的自主权在三种定价方式中最小，基本不会有黑箱操作的空间，不易出现利益输送。

2. 优点 2：能有效地降低 IPO 抑价

拍卖方式是市场驱动而不是承销商驱动，造成的信息摩擦成本更小，能有效促进潜在投资者披露真实意愿，能更彻底地反映全体投资者的估价信息，能有效降低 IPO 抑价。Kaneko 和 Pettway 研究日本 1993—2001 年的 IPO 数据，发现采用累计投标定价的 IPO 上市首日抑价率比采用拍卖方式要大得多②。

3. 缺点 1：容易出现“搭便车”或“赢家诅咒”，从而扭曲定价

在统一价格拍卖中，报高价意味着在市场出清价上更可能获得股票分配。投标量较少的个人投资者尤其可能采用这种“搭便车”策略，如果太多个人投资者采用这种策略就可能影响整体需求曲线，导致超额认购和严重溢价，从而扭曲定价。如果采用差别价格拍卖，则可能出现“赢家诅咒”而使投资者减少申购③。Huang 等基于 1996—2012 年在台湾股票交易所 IPO 上市的约 1200 家公司，发现拍卖定价带来了较低的机构投资者占比和较高的噪声交易者占比，加

① 参见 Ritter J. Initial public offerings [J]. Contemporary Finance Digest, 1998, 2: 5 -30。

② 参见 Kaneko T, Pettway R H. Auctions versus book building of Japanese IPOs [J]. Pacific - Basin Finance Journal, 2003, 11 (4): 439 -462。

③ 参见陈蓉. IPO 发售机制的国际融合和中国考察 [J]. 证券市场导报, 2002 (7): 29 -33。

大了发行人和承销商的投资者管理风险①。

4. 缺点2：由于投资者的有限理性，投资者参与规模和收益率容易大幅波动

对于理性投标者而言，是否选择投标是由其期望收益决定的。但期望收益不仅要估算新股的市场价值，还需要考虑投标者的数量和投标策略。要做到IPO拍卖下的理性投标，不仅对缺乏经验的大众投资者，即使对于专业投资者也极为困难。很多缺乏经验的大众投资者往往把期望收益建立在以往IPO拍卖的收益率上。如果以往IPO拍卖的收益很高，就更可能参与接下来的拍卖②。一旦IPO拍卖短期出现了高收益，大众投资者将蜂拥而至，随之而来的是一段时期的过度申购和负收益，然后是认购不足和收益回升，接下来又开始同样的循环。这样就造成拍卖参与规模和收益率的过度波动③。

（三）询价发行：定价公允，发行成功率高，但成本也高

1. 优点1：激励机构投资者提供定价信息

询价（累计投标）定价实质上是一个信息收集与反馈的过程——承销商与投资者交流信息，以发现股票的真实价值，来决定发行价格和发行数量；反过来，投资者根据初步的定价和分配数量来提供需求信息。在累计投标定价过程中，承销商能够控制股票发行价格并实施股票的差别分配。对拥有信息优势的机构投资者，承销商的最优选择就是向其分配更多的股票，以诱使它们报出真实价格。因此累计投标定价能够有效地激励投资者独立地评估股票质量，给出真实报价④。

2. 优点2：发行成功概率较高

在现实世界中，承销商和机构投资者可能存在长久的合作关系，当市场疲软可能导致IPO失败时，承销商会推动有合作关系的机构投资者提交额外需求，并承诺在未来的热门IPO事件中给予超额分配补偿。Rocholl研究欧洲的

---

① 参见Huang H，Chiang M，Lin J，et al. Fixed - price，auction，and bookbuilding IPOs：Empirical evidence in Taiwan［J］. Finance Research Letters，2017，22：11 - 19。

② Chiang等（2011）在台湾的IPO拍卖中发现过类似行为，Kaustia和Knüpfer（2008）在芬兰的固定价格公开发行中也找到过相关的证据。

③ 参见Jagannathan R，Jirnyi A，Sherman A G. Share auctions of initial public offerings：Global evidence［J］. Journal of Financial Intermediation，2015，24（3）：283 - 311。

④ 参见Benveniste L M，Spindt. P A. How investment bankers determine the offer price and allocation of new issues［J］. Journal of Financial Economics，1989，24（2）：343 - 361。

IPO 数据发现，累计投标定价方式下，承销商分配新股时，偏好那些能在新股发行需求不足时为其提供支持的机构投资者①。

3. 优点 3：减少“搭便车”导致的价格扭曲

在累计投标定价方式下，承销商鼓励投资方对每一个发行项目独立评估、真实报价，并以提高股份配额作为激励。“搭便车”的投资者或是被削减股份配额，或是只能在定价完成后以价格接受者的身份参与 IPO 申购。通过这种方式，累计投标定价最大限度地减少了“搭便车”行为对股票发行价格的扭曲②。

4. 缺点 1：容易形成承销商与机构投资者的利益输送

在美式累计投标定价方式中，IPO 的股份分配实际上是由承销商操控的“黑箱”。为了与自己的客户（具备信息优势的机构投资者）建立长期的合作关系，承销商往往利用配售权向其进行利益输送，并通过与客户的其他合作来获得回报。这意味着在发行人—承销商的委托代理关系中，承销商的行为是以自身利益而非发行人利益最大化为根本取向③。Binay 等④研究了 IPO 当中承销商和投资者的关系，发现承销商新股分配偏好于那些与它有过合作的机构投资者。

5. 缺点 2：发行成本最高

1992—1999 年 65 个国家或地区的 IPO 数据表明，累计投标定价的发行成本大体是固定价格发行的 2 倍，具体来说，累计投标方式的发行成本大致为融资额的 4.5%，而固定价格方式的发行成本占比为 2.2%⑤。

三、历史借鉴：市场各有差异，询价渐成主流

（一）询价渐成主流，与定价效率、博弈和美国输出有关

从世界范围来看，IPO 定价方式的历史演变可以分为三个阶段。

第一阶段，固定价格为主。20 世纪 80 年代以前，或是一些新兴资本市场

① 参见 Rocholl J. A friend in need is a friend indeed: Allocation and demand in IPO bookbuilding [J]. Journal of Financial Intermediation, 2009, 18 (2): 284 - 310。

② 参见陈蓉. IPO 发售机制的国际融合和中国考察 [J]. 证券市场导报, 2002 (7): 29 - 33。

③ 参见 Reuter J. Are IPO allocations for sale? Evidence from mutual funds [J]. The Journal of Finance, 2006, 61 (5): 2289 - 2324。

④ 参见 Binay M M, Gatchev V A, Pirinsky C A. The role of underwriter - investor relationships in the IPO process [J]. Journal of Financial and Quantitative Analysis, 2007, 42 (3): 785 - 809。

⑤ 参见 Ljungqvist A P, Jenkinson T, Wilhelm Jr W J. Global integration in primary equity markets: The role of US banks and US investors [J]. The Review of Financial Studies, 2003, 16 (1): 63 - 99。

（如中国大陆）的初期阶段，固定价格方式是主流。除了美国和加拿大采用累计投标定价之外，全球各地的资本市场多数采用固定定价方式。

第二阶段，固定价格转向竞价和询价。20 世纪 80 年代中期至 20 世纪 90 年代中期，许多国家或地区开始逐渐放弃固定价格方式，而尝试采用拍卖定价方式，或累计投标方式，或包含累计投标的混合定价方式。

第三阶段，询价和含询价方式的混合定价胜出，成为主流。20 世纪 90 年代中期至今，单一的固定定价方式已经逐渐没落，在上一个阶段广泛实行的拍卖定价方式也被放弃，交易所纷纷转向询价（累计投标），或包含累计投标的混合定价。目前，累计投标方式已成为全世界主要资本市场广泛应用的 IPO 定价制度。

目前以累计投标方式或者混合定价作为 IPO 定价方法的国家（地区）包括北美的美、加，西欧的英、德、法、意、奥、葡、西、荷、瑞士和北欧的芬兰、挪威、瑞典，亚太的中、日、韩、澳、新、中国香港，以及南美的阿根廷、巴西、秘鲁等国，几乎包含了世界主要的经济发达国家（地区）和新兴市场国家。只有亚洲、南美和非洲的部分国家仍然采用固定价格方式；使用拍卖定价方式的国家（地区）也仅包括印度、中国台湾、越南、以色列等。

纵观全球近 50 年公开发行定价方式的演变过程，可以发现：

（1）固定价格方式被弃用，定价效率因素是一个可能的解释。由于发行价与市场信息可能无关，或者承销商无法给予投资者如实提供信息的激励，固定价格公开发售方法确实在定价效率上逊于另外两种方法。

（2）竞价被弃用，其背后的原因可能与发行人和承销商之间的长期合作的博弈因素有关。虽然拍卖方式比累计投标方式更能有效地控制 IPO 折价，但发行人为了获得更加广泛和深入的卖方研究支持，愿意选择累计投标方式，向承销商支付更高的成本①。另外，在三种定价方式中，累计投标方式赋予发行人和承销商最大的自主性，这可能也是累计投标方式在全球流行的重要原因。

（3）询价方式的流行，除了与定价效率、博弈因素有关，还与美国资本市场强盛，使其能对外输出资金和规则有关。20 世纪 80 年代以前，累计投标方式仅限于北美，随后才流行于世界各地。资本市场全球化趋势使原先各自为政

① 参见 Degeorge F，Derrien F，Womack K L. Analyst hype in IPOs：explaining the popularity of bookbuilding［J］. The Review of Financial Studies，2007，20（4）：1021 – 1058。

的 IPO 发行规则逐步趋向统一。由于美元的全球通货地位，加之美国资本市场发展程度全球领先，美国投行在 IPO 发行中占据重要地位，使美式询价方式逐渐在全球通行。

实证研究表明，尽管收费偏高，但累计投标方式的推广确实在全球范围内提升了 IPO 定价效率。同时，在美国投行介入或是以美国为主要发行市场时，累计投标方式定价效率比较高的优势才更明显。这从侧面印证了美式累计投标方式的推广未必完全源于其效率和优越性，也可能源于美国资本市场的强大和美国投行的重要地位①。

（二）日本股票市场的定价——从固定到竞价到询价

目前，日本主要的 3 个新兴证券市场都隶属于日本交易所集团，分别是 Mothers、JASDAQ 和 TOKYO PRO Market。截至 2019 年 10 月 15 日，Mothers 挂牌公司共有 298 家，JASDAQ 标准共有 674 家挂牌公司，JASDAQ 成长共有 37 家挂牌公司，TOKYO PRO Market 共有 32 家挂牌公司②。如图 1 所示。

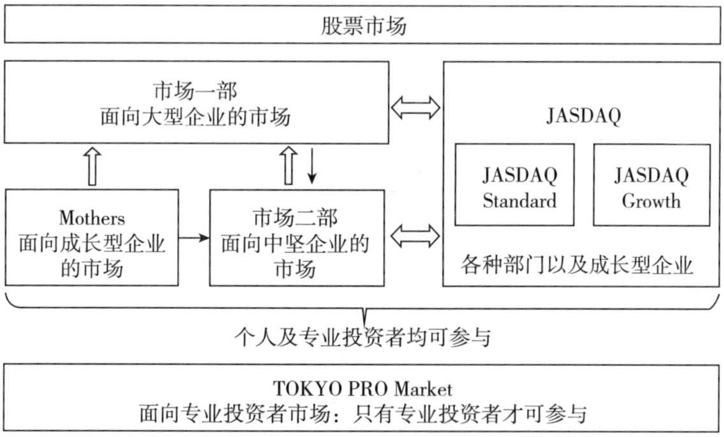

图 1　日本资本市场结构

1989 年 4 月以前，日本股票的 IPO 价格是由日本证券业协会（JSDA）和证券交易所规定的公式所计算出来的。承销商选择部分与发行人相似的可比上市公司，将其市场价格和有关财务数据代入公式计算得到 IPO 发行价。1989 年初，由于一场与 IPO 相关的政治丑闻，日本放弃了可能导致 IPO 定价过低的公

① 参见 Ljungqvist A P，Jenkinson T，Wilhelm Jr W J. Global integration in primary equity markets：The role of US banks and US investors［J］. The Review of Financial Studies，2003，16（1）：63－99。

② 引自日本交易所集团网站，www. jpx. co. jp/english/listing/co/index. html。

式定价，转而采用差别拍卖定价。一直到 1997 年末，差别拍卖是决定日本股票 IPO 发行价的唯一方式。

为便于创业早期的高技术公司寻求资本，美式累计投标定价方式实验性地被引入到新兴市场。1997 年 9 月，美式累计投标定价方式被扩展到 JASDAQ 中所有的 IPO 股票发行当中，作为差别拍卖定价的一种补充机制与其并行。在美式累计投标定价方式被正式许可后，即使监管当局并未要求停止使用拍卖定价，但几乎所有日本的 IPO 发行都转而采用了累计投标定价。

（三）中国香港股票市场的定价——从固定到混合

香港股市至今已有上百年的历史。1986 年，香港的四家证券交易所合并成立香港联合交易所，1999 年，为支持科技型中小企业的发展，香港联交所推出创业板，见图 2。

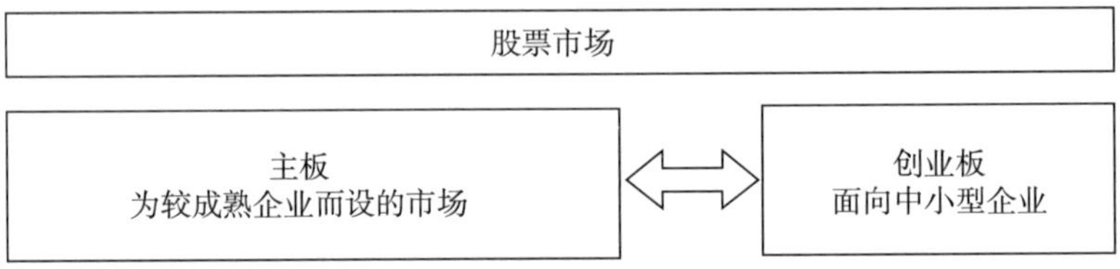

图 2　香港资本市场结构

1980—1994 年，香港 IPO 采用固定价格方式；但随着香港证券市场国际化程度不断加强，1994 年 11 月，香港证监会和香港联交所发布《关于招股机制的联合政策声明》，确立了香港 IPO 定价采用累计投标询价 + 固定价格发行的混合定价方式。

在香港，IPO 的定价是充分市场化的。保荐人分析师先与目标机构客户进行预路演，根据机构客户反馈意见设定价格发行区间，随后开始为期两周的正式路演。发行人高管在保荐团队的带领下，奔赴世界各大金融中心，向目标机构客户路演公司现状和远景。在买卖双方的多轮博弈后，保荐团队最终确定发行人与机构投资者均可接受的发行价格。随后以该价格向投资者配售。香港的 IPO 配售分为国际配售和香港公开认购两个部分，机构和专业投资者大多通过国际配售来认购，散户则通过公开认购来进行申购。公开认购采用“人人有份”的原则，保证每个有效申请账户都能按照一定基准，获得部分新股股份。

香港以金融自由港的身份，在国际配售过程中对承销商定价、配售的约束更少，更关注发行过程的透明度，同时在公开认购过程中也尽量保证普通投资者能获得一定的新股。

(四) 中国台湾柜买市场定价——监管推动竞价拍卖成主流

台湾股市最早起源于20世纪50年代的店头市场，经过60多年的发展，形成了以“主板—上柜—兴柜—创柜”构成的多层次资本市场体系。目前第一层次的主板市场，为1962年正式成立的台湾证券交易所，在此上市的多是规模较大的传统行业成熟公司。不属于第一层次的“上柜”“兴柜”和“创柜”，都隶属于柜买市场。不同于主板市场，柜买市场主要服务于中小企业。截至2019年10月31日，挂牌上柜公司776家，兴柜公司239家，创柜公司91家。其中，创柜板仅能采用非公开发行股权融资，且不具备交易功能。如图3所示。

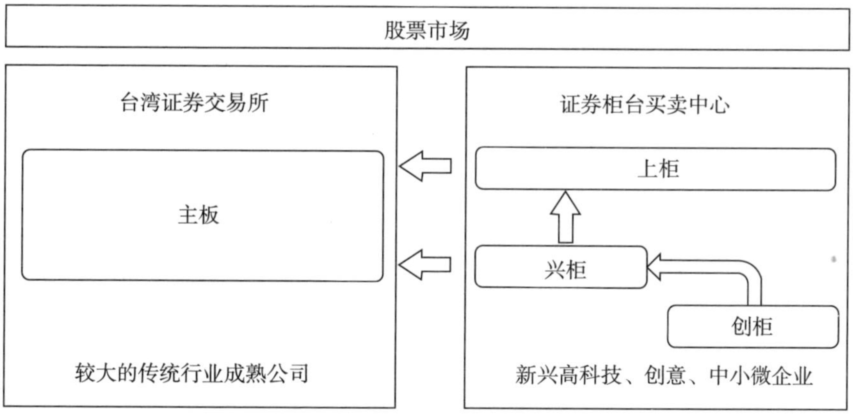

图3　台湾资本市场结构

1995年以前，台湾IPO仅允许固定价格发行。1995年，台湾“金管会”引进了累计投标定价和拍卖定价方式，利用市场机制反映股票价格，以改善融资效率，与国际接轨。此后，针对IPO发行中出现的问题，在2005年、2006年、2010年和2015年，台湾又对其进行了多次调整。目前台湾IPO发行允许三种定价方式：竞价拍卖、询价圈购（即累计投标定价）与发行人议定（即固定价格）。

由于在累计投标方式下多次发生违规配售现象，持续引发外界质疑①，

① 2015年以前，台湾实行的累计投标制度中，投资人参与询价只是表达认购意愿，对申购不具备约束力；承销商也可以不按照投资人的询价意愿来分配，而是可以自主决定销售对象和销售数量。因此发生了多起承销商配合发行公司保持控股权或利益输送，将股份配售给特定人的案件，而且市场对股份分配过程的黑箱操作也多有诟病。

2015年台湾"金管会"决定推动优先采用拍卖方式进行配售。目前，台湾IPO发行的主流是混合定价方式，绝大部分新股采用了竞价拍卖+公开申购分配的发行方式。从2018年初至2019年9月，台湾共出现83家公司初次上市，其中80家采用竞价拍卖定价，2家采用累计投标定价，只有1家采用固定价格①。

（五）公开发行定价方式是资本市场环境和监管部门两者合力的结果

结合各国和地区理论与实践的经验，可以对公开发行定价方式总结如下。

1. 采用哪种定价方式，与该市场的成熟度相关

在一个资本市场发展的初期，如果IPO规模较小、投资者数量较少、市场相关方不够成熟，更适合采用最简便、快速的固定价格方式。而当资本市场充分发展，则应转移到以累计投标或拍卖方式为主的定价机制中。比如，现阶段亚非拉的落后国家，以及40年前世界上的大多数国家，都采用简单的固定价格发行方式；而目前累计投标定价方式已经在世界上的主要资本市场占据了主流地位。

2. 主管机构的价值导向对采用何种定价方式影响巨大

制度永远需要平衡公平与效率。美国资本市场是自下而上自主发展、由券商主导形成的，因此其IPO规则也偏向于赋予券商更多权利，包括自主定价权、股票的自主分配权等。中国香港作为资本和贸易的自由港，其IPO规则对券商的限制也比较少。但中国台湾监管机构面对IPO累计投标方式引发的配售腐败，选择力推拍卖方式代替累计投标方式。在行政力量的强力推动下，拍卖方式就成为台湾IPO的主流。

四、三种定价方式如何抉择

（一）新三板公开发行特点：规模小，投资人少，承销商不成熟

1. 从企业端来看，企业体量较小，平均融资规模低

（1）精选层的市值门槛较低，标准1仅规定了2亿元市值，假设25%的市值融资，仅对应5000万元；

（2）新三板公开发行允许符合条件下的小规模IPO，最低门槛为100万股，100人以上，因此募资下限大概率应该低于5000万元；

---

① 数据来自台湾证券商同业公会网站公布的承销公告。

（3）新三板定位于服务中小企业，挂牌企业收入、利润、市值平均远低于A股。

2. 从投资人来看，精选层定位于合格投资者，门槛高，人数暂时较少

公开发行为向精选层合格投资人配售。虽然精选层是场内市场，但非交易所，门槛为100万元金融资本，高于科创板的50万元。

3. 承销商不成熟

首先，公开发行在新三板是新制度，因此不仅是投资者，承销商也没有准备好，承销商还需要积累新三板的合格机构投资者的销售渠道；其次，A股“打新必定赚钱”的历史经验，导致券商投行在承销方面缺乏经验，投行“资本市场部”作用更多在于公关和营销，而非定价和配售，难以为新三板提供更多的经验支持；最后，A股的定价和配售机制较为明确，没有像香港IPO配售那样赋予发行人和券商较多自主裁量权。虽然精选层公开发行给了券商更多的自由度，然而也考验着券商的综合方案制订能力。

（二）券商的机遇与挑战：定价能力成为核心，承销重要性大大上升

我们认为，核准制市场的难度在于保荐，而注册制市场难度在于承销。虽然新三板公开发行还是在现行《证券法》框架下的核准制，但其审查程序已经充分借鉴了科创板的注册制试点，未来将向注册制演变。因此，相对于保荐来说，承销将变得越来越重要。

从新三板公开发行的业务规则来看：

1. 股东大会确定价格区间：考验承销商与发行人的沟通能力

《公开发行规则》规定，由股东大会确定发行价格区间或发行底价。但中小企业的定价是一个公认的难题，股东大会确定的价格区间是否合理，会不会跟市场意见冲突，这还是一个未知数。可能部分股东定价的唯一标准就是希望高于发行前老股持有成本，因此券商需要提早与公司股东进行沟通。而在公司股权较为分散时，这种沟通的成本会比较高。

2. 网下自主配售：发行自由度更大，综合能力要求更高

新三板公开发行赋予承销商一定的定价权和分配权，发行自由度更大，比A股IPO定价更加市场化。A股目前实施的是“询价＋定价”的混合定价方式，承销商向网下投资者询价并确定发行价，网上投资者按该价格申购新股。网下投资者按比例配售，网上投资者抽签配售，承销商没有自主配售权。但在市场化的询价方式下，承销商有能力发现股票的真实价值，其重要原因就在于

承销商具有股票的定价权和分配权，能有效激励投资者彼此独立评估股票质量，给出真实报价。

与A股IPO发行时不需要太多考虑新股分配相比，新三板公开发行的承销商必须考虑更多关于如何分配新股的问题。更大的自由意味着更大的责任，由于被赋予一定的新股分配权，新三板公开发行的承销商必须在激励网下投资者真实报价，与公平合理分配新股，避免损害发行人利益之间取得平衡。

总而言之，与A股的IPO相比，新三板公开发行赋予承销商更多自主权，但随之而来的是对承销商的定价能力、销售能力、客户资源、分支网络、研究支持等综合实力提出了更高要求。

（三）大市值明星项目用询价，竞价方式在早期具备特有优势

直接定价方式更适合迷你IPO。对于融资规模较小、投资人数量较少的迷你IPO，预计发行人和承销商将更倾向于采用流程简便、耗时更短的定价方式。但即使不采用累计投标询价，承销商也会向意向投资者推销股票、咨询价格，但买方的报价不具备约束力，仅会作为参考。

询价方式可能会应用于大市值明星项目。预计大市值明星项目的发行模式更靠近A股，即采用全球较为流行的通用方法进行定价。这是由于这些公司的成本承受能力强，询价投资者也可能更多，最重要的是，券商更有动力用明星项目来维护客户关系，而这需要赋予承销商更大的权利。

竞价方式在市场发展早期有其特有优势。在新三板引入“公开发行”的早期阶段，投资者数量还较少，券商也缺乏定价经验。一方面，发行人和承销商可能在定价上不能取得一致意见；另一方面，承销商也没有积累足够多的合格投资人客户来询价和配售。这时，采取一种公开透明的拍卖定价方式是较为可行的。但从全球范围来看，竞价方式没有成为主流，集体非理性和博弈下的定价扭曲更容易在中小项目中发生。因此，我们预计未来竞价发行的项目数量会比较少。

从多层次资本市场定位来看，新三板起到了承上启下的作用，将原来二分法的“股权市场”和“股票市场”连接起来，因此有必要在制度安排上更加灵活和市场化。允许发行人自主选择三种定价方式就是其中很重要的制度创新。这在精选层市场发展的初期非常重要。此外，从海外实践来看，在询价发行中遏制承销商在配售过程中可能的利益输送或黑箱操作，是相当必要的。在这点上，新三板规定针对网下投资者的配售原则、配售方式应事先确定并公

告，既保证了承销商制定分配规则的权利，又保证了分配规则公开披露接受市场监督。通过理论研究和国际对比，我们认为，随着新三板市场定价越发成熟，询价将成为新三板首次公开发行最主流的定价方式。

行政监管措施中《上市公司治理准则》适用情况分析

——浅析地方证监局的公司治理监管角色

陈铭宇*

摘　要：本文通过梳理2016—2019年证监会对上市公司及相关主体采取的行政监管措施文书，总结了地方证监局在采取相关措施中对于《上市公司治理准则》的适用情况，并从规范、环节、方式与手段等方面，初步探析了地方证监局的公司治理监管角色。最后，结合新《证券法》的施行以及当前上市公司的公司治理现状，形成了进一步提升公司治理监管效能的若干建议。

关键词：《上市公司治理准则》　公司治理监管　地方证监局

完善的公司治理是提高上市公司质量的关键。尽管学界对于公司治理的内涵理解不同，[①] 但一般认为，好的公司治理应有助于管控公司利益相关者之间的利益冲突，[②] 确保公司有效地创造价值，回报所有与其发生关联的主体。上市公司在我国全体公司中数量占比低，但创造价值大，牵涉股东等利益相关方范围广，在国民经济中占有非同一般的地位，其治理水平尤其受到重视。近来一段时间，证监会将提高上市公司质量作为监管的首要目标，并且将重点放在

* 陈铭宇，深圳证券交易所助理经理、法学硕士。本文仅代表个人观点，不代表所在单位观点。

① 参见赵万一，华德波．公司治理问题的法学思考——对中国公司治理法律问题研究的回顾与展望［J］．河北法学，2010（9）。

② 参见尤以大小股东、股东与管理人、股东与债权人之间的委托代理关系所引发的冲突最为典型突出。Reinier Kraakman et al.. The Anatomy of Corporate Law［D］. Oxford University Press，2009。

强化公司治理上，包含信息披露和内部控制。[①] 因此，本文选择地方证监局的公司治理监管角色作为切入点，对证监会公司治理监管工作的一个重要方面进行初步观察和简要评论。

一、上市公司治理监管概况

毋庸置疑，公司治理的标准，如公司必备机构和权责、各利益相关方的行为规范等，主要由《公司法》加以规范；《证券法》则以强制信息披露为主要手段，借由透明的信息披露制度和公开市场的有效定价对公司运营形成评价和监督，并结合公众公司特点在《公司法》基础上对各相关方进一步赋权（如投票权征集）和约束（证券集体诉讼机制）。在此基本框架内，证监会对于上市（挂牌）公司的公司治理模式拥有广泛而重要的影响力甚至决定权，[②] 如规范投票权差异化公司上市，推行独立董事以及专门委员会制度，等等。在诸项规范中，证监会于2002 年1 月7 日发布实施的《上市公司治理准则》（以下简称《准则 2002》，后于 2018 年 9 月 30 日修订，简称《准则 2018》，二者合称《准则》）构成了上市公司须遵守的公司治理关键规范。

与其他法域常见的“遵守或解释”策略[③]不同，中国对上市公司治理情况的监管以法律、证券监管规则和交易所自律规范为依据，均具有约束力，[④] 执行上，由作为证券监管机关的证监会及其派出机构、作为自律监管组织

---

① 参见2019 年5 月11 日，中国证券监督管理委员会主席易会满在中国上市公司协会2019 年年会上的讲话。

② 对比美国，由于公司治理事项主要为公司法管制的范畴，属于州权，且法院对行政机关规则制定的合法性适用了较为严格的测试标准，如要求其符合成本收益的考量，参见 The Business Roundtable v. SEC，647 F. 3d 1144（D. C. Cir. 2011），该案对涉及股东提名董事候选人权利的 Rule 14a－11 的合法性审查；另见 The Business Roundtable v. SEC，905 F. 2d 406（1990），该案对美国证交会一项规则 Rule 19c－4进行了审查，该规则禁止自律组织挂牌交易采取了减损（现有普通股之）一股一权行为之公司的股票，法院认定该规则超越了对披露事项的管制，超越了对自律组织管理和行为的管制，而属于传统上属于州法管制的公司治理事项，不属于 SEC 的职权范围。尽管后续交易所在 SEC 要求下纳入类似内容的上市规则。

③ 关于经济合作与发展组织国家及其他主要资本市场所在法域的公司治理监管对比情况，参见 OECD（2019），OECD Corporate Governance Factbook 2019，available at www. oecd. org/corporate/corporate－governance－factbook. htm。

④ 《准则 2002》导言、《准则 2018》第二条。《准则 2002》第九十一条要求公司披露“公司治理的实际状况，及与本准则存在的差异及其原因”，但该条在《准则 2018》中被删除，因而其适用的强制性得到了加强。

的交易所加以监督落实，对存在重大问题的，督促其采取有效措施予以改善。①

本文所关注的证监会派出机构（主要是各地方证监局）对这一职责的履行，主要体现为对上市公司进行现场检查，发现公司治理相关问题，并通过责令改正、约见谈话等行政监管措施加以矫正。② 因此，本文检索2016年③至2019年末证监会网站公开的、对上市公司及相关主体采取的行政监管措施文书，总结其对《准则》的适用情况，并分析其主要关注重点和所发挥的角色。需要说明的是，这一描述分析视角不能囊括证监局在公司治理领域的全部工作，如并未考虑其在拟上市公司辅导验收中提升公司治理水平，以及通过行政处罚惩戒严重的治理违法行为等方面的角色。

二、公司治理检查的主要关注点

（一）上市公司独立性受损

《准则2002》第二章“控股股东与上市公司”第二节“上市公司的独立性”之下第二十二条至第二十七条对上市公司独立性的要求进行了细化，在《准则2018》中，第六章“控股股东及其关联方与上市公司”第二节“上市公司的独立性”之下第六十八条至第七十三条基本予以延续，仅对相关内容进行了优化，如将规范对象从“控股股东”扩展为“控股股东、实际控制人及其关联方”等。表1较为直观地展示了地方证监局对独立性受损的监管情况。

① 《准则2018》第六条。

② 证券期货监管领域的行政监管措施，之前散见于法律法规规章甚至更下位的规则中，较为集中地规定于《证券期货市场监督管理措施实施办法（试行）》。2019年12月修订《证券法》时，在第一百七十条第二款中明确予以规定——“为防范证券市场风险，维护市场秩序，国务院证券监督管理机构可以采取责令改正、监管谈话、出具警示函等措施”。

③ 证监会在《证监会全面公开上市公司行政监管措施》一文中明确，从2016年9月1日起，对上市公司行政监管措施实行集中公开。中国证券监管管理委员会，http://www.csrc.gov.cn/pub/newsite/zjhxwfb/xwdd/201608/t20160805_301738.html。

表 1　地方证监局对独立性受损的监管情况

<table>
<tr><th>条文主要内容</th><th>适用案例</th></tr>
<tr><td rowspan="3">《准则 2002》第二十二条原则性规定“控股股东与上市公司应实行人员、资产、财务分开，机构、业务独立”，为《准则 2018》第六十八条所沿用。</td><td>山东证监局 2019 年 3 月《关于对烟台张裕葡萄酿酒股份有限公司采取责令改正措施的决定》① 认定，张裕 A 对于有条件自行注册的商标和专利，仍由控股股东张裕集团注册或申请后特许上市公司使用，影响上市公司资产独立性。</td></tr>
<tr><td>厦门证监局 2017 年 8 月认定，厦门厦工某子公司在人员方面与控股股东关联方分开不彻底，办公场所及部分办公设备由集团及关联方无偿提供，2015—2016 年采购、销售业务的绝大部分由集团关联方引荐客户和供应商。</td></tr>
<tr><td>辽宁证监局 2019 年 11 月认定，营口港在业务管理方面接受控股股东的“穿透式”管理，部分会计基础工作需请示控股股东方可开展，财务负责人的选任实行委派制，部分高管人员仍与控股股东签订劳动合同，此外，个别职能部门与集团职能部门合并。②</td></tr>
<tr><td rowspan="3">《准则 2002》第二十三条规定，上市公司高管在控股股东单位不得担任除董事以外的其他职务，《准则 2018》第六十九条大体予以沿袭。</td><td>上海证监局 2019 年 5 月认定，丰华股份财务总监张望宁同时在控股股东履行财务经理的工作职责。</td></tr>
<tr><td>辽宁证监局 2019 年 1 月认定，红阳能源副总裁同时在控股股东担任安监局局长。</td></tr>
<tr><td>大连证监局 2019 年 12 月认定，大连热电的财务总监不行使财务总监的权限，实际负责人为控股股东的总会计师。</td></tr>
<tr><td rowspan="3">《准则 2002》第二十五条规定，上市公司应……建立健全的财务、会计管理制度，独立核算，控股股东不得干预，其内容为《准则 2018》第七十一条所沿袭。</td><td>辽宁证监局 2019 年 1 月认定，红阳能源的控股股东通过设定财务指标及对上市公司下属部门下达任务的形式，干扰上市公司财务独立。</td></tr>
<tr><td>宁波证监局 2019 年 12 月认定，围海股份控股股东未经上市公司同意，获取后者公章、财务专用章、财务部门章、网银复核 U 盾等重要资料。</td></tr>
<tr><td>湖北证监局 2018 年 8 月认定，湖北能源生产经营管理事项、投资管理事项需根据控股股东三峡集团批复开展，与集团共同使用 NC 财务系统服务器，其后台数据、一至三级科目设置等由集团管理和控制，公司进行后台数据读取、查询等操作需其同意。</td></tr>
</table>

① 后文隐去行政监管措施文书，可以根据采取措施的主体和时间进行检索。

② 其他如广东证监局 2018 年 12 月认定，上市公司韶钢松山的机构设置和人员管理与控股股东未完全分开，韶钢松山的财务核算与控股股东公司未完全分开；重庆证监局 2017 年 12 月认定上市公司重庆建工的控股股东的资金结算、财务核算、账户管理等由上市公司资金管理中心人员代为实施，控股股东资金管理中心人员有权查询上市公司及下属子公司的资金账户情况；四川证监局 2016 年 12 月认定，上市公司长城动漫某子公司财务部出纳由上市公司控股股东长城影视文化企业集团有限公司派出人员兼任，另一家子公司法人代表兼总经理的社保关系仍在原工作单位长城集团下属企业，未纳入上市公司。

续表

条文主要内容	适用案例
《准则2002》第二十六条规定，控股股东及其下属机构不得影响上市公司经营管理的独立性，其内容基本由《准则2018》第七十二条沿袭。	辽宁证监局2019年5月认定，惠天热电的控股股东以下发会议纪要的形式指定上市公司煤炭采购供应商名录，干扰其独立运营。
	四川证监局2016年11月认定，成发科技间接股东直接向上市公司子公司下发各类文件和业务管理办法，推荐任免其副总经理等管理人员，下达年度预算及营业收入、利润总额和成本费用等指标。
《准则2002》第二十七条规定，上市公司业务应完全独立于控股股东，控股股东及其下属的其他单位不应从事与上市公司相同或相近的业务，《准则2018》第七十三条延续了该条文的内容。	广东证监局2019年12月认定，宜华健康与控股股东共同投资的关联企业控股了多家医院及养老产业公司，与上市公司现有业务存在一定的同业竞争。
	大连证监局2019年12月认定，大连热电业务缺乏独立性，在煤炭采购、生产运营、产品销售等环节与控股股东热电集团存在关联交易和同业竞争。

（二）股东资金/资产占用

《准则2002》第十四条规定，上市公司应采取有效措施防止股东及其关联方以各种形式占用或转移公司的资金、资产及其他资源，第二十四条规定，控股股东不得占用、支配该资产或干预上市公司对该资产的经营管理，相关内容为《准则2018》第七十条所沿袭。

在这个类别下，最常见违规行为即是上市公司控股股东、实际控制人或其关联方直接占用上市公司的资金，例如，上海证监局2019年9月认定，鹏起科技2018年末被实际控制人及其关联方占用资金合计金额74678.96万元，违反《准则2002》第十四条的有关规定。[①] 此外，地方证监局还认定了一些较为隐蔽的资金占用情形，例如向集团财务公司归集大量资金而仅获得较少贷款（辽

① 类似违法违规情形认定参见下述行政监管措施文书，不再详述：上海证监局2019年11月《关于对中曼石油天然气集团股份有限公司采取出具警示函措施的决定》、上海证监局2019年11月《关于对上海龙韵传媒集团股份有限公司采取出具警示函措施的决定》、江苏证监局2018年8月《关于对江苏蓝丰生物化工股份有限公司采取责令改正监管措施的决定》、福建证监局2017年5月《关于对天广中茂股份有限公司采取出具警示函措施的决定》、上海证监局2019年12月《关于对万达信息股份有限公司采取责令改正措施的决定》、辽宁证监局2019年1月《关于对辽宁红阳能源投资股份有限公司采取责令改正措施的决定》。

宁证监局2019年11月对营口港的认定）、通过购买信托产品间接认购控股股东控制的企业发行的债务凭证（上海证监局2019年5月对丰华股份的认定），超额向关联方提供配套资金（浙江证监局2016年2月对浙江东方的认定），以预付金形式占用资金（海南证监局2019年5月对新大洲的认定），以及子公司土地被少数股东占用（四川证监局2016年11月对成发股份的认定），等等。

（三）与关联交易相关的公司治理问题

《准则2002》在第一章"股东与股东大会"第三节"关联交易"之下，以第十二条至第十四条规定了关联交易的相关规范，分别涉及缔约及披露要求（第十二条）、定价要求（第十三条）和防止占用或转移公司资源的要求（第十四条）。《准则2018》第六章"控股股东及其关联方与上市公司"第三节"关联交易"之下，以第七十四条至第七十七条进行了规定，相比2002年版本略有简化，分别概括地规定了程序和披露要求（第七十四条）、缔约要求（第七十五条）、定价要求（第七十六条）和禁止利用关联交易实现不当目的（第七十七条）等。

在具体适用方面，第十四条主要规制资源占用问题，已在上文介绍。其余援引较多的条文有《准则2002》第十二条和《准则2018》第七十四条。如福建证监局认定游族网络的全资子公司与实际控制人林奇持股80%的企业签订协议，约定共同建设"影游联动生态发展平台"，对此未履行相关审议程序和及时披露义务；山东证监局2019年5月认定金正大与诺贝丰（中国）农业有限公司等关联方发生大额资金往来，但未按规定进行披露；广东证监局2017年9月认定，易事特部分子公司与关联方江南集成科技有限公司发生的1500万余元的交易未履行审批程序及信息披露义务。也有证监局从更实质的角度评判关联交易的公允性，如海南证监局认定新大洲全资子公司向实际控制人陈阳友控制的企业支付预付款采购牛肉，在另一个交易下向关联方多退回预付的牛肉采购款，以此形成非经营性资金占用，属于利用不公平的交易条款损害上市公司利益。

（四）与股东大会相关的公司治理问题

《准则2002》第一章"股东与股东大会"和第二节"股东大会的规范"设置了相关规范，分别要求章程对股东大会的召集和表决程序进行规定（第五条）、审议事项要求（第六条）、对董事会的授权（第七条）、便利股东参与原则（第八条）、委托投票（第九条）、投票权征集（第十条）、鼓励机构投资者发挥作用（第十一条）等。《准则2018》第十二条至第十七条基本承接了《准则2002》的规定，主要的改变是明确了制定股东大会议事规则的要求（第十二条）、禁止对股东征集投票权设定最低持股比例限制（第十六条，但新《证券法》第九十条将持股比例设置在1%以上）、将规定于原第三十一条的累积投票权纳入本部分（第十七条）。

相关监管实践如重庆证监局2019年1月认定，秦安股份2017年第一次临时股东大会发出股东大会通知时间不符合《公司法》要求，个别股东在接到该会议通知时距股东大会召开已不足15日；贵州证监局2016年10月认定，赤天化股东大会存档资料中未见独立董事述职报告、未见参会人员签到簿，2014年股东大会大股东赤天化集团委托董事周俊生出席，委托日期及内容存在错误。相关问题主要集中在违反程序性要求方面。

（五）与董事会相关的公司治理问题

《准则2002》第三章“董事与董事会”以第二十八条至第五十八条的大篇幅规定了董事的选聘程序、董事的义务、董事会的构成和职责、董事会议事规则、独立董事制度和董事会专门委员会等内容。《准则2018》则在第十八条至第四十三条予以规定，主要进行了部分归并化简，并重点完善了关于独立董事（报告工作制度、冲突时主动履职要求，第三十七条）、审计委员会（应当设立，第三十八条）的相关规定。

在这一领域发现的主要问题包括，一是召开董事会和专门委员会时未在规定时间内提前通知董事（违反《准则2002》第四十六条，广东证监局2016年11月对艾派克的认定及2018年12月对雪莱特的认定）；二是相关董事未回避表决涉及自身薪酬的议案（违反《准则2002》第七十一条，广东证监局2017年7月对溢多利的认定及2019年2月对省广股份的认定）；三是董事会会议记录不够完整（违反《准则2002》第四十七条，广东证监局2018年12月对雪莱特的认定，贵州证监局2016年10月对赤天化的认定）；四是决策程序倒置（违反《准则2002》第四十六条，深圳证监局2019年3月对全新好的认定）；五是审计委员会未有效地监督内部审计制度的实施（违反《准则2002》第五十四条，四川证监局2016年12月对长城动漫的认定）；六是独立董事未对更换董事事项发表独立意见（违反《准则2002》第五十条，贵州证监局2016年10月对赤天化的认定）；七是在未获提名人确认的情况下通过董事候选人议案，董事长未忠实、勤勉履职（违反《准则2002》第三十三条，山东证监局2018

年2月对亚星化学的认定）。

（六）一般性公司治理缺陷

对于不容易类型化，比较泛化的公司治理缺陷问题，有些证监局也适用了一般性条款，如《准则2018》第三条，明确“上市公司治理应当健全、有效、透明，强化内部和外部的监督制衡，保障股东的合法权利并确保其得到公平对待，尊重利益相关者的基本权益，切实提升企业整体价值。”《准则2018》第九十四条，规定“上市公司应当建立内部控制及风险管理制度，并设立专职部门或者指定内设部门负责对公司的重要营运行为、下属公司管控、财务信息披露和法律法规遵守执行情况进行检查和监督。”

如山西证监局2019年9月认定，狮头股份子公司龙净水业存在部分销售出库单时间早于发货通知单签批日期、个别水环境综合治理项目开工时间早于中标及签订合同日期、水质检测费、人员工资等部分工程后续支出未及时记账等情况，违反《准则2018》第九十四条。大连证监局2019年1月认定，天宝食品内部控制存在缺陷，公章使用不规范，存在董事长未经登记自行使用公章情况；公司收到民事裁定书等重要文件后，未按照重大事项报告制度及时告知信息披露责任部门，违反了《准则2018》第九十四条。深圳证监局2019年12月认定，任子行收购的唐人数码持续存在重大违规经营行为，且在收购前就已经存在，公司未充分尽调并审慎投资，此外，公司收入确认相关内部控制存在明显瑕疵、关联方管理及内幕信息管理不完善、对子公司委派的财务人员级别低、经验少，且更换频繁，未能及时了解并处理子公司在经营管理等方面的异常情况，不符合《准则2018》第三条和第九十四条的规定。

（七）公司治理情况的披露

除了实体性要求外，《准则》也很看重公众公司的透明度，信息披露本身就是良善公司治理的一部分，而公司治理的有关信息也是需要披露的重要内容，体现于《准则2002》第九十一条，并为《准则2018》第九十六条所继承。

实际引用例子有，安徽证监局2018年5月认定中弘股份实际控制人王永红凌驾于公司内部控制之上，干预公司经营管理，直接决策公司的重大事项，董事会、监事会及管理层难以发挥应有的作用，导致公司在大额资金管理、对外投资等方面存在未履行董事会和股东大会审批程序的情形，并且当该事项发生后，公司未及时进行披露；安徽证监局2018年11月认定，新光圆成印章管理、合同签订、对外担保等相关内控制度未得到有效执行，导致公司在未履行董事会和股东大会审批程序的情况下，向控股股东及其关联方提供对外担保（涉及金额 20.55 亿元）向控股股东非经营性提供资金（涉及金额 14.35 亿元），并且未按照规定进行信息披露。

三、证监局的公司治理监管角色初探

证券监督和公司治理都是内涵极为丰富的概念，本文无法对证券监督机关如何监管公司治理这一宏大命题进行全面深入探讨，仅对证监局的公司治理监管角色进行试探性的描述和分析。

（一）规范：规则导向与原则导向

地方证监局主要负责证券期货市场一线监管工作，对辖区内市场主体的信息披露、治理情况、内部控制等进行检查，[①] 在公司治理监管领域的角色，主要是确保相关法律法规和证监会规则得到切实执行。证监会和相关自律组织经过多年公司治理经验的积累，在诸多细分领域已经制定出大量具体规则，如针对内部控制和信息披露已有以《企业内部控制基本规范》《信息披露管理办法》为代表的完备规则体系，对于相关主体承诺、募集资金使用、上市公司收购等特殊事项，更有具体针对性的规则。对广义的公司治理相关违法违规行为的监管，很大一部分并不引用较为原则的《准则》。

尽管如此，证监局对《准则》适用情况的检查和援引仍有重要意义。公司治理规范需要保留一定的原则性、包容性和灵活性，以应对多变且不断升级的利益冲突场景，应对利益冲突在特定公司中的具体形态。以上文案例为例，现实中侵害公司独立性的方式多种多样，规则导向的规定未必能够事先穷尽；又如随着公司资本运作空间的扩大，在高送转、回购和再融资等新场景下可能出现新的利益冲突形态，市场对公司治理机制的进化和升级也有新的要求和期待。《准则》为证监局提供了指引，在其对一家上市公司进行详尽全面的现场检查后，可以形成对其是否符合理想公司治理模式和满足当下减少利益冲突需求的判断，防止上市公司仅仅满足于不违反相对静态的明文规则的底线要求。

（二）环节：事前准入与事后监管

公司治理监管可以区分出事前准入与事后监管的两个环节。证监会对于股份发行和特定并购重组事项进行行政许可，为申请主体设置了相关的公司治

---

① 《中国证监会派出机构监管职责规定》第三条、第十条。

理/内控要求。[①] 实践中不乏因公司治理缺陷而被否决的案例，如 2012 年河南思可达申请首次公开发行，因为与控股股东曾存在同业竞争，高管存在交叉任职、存在较多资金拆借而被认定为独立性存在缺陷。[②] 2019 年兰太实业拟并购氯碱化工行业关联资产，因控股股东尚存有同业竞争的资产未注入，且标的报告期内存在较多上下游关联交易以及资金拆借，如何保障上市公司的独立性被质疑。[③]

而地方证监局主要是对已经实现证券化的资产进行事后监督，上文已对证监局通过日常现场检查发现的公司治理问题进行了分类介绍，其中重点关注的领域包括上市公司独立性、三会运作、同业竞争、并购重组后对子公司的管控，等等。事前准入考察的是申请主体在报告期间及申请时点的治理状态，而相对而言，上述事项则需要公司/资产上市后，在漫长的存续期内由一线证券监管部门投入精力，持续跟踪、应对变化并及时矫正。

（三）方式：个案裁断与一般检查

偏离理想公司治理模式的行为可能对利益相关方造成损害，但这些行为往往很难甄别且颇具争议，有些措施是防御性的，仅是潜在对公司治理有损害效果，如提高股东行使提案权所需条件；有些决策部分依赖第三方专业意见，如董事会进行对外投资；有些决策背后存在混合动机，如反收购条款既可能是为了防御掠夺性的控制人，也可能是为了保住现有股东的控制地位。诸如此类，情况复杂，一般适合以司法裁判的方式，通过成文规则和案例总结形成标准，[④] 并对个案进行事实分析、规则适用和责任认定，完成个案裁断。

而地方证监局对公司治理情况的检查主要是覆盖面较广的一般检查，关注其整体是否独立，制度是否完备，程序要求是否落实，机制运转是否顺畅，对于较为突出的公司治理问题，更多的是予以指出并提出整改要求，以期一般性地提升上市公司的治理水平，较少就具体事项表明监管立场，即进行定性、厘

① 如《首次公开发行股票并上市管理办法》对主体资格、规范运行和财务会计进行了规定（第二章发行条件），《上市公司重大资产重组管理办法》也要求上市公司实施重大资产重组须有利于上市公司保持独立性，以及形成或者保持健全有效的法人治理结构（第十一条）。

② 参见《关于不予核准河南思可达光伏材料股份有限公司首次公开发行股票并在创业板上市申请的决定》。2010—2014 年，证监会发行部公布了部分不予核准首发申请的理由。

③ 参见 2019 年 7 月 24 日，《并购重组委 2019 年第 32 次会议审核结果公告》。

④ 如美国法上评判董事忠慎义务履行情况的商业判断规则（*Business Judgment Rule*）、完全公平原则（*Entire Fairness Review*），涉及反收购措施正当性的 Revlon、Unocal、Blasius 规则等。

清责任，甚至要求为或者不为一定的行为。

但值得注意和持续观察的是，证券监管机关的一些认定可能潜在地具有司法上的意义，如认定控股股东/实际控制人占用上市公司资源，可能为后续追究相关主体的刑事责任（如职务侵占、挪用资金、背信损害上市公司利益等）查明事实基础。在个别监管行为中，还认定公司未能审慎进行相关投资，如深圳证监局2019年12月认定任子行收购唐人数码时，对其违规经营行为未能充分尽调并审慎投资，又如上交所认定新潮能源的董事，在投资对象能否取得采矿权存在较大不确定性的情况下，仍审议通过向其增资参股的议案，存在未能充分评估、审慎决策的问题。① 这些认定或可能成为股东追究上市公司董事违反忠实、勤勉义务的民事赔偿责任的依据。

（四）手段：行政处罚与监管措施

随着市场实践的不断丰富和证监会监管工具的不断充实，以适当的监管手段应对不同的证券违法违规行为，有利于提升监管的针对性和效能。对于严重的证券违法行为，如故意的财务造假，最适宜的应对措施无疑是严厉的行政处罚，以及其后对相关主体赔偿责任的追究，但行政处罚的证据要求高，程序复杂，耗时较长。对于比较轻微的违规行为，证监局通过现场检查就可以查明情况，通过“责令整改”要求纠正，及时“监管谈话”予以提醒，或“出具警示函”明确予以负面评价，可以增加监管行为的柔性，给予市场主体主动整改和纠错的空间，而不引致过于严重的后果；同时避免过度拖延，在治理缺陷刚出现的萌芽阶段就进行矫正，避免进一步恶化而造成显性的损害。

各地证监局与辖区上市公司沟通密切，对其情况掌握较为全面、清楚且及时，或主动发起或以事件驱动，通过定期轮动或者临时安排的现场检查，及时发现辖区公司存在的治理缺陷或者问题苗头，可以科学调配有限的监管资源，区分轻重采取行政处罚、行政监管措施或更一般性的告知提醒。此外，通过人员培训、开会传递理念、宣传典型案例等手段在辖区内扩散监管知识、巩固监管成果、扩大监管影响，对于督促公司遵循有效的公司治理模式或有潜移默化的效果，值得继续跟踪研究。

---

① “公司董事会成员未勤勉尽责，也未能充分评估、审慎决策，在合盛源公司尚未取得采矿权且后续取得采矿权存在较大不确定性的情况下审议通过参股合盛源公司的议案，最终因雅西铁矿采矿权未能顺利完成过户导致投资未达到预期目的，对公司利益造成损害。”参见上交所《关于对山东新潮能源股份有限公司及有关责任人予以纪律处分的决定》。

四、如何进一步提升公司治理监管效能——代结语

本文主要以过往监管实践为基础，对证监局所采取的行政监管措施对《准则》的适用情况进行了初步的描述和分析，未过多涉及如何优化监管等规范层面的探讨。这里仅结合新《证券法》施行以及目前上市公司公司治理现状，就在其他领域如何进一步提升公司治理监管效能提出两点不成体系的思考。

（一）借助新《证券法》提供的投资者保护新机制，为公司利益相关者谋求司法救济

通过一般性提升公司治理质量，事前防范侵害行为的发生固然是最佳状态，但在公司治理过程中利益相关者实际受损的情形仍不可避免，此时行政机关未必能够提供充分到位的救济。如股权之争下，法院可以通过行为保全保障收购方的投票权不受非法限制，[①] 又如可以认定控股股东损害公司利益或者董事违反忠实勤勉义务，等等。

新《证券法》在投资者保护机制上作出颇多创新，包括对投资者保护机构委以相关职权，如征集股东提案权和表决权等股东权利（第九十条）、调解投资者与发行人的纠纷（第九十四条第一款）、支持投资者诉讼（第九十四条第2款）和持股并以自身名义向法院提起诉讼（第九十四条第三款），在很大程度上为解决受损的中小股东因专业能力不足、负担费用较多、诉讼激励不足等集体行动困难提供了可能性。在一线监管部门掌握、固定相关证据后，或可通过联动机制，借由上述投资者保护机构的征集投票权、调解、代表诉讼等职权，为投资者谋求实实在在的救济，并推动司法机关在实践中尽快形成中国版本的司法救济标准、提高证监会相关公司治理规范和监管实践的接纳度。[②]

（二）积极引导上市公司用好用足治理机制，防止仅满足于符合底线要求

公司治理发挥效果的前提是完备的机构和合理的制衡，但关键更在于各方

---

① 深圳市福田区人民法院《民事裁定书》，(2017) 粤0304民初7767号之四，裁定“深圳市康达尔（集团）股份有限公司不得在2018年2月8日举行的公司2018年第一次临时股东大会上剥夺京基集团有限公司表决权，并应当将京基集团有限公司所持深圳市康达尔（集团）股份有限公司123677371股全部计入该次会议的有效表决权总数”。

② 分析司法裁判在检验、推广公司治理准则规范方面效用，并提出强化司法适用导向建议的观点，参见曹兴权．公司治理准则的司法适用［M］．投资者（第2辑），北京：法律出版社，2018。

主体发挥专业能力，履行受托职责。现场检查对照明文规定执行，所能确保的只是上市公司遵守底线要求，不违背公司治理的基本原则，尚无法充分激励各方主体在公司治理框架中合理地协作和牵制，以保障公司利益免受损害，价值得以提升。实践中不乏相关主体积极发挥公司治理功能的案例，如杭州浙民投天弘投资合伙企业（有限合伙）于 2017 年对振兴生化股份有限公司发起敌意收购，作为“搅局者”逼退了在任的管理层，投资者以接受其要约的方式支持新控股股东“上位”；而专业勤勉的独董群体也不总是虚设，不乏独立判断或者借助外部力量查明公司实情、积极行权的成功案例。证券监管机关或可进一步加大宣导、合理激励，引导上市公司各方主体更充分地利用治理工具，摆脱仅满足于底线合规要求的意识。

证券虚假陈述责任纠纷中涉机构投资者的相关争议问题研究

曹明哲*

摘　要：当信托公司、证券公司等机构投资者是以其管理的信托计划、证券投资基金等资管产品投资股票时，在证券虚假陈述纠纷中，会产生关于适格原告的争议。《信托法》是资管业务的基本法，借助信托法理可解决相关问题。资管产品的管理人为信托关系中的信托财产的受托人，其有权以自己的名义代表资管产品起诉虚假陈述行为人；由于证券虚假陈述前置程序的存在，尽管资管产品终止与因证券虚假陈述产生的侵权之债可以追索之间，存在时间错位，但是不妨碍资管产品管理人起诉；消极信托也不影响管理人起诉资格。在证券虚假陈述纠纷中，在适用交易因果关系的信赖推定上，自然人投资者与机构投资者没有不同。

关键词：证券虚假陈述　机构投资者　信托　信赖推定

一、引言

由于我国证券市场投资者所呈现的特点，即以中小投资者为主，故在目前人民法院受理的投资者以发行人、其他虚假陈述行为人为被告的证券虚假陈述责任纠纷中，自然人投资者作为原告占绝大多数。但是，也存在自然人之外的机构投资者向人民法院起诉的情况。对于机构投资者在证券虚假陈述责任纠纷

* 曹明哲，北京市第一中级人民法院民事审判第四庭法官助理。

中的主体适格性以及因果关系的判断上，理论与实践对此关注不多，但在司法实践中存在着一些争议。故本文以证券虚假陈述责任纠纷中涉机构投资者的相关问题为研究对象并进行分析，抛砖引玉，以期对理论与实践有所助益。

二、机构投资者以资管产品参与进行投资时的适格原告

无论是当前的股票投资还是债券投资，机构投资者如信托公司、证券公司、保险公司等往往依照《中华人民共和国证券投资基金法》（以下简称《证券投资基金法》）等相关法律法规的规定，① 通过其管理的证券投资基金、信托计划等资产管理产品进行。故而在登记结算机构出具的证券持有人信息中，证券投资基金、信托计划等显示为证券持有人。但是在向人民法院起诉时，系信托公司、证券公司等金融机构作为原告起诉。在一些案件中，被告以起诉的金融机构不是适格原告进行抗辩，或者认为资管产品是适格原告，或者认为资管产品的投资人（委托人、受益人）为适格原告，抑或认为金融机构的起诉应征得实际投资人的同意。由此产生的问题是，当机构投资者以资管产品参与投资并发生纠纷时，适格原告究竟是谁？事实上，此问题并非在证券虚假陈述责任纠纷中所独有，在当前的债券违约纠纷中也存在着此类问题。②

虽然上述信托计划、证券投资基金、投资计划等名称各不相同，但是本质上资产管理业务均是在《信托法》的框架与信义义务之下开展，即“在法律上，资产管理业务本质上是一种信托法律关系。《信托法》不仅应适用于信托公司的资产管理业务，也应适用于银行、证券、保险等其他金融机构的资产管理业务”。③ 换言之，《信托法》是资管行业的基本法，整个资管行业的基础法律关系就是信托法律关系。④

在监管层面，2018 年 4 月 27 日由中国人民银行、中国银行保险监督管理委员会、中国证券监督管理委员会、国家外汇局共同发布的《关于规范金融机构资产管理业务的指导意见》（以下简称《资管新规》）中将资产管理业务进行了统一规范，其指出，资产管理产品包括但不限于人民币或外币形式的银行

---

① 如《证券投资基金法》第七十二条规定，基金财产应当用于下列投资：（一）上市交易的股票、债券。

② 参见曹明哲．债券违约纠纷中适格原告的判定［J］．债券，2020（2）。

③ 参见王涌．让资产管理行业回归大信托的格局［J］．清华金融评论，2018（1）。

④ 参见赵廉慧．《信托法》是调整资管业务的基本法［J］．当代金融家，2018（11）。

非保本理财产品，资金信托，证券公司、证券公司子公司、基金管理公司、基金管理子公司、期货公司、期货公司子公司、保险资产管理机构、金融资产投资公司发行的资产管理产品等。这表明，上述资管产品适用统一的《资管新规》。尽管在《资管新规》中并没有明确《信托法》是资产管理业务的上位法，《信托法》的规则是否适用于除信托计划之外的资产管理产品还存在争议。但是在 2019 年最高人民法院颁布的《全国法院民商事审判工作会议纪要》中，其第 88 条明确指出："根据《关于规范金融机构资产管理业务的指导意见》的规定，其他金融机构开展的资产管理业务构成信托关系的，当事人之间的纠纷适用《信托法》及其他有关规定处理。"即依照"相同之事理，为相同之处理"，统一法律适用，切实改变对各类金融活动不能确切适用上位法依据的现实状况，实现纠纷的依法、公正处理。[①] 因此，《全国法院民商事审判工作会议纪要》明确了涉及资管业务的纠纷时，在司法以及私法层面，人民法院应当适用《信托法》及其法理。

在确定了分析涉及资管业务的法律与法理依据后，前述在证券虚假陈述纠纷中关于适格原告的问题便可以得出结论。在信托法理下，所谓的信托计划、证券投资基金等，即为信托法律关系中的信托财产；信托公司、证券公司等金融机构为信托法律关系中的受托人；投资者是委托人也往往是受益人（因系自益信托）。依据信托法理，信托财产的受托人运用信托财产与第三人发生的纠纷，受托人有权以自己的名义起诉，"因处理信托事务，受托人与第三人发生纠纷和责任，也以受托人自己名义处理和承担。"[②]《证券投资基金法》第十九条规定，基金管理人的职责包括以基金管理人的名义代表基金份额持有人利益行使诉讼权利或实施其他法律行为。《资管新规》第八条第（九）项也规定，金融机构应当履行的管理人职责包括金融机构以管理人名义，代表投资者利益行使诉讼权利或者实施其他法律行为。这些法律、部门规章的相关规定都是前述信托法理的体现。

因此，在证券虚假陈述责任纠纷中，尽管金融机构是以资管产品参与股票投资，但是机构可以以自己的名义提起诉讼。

---

① 参见最高人民法院民事审判第二庭．《全国法院民商事审判工作会议纪要》理解与适用［M］．北京：人民法院出版社，2019。

② 参见周小明．信托制度：法理与实务［M］．北京：中国法制出版社，2012。

与此同时，需要注意的是，在当前的金融实践中，资管产品越来越多地被作为一种主体看待，其有独立的名称、账户，也被作为一种合格投资者。这种实践所体现出的一种趋势即为“信托财产的主体化”。在比较法上，目前信托财产主体化的著例是美国法中的商业信托，又称麻州信托（Massachusetts Trust），因起源于美国麻州，也称为普通法信托（Common – Law Trust），其本质是一种企业的经营组织，以信托形式成立，其目的是规避该州当时禁止以公司组织形态经营不动产业务的法律规定。虽然披着信托的外衣，商业信托本质上是一种企业组织机构。① 我国也有学者主张将信托财产作为“人”看待。② 我国目前的《信托法》并未采用信托财产主体化的构造。

三、资管产品终止与诉讼前置程序而产生的“时间错位”

在确立了《信托法》作为涉及资管业务、资管产品的基本法后，资管产品的管理人作为适格原告便能够成立。但是，在一些案件中，仍然存在着一些特殊的问题。

例如，当资管产品投资的股票发生股价下跌进而导致信托财产价值减少，触发终止资管产品（如信托计划）的约定条件时，资管产品的管理人往往根据合同约定，将所投资的股票抛售并将变价款按照合同约定向受益人分配。在此时，无论是资管产品的受益人还是受托人（管理人）均不知晓证券虚假陈述行为的存在及其造成的损失。根据最高人民法院《关于审理证券市场因虚假陈述引发的民事赔偿案件的若干规定》（以下简称《若干规定》）第六条的规定，投资者以自己受到虚假陈述的侵害为由向人民法院起诉的“前置程序”是行政处罚决定书或者公告、人民法院刑事裁判文书的作出，而这往往发生在虚假陈述行为实施日之后的相当一段时间。因而，资管产品终止与证券虚假陈述行为在法律上被确定，二者之间产生了“时间上的错位”。换言之，当机构投资者可以向人民法院起诉虚假陈述行为人要求损害赔偿之时，资管产品早已经终止并清算完毕。

由此产生的争议是，证券虚假陈述所导致的侵害确定了，但是谁来作为原

① 参见谢哲胜．信托法［M］．台北：元照出版有限公司，2009。

② 参见李宇．论作为法人的商业信托［J］．法学，2016（8）；姜昭．集合资金信托商事法律关系主体化研究［J］．法学论坛，2015（2）．陈一新．论信托财产的主体性［J］．交大法学，2019（2）。

告起诉？在实践中，有资管产品的管理人作为原告向法院起诉，而发行人等虚假陈述行为人则抗辩，由于资管产品早已终止并清算，因而已经终止的资管产品管理人无权代表资管产品或受益人再提起诉讼。

本文认为，此种抗辩并不成立，即便资管产品已经终止并经清算，资管产品的管理人仍然有权代表受益人和资管产品提起对于虚假陈述行为人的诉讼。如前所述，《信托法》是涉及资管业务的基本法，当涉及资管业务的相关问题时，仍然可以继续用信托法理来分析。

在信托法理中，当信托终止后，“受托人已经不再是信托财产之名义所有权人，也不得再行使其对信托财产之管理处分权，而应将信托财产移转于信托财产归属人。”① 但是，这个过程“客观上需要一定的时间，为保证信托事务的连续和顺利清算，大陆法系的《信托法》就此规定了一项法定信托。”② 对于此种法定信托与原信托的关系，有的观点认为是原信托法律关系的延续，③ 有的观点认为是一项基于法定而成立的独立的信托，与原信托关系无关。④ 但是无论如何，此时都承认信托法律关系的存在。在此种法定信托期间，受托人主要职责是信托财产的清理、收集和清算，包括收取信托财产的债权、清偿信托财产的债务等。⑤ 我国《信托法》第五十五条规定，“依照前条规定，信托财产的归属确定后，在该信托财产转移给权利归属人的过程中，信托视为存续，权利归属人视为受益人。”此即前述信托法理的体现。之所以会出现此种规定，是因为“如果不这样规定，信托财产将处于悬空状态”。⑥

依据这样的法定信托原理，为避免权利保护与信托财产的悬空，只要存在信托财产尚未分配完毕的情形，则推定受托人仍然负有对受益人的受托义务，而因证券虚假陈述而产生的侵权之债则因尚未追索并分配，属于受托人未完成信托财产的清算义务。因而，在因证券虚假陈述而产生的侵权之债具备追索条件时，此时仍有法定信托的存在，或者说此时仍有受托义务的存在，赋予受托人起诉的权利和义务，显然有利于保护投资者。如前所述，信托财产的清算并

---

① 参见王志诚．信托之基本法理［M］．台北：元照出版有限公司，2005。

② 参见何宝玉．信托法原理研究（第二版）［M］．北京：中国法制出版社，2015。

③ 参见王志诚．信托之基本法理［M］．台北：元照出版有限公司，2005；徐孟洲．信托法学［M］．北京：中国金融出版社，2004。

④ 参见周小明．信托制度：法理与实务［M］．北京：中国法制出版社，2012。

⑤ 参见何宝玉．信托法原理研究（第二版）［M］．北京：中国法制出版社，2015。

⑥ 参见［日］道垣内弘人．信托法入门［M］．姜雪莲，译．北京：中国法制出版社，2014。

非一瞬间完成，而法定信托的成立也并非只拘泥于一段时间之内。

除此之外，在证券虚假陈述中，因发行人虚假陈述而生的侵权之债虽已发生但不具备追索条件，但此种不具备追索条件非投资者、资管产品管理人的原因所致，而是当前法律规则的设计，若因人为设置的法律规则涉及影响了投资者主张权益，这显然不是法律规则设计的初衷。

有观点或许认为，在前述情形中，虽不允许受托人起诉，但是仍然允许受益人自己提起诉讼，同样可实现保护投资者的价值目标。但是本文认为，之所以需要赋予受托人前述权利和义务，一方面是依信托基本法理所得的结论，另一方面，因受托人作为机构，其具有第一时间了解信息的优势，同时也具备专业知识和技能向虚假陈述行为人提起诉讼；而否定其向发行人起诉的资格而必须要求资管产品的受益人起诉，可能因为受益人的信息不对称等原因，反而可能产生诉讼时效经过等不利情形，于保护投资者有所不周。

综上所述，无论是基于信托终止后推定法定信托的存在还是基于对投资者的保护，都应认可已经终止的资管产品管理人可以对虚假陈述行为人提起证券虚假陈述民事赔偿诉讼。

四、消极（被动）信托是否影响受托人起诉

在一些资管产品合同如资金信托合同中，往往约定管理人不具备积极主动管理的义务，其任何一个投资指令都来源于委托人或者受益人的指示。此种信托类型，即为所谓的消极信托或者被动信托。在对信托的分类上，“依据受托人义务是积极的还是消极的，信托可以区分为积极信托和消极信托。积极信托（Active Trust）是指受托人对于信托财产承担积极的管理和处分义务的信托，消极信托”（Passive Trust）是指受托人对信托财产不承担积极的管理和处分义务的信托，也称‘被动信托’。”①

事实上，对于消极信托的讨论由来已久，尤其是过去一些年关于银信合作而产生的“通道业务”。由于消极信托中受托人不具备所谓的积极管理职能，与信托的本意相悖，有观点认为消极信托不属于真正的信托，是无效的。尤其是通道业务，由于存在规避投资范围等目的，更被监管部门作为重点监管对象。正是基于对消极信托和通道业务无效的讨论，在证券虚假陈述责任纠纷

① 参见周小明．信托制度：法理与实务［M］．北京：中国法制出版社，2012。

中，有发行人抗辩认为，在消极信托或者被动信托下，由于信托无效，资管产品管理人不具备起诉的资格。本文不赞同此种观点。

就通道业务而言，《资管新规》采取“新老划断”的态度，将过渡期设置为截至2020年底，确保平稳过渡。《全国法院民商事审判工作会议纪要》也同样采取此类观点，其第93条规定，“在过渡期内，对通道业务中存在的利用信托通道掩盖风险，规避资金投向、资产分类、拨备计提和资本占用等监管规定，或者通过信托通道将表内资产虚假出表等信托业务，如果不存在其他无效事由，一方以信托目的违法违规为由请求确认无效的，人民法院不予支持。”因此，至少在过渡期内，通道业务是有效的。对于银信合作的通道业务尚且如此，而对于不涉及规避法律、行政法规的强制性规定的普通消极信托，更没有否定之理。“仅仅因为受托人承担的义务是消极的，就确认信托无效，并无信托法上的依据。”① 消极信托中委托人与受托人之间的权利义务安排是基于当事人之间的意思自治，“商业法律制度原本就是当事人达到自己合法目的的工具，只要不滥用这种工具、不对第三人产生损害（产生外部性）即可”。② 况且，即便是所谓的消极信托，受托人也并非任何权力和管理都没有，账户的开立、收益的分配等，都是受托人管理职能的体现。

故除非当事人另有约定，否则不能仅因为资管产品是消极信托就否定受托人的起诉资格。

五、机构投资者的注意义务与因果关系判断

《若干规定》在投资者损失与发行人侵权行为之间的因果关系判断上，“按照我国民法的侵权赔偿诉讼的因果关系理论，参考国外普遍采用的市场欺诈理论和信赖推定原则”。③ 而当机构投资者提起诉讼时，对于机构投资者是否直接可以适用《若干规定》中关于因果关系的信赖推定原则，我国理论与实践不同的观点。

一种观点认为，即便是机构投资者也应当适用信赖推定，因为不论是证券法还是《若干规定》，都没有对一般投资者与专业投资机构在获得赔偿方面规

---

① 参见周小明．信托制度：法理与实务［M］．北京：中国法制出版社，2012。

② 参见赵廉慧．信托法解释论［M］．北京：中国法制出版社，2015。

③ 参见李国光．最高人民法院关于审理证券市场虚假陈述案件司法解释的理解与适用［M］．北京：人民法院出版社，2015。

定不同的认定标准。另一种观点认为，在判断“推定信赖”是否成立的问题上，对机构投资者应适用高于普通证券市场投资人的标准。[①]“之所以对机构投资者提出更高的要求，是因为其具备相应的技能、知识、经验及专业分析研究能力，也有着严格的投资决策程序。”[②]“在没有证据充分证明机构投资主体是善意投资人的前提下，如果等同于对自然人投资主体信赖推定的证明标准而适用因果关系认定，支持投资机构的诉讼请求，不仅不利于保护中小投资人，而且无辜加重了虚假陈述行为人的民事责任，更重要的是危害了民事赔偿诉讼制度。”[③]

本文认为，对于机构投资者仍应适用信赖推定，不应对机构投资者苛以更高的注意义务，理由如下。

第一，区分适用并无明确法律依据，2019 年 12 月 28 日修订通过的《中华人民共和国证券法》第八十五条系信息披露义务人违反信息披露义务承担民事赔偿责任的法律依据，在其中没有区分机构投资者与自然人投资者。《若干规定》在适用因果关系推定上，也没有进行区分，苛责机构投资者具有特殊的注意义务，对其有更重审查标准和证明责任并无法律依据。

第二，机构投资者的确可能具备自然人投资者所不具备的技能、知识、经验及专业分析能力，但是这不意味着机构投资者具有发现虚假陈述行为的义务，更不能成为苛责机构投资者必须或者应当发现虚假陈述行为的理由，甚至因此豁免了虚假陈述行为人对机构投资者的赔偿责任。虚假陈述行为的发现和认定是一个需要进行调查、取证以及判断的复杂过程，绝非通过简单的信息披露与市场上的传言信息所能断定的，因而要求机构投资者具有更高的注意义务并不现实。尤其是在诱空型虚假陈述中，所谓要求机构投资者具备对信息的更高审查义务是完全做不到的。

第三，有观点指出，在要求机构投资者具备更高的注意义务时，也应防止对机构投资者造成过多的约束，因此“只要机构投资者在投资决策时没有故意或重大过失，其依旧适用交易上因果关系成立的推定。”[④] 事实上，故意和重大

---

① 此种观点的案件典型为“大成基金管理有限公司与广夏（银川）实业股份有限公司证券虚假陈述责任纠纷上诉案”，参见宁夏回族自治区高级人民法院（2007）宁民商终字第 74 号民事判决书。

② 参见樊健．我国证券市场虚假陈述交易上因果关系的新问题［J］．中外法学，2016（6）。

③ 参见贾纬．证券市场侵权民事责任之完善［J］．法律适用，2014（7）。

④ 参见樊健．我国证券市场虚假陈述交易上因果关系的新问题［J］．中外法学，2016（6）。

过失的情形本就属于不存在因果关系的情形。一方面，故意的情形即为《若干规定》第十九条第三项“明知虚假陈述存在而进行的投资”，这与是否是机构投资者无关；另一方面，重大过失是指“行为人的极端疏忽或极端轻信的心理状况，疏于特别的注意义务往往属于重大过失”。[①] 此种重大过失几乎等同于故意，存在这样的重大过失其实就是存在故意，况且对于机构投资者在避免因虚假陈述行为而遭受损失方面，并没有特殊的注意义务要求。因此，所谓机构投资者只要没有故意和重大过失就应适用交易因果关系的推定，实际上就是认为在因果关系的认定上，机构投资者与自然人投资者没有区别。

第四，有观点认为，“法人或者其他组织等机构投资主体还须提交其投资可行性调研或分析报告、投资决策报告，以证明其投资行为是理性和善意的。”[②] 无论是基于对于委托人或者受益人的受托义务，还是基于信托公司、证券公司等机构内部流程与合规的需要，有些机构投资者具有此种调研或者分析报告，当机构能够提供此种证据时，对于证明其善意显然具有补强的作用。但是，若机构投资者未提供此种证据，是否就认定机构的损失与虚假陈述行为之间没有因果关系？本文认为，不能得出此种结论。一方面，如前所述，存在着受托人按照委托人或者受益人指示作出投资的消极信托，由于机构不具备主动管理的权限，因而可能并不存在前述报告；另一方面，机构在进行债券投资时或许具有此种调查、分析报告，分析发行人的偿债能力，但是股票市场瞬息万变，基于对于信息和市场环境的判断，有时可能在没有调查或者分析报告时投资行为就已经完成，要求此时的投资必须具备调查、分析报告有加重义务之嫌，也是不现实的。因此，本文认为，不能因为提起诉讼的机构未提出前述的报告，就认定损失与虚假陈述行为之间不具有交易上的因果关系。

综上所述，在证券虚假陈述纠纷中，交易因果关系的信赖推定上，并不区分自然人投资者与机构投资者。

六、结论

在证券虚假陈述民事赔偿责任的因果关系认定上，将机构投资者与自然人投资者区分并没有足够充分且正当的理由。在其他争议问题上，主要是因为机

① 参见张新宝．侵权责任法（第二版）[M]．北京：中国人民大学出版社，2010。

② 参见贾纬．证券市场侵权民事责任之完善 [J]．法律适用，2014（7）。

构通过其管理的资管产品参与投资而产生的争议。厘清资管业务的基本法是《信托法》，便能够运用信托原理解决关于纠纷中的主体资格问题。本文只是就受托人和管理人主体资格、资管产品终止以后以及消极信托是否影响主体资格等问题，借助信托法理进行了简要分析。在今后出现的其他涉及资管产品的问题，仍然可以用信托法理进行分析与解决。

稿　约

《多层次资本市场研究》是由全国中小企业股份转让系统有限责任公司组织编写，面向社会公开出版的学术类书籍。内容涵盖中小微企业发展、资本市场制度创新、市场改革等我国资本市场发展的重要问题。风格为理论与实践并重、宏观与微观结合、现实与前瞻兼顾。

选题范围包括资本市场制度改革创新研究、新三板市场发展研究、民营经济产业研究、中小企业发展研究、资本市场微观行为研究、域外资本市场分析及启示、上市及挂牌公司案例研究等。

书中设置包括“理论前沿”“制度探索”“企业研究”“域外经验”“案例分析”等部分，每辑根据实际情况适当调整。

现面向全国经济、金融、法律、投资等理论界、实务界，诚征稿件。来稿应论点鲜明、逻辑严谨、结构合理、可读性强，具有学术深度和实践应用价值。稿件篇幅以8000～10000字为宜，特别优秀的理论稿件不受此限。稿件一经录用，编辑部将及时通知作者；采用后将根据文章质量及字数支付稿酬，并奉送样书。

投稿请发送至以下电子邮箱：tougao@ neeq. com. cn，并附作者简介，包括姓名、署名单位、职务或职称、研究领域、通信地址、邮政编码、联系电话、E-mail等信息。所有投稿应符合国家著作权规定、公认学术规范和所附《编辑体例》要求。

本书编辑部保留对来稿进行文字性和技术性修改的权利。本书采用文章均不代表全国股转公司观点，文责由作者自负；除特别说明外，文章为作者个人观点，与其所在单位、职务无关。

投稿人向《多层次资本市场研究》投稿，即视为接受本稿约，并授权本书将稿件纳入《中国学术期刊网络出版总库》及CNKI系列数据库、“北大法宝”（北大法律信息网）期刊数据库等学术资源数据库以及全国股转公司官方互联网平台，稿酬已包含上述数据库著作权使用费。如有异议，请来稿时注明。

编辑体例

投稿论文应为作者原创、未公开发表、无知识产权争议并应符合学术规范，严禁一稿多投，并符合以下要求。

一、文章字数

文章应论点鲜明、逻辑严谨、可读性强，具有学术深度和实践应用价值，字数在8000~10000字为宜，特别优秀的理论文章字数不限。

二、标题

文章题名一般不超过20个字，必要时可加副标题。黑体三号字，居中。

三、作者

题目下方一行署名作者，宋体小四号字（居中），附加脚注、使用上标星号（*）标明，脚注中应当注明作者姓名、工作单位、职务、职称、学历。如有两名作者，第二名作者用两个上标星号（**）标明，依此类推。

四、摘要和关键词

摘要一般不超过300字；关键词3~5个，关键词之间用空格分隔。宋体小四号字，首行缩进。固定行距28磅。

五、正文

正文区分标题和内容，标题首行缩进，层级依次为“一、……”“（一）……”“1. ……”“（1）……”“①……”。一级标题采用黑体小四号字；二级标题采用楷体小四号字；内容首行缩进，宋体小四号字，固定行距28磅。

六、注释和参考文献

注释采用页下脚注，分页连续编号。注释非引用原文者，注释前加“参见”；引用资料非原始出处者，注明“转引自”；数个注释引自同一资料者，可合并同注。

参考文献附于文后，连续编号。注码放在文章标点之后，注码符号为“1、2、3、……”字体及字号：宋体小五号字，首行缩进。

（一）著作类

1. 独著作品

董安生．民事法律行为［M］．北京：中国人民大学出版社，2000：19－22.

2. 合著作品

徐明，李明良．证券市场组织与行为的法律规范［M］．北京：商务印书馆，2002：10.

3. 多人合著作品

左卫民，等．可持续发展与环境资源法制建设［M］．北京：中国法制出版社，2003：214－216.

4. 编辑作品

国务院研究室编写组．十三届全国人大一次会议（政府工作报告）辅导读本（2018）［M］．北京：中国言实出版社，2018：65－67.

（二）论文类

1. 期刊

谢庚．新三板服务中小微实践［J］．中国金融，2018（19）.

2. 论文集

（1）公开发行类

尹田．论动产善意取得的理论基础及相关问题［M］//民商法论丛（第29卷）．北京：法律出版社，2004.

（2）非公开发行类

李文超，李明红．新形势下乡土法官调解模式的检视与完善——从人民法庭家事纠纷的微观角度［C］．最高人民法院第二届人民法庭论坛论文集，2017.

3. 学位论文

王刚．西方各国金融系统演进和功能的制度分析——兼论我国金融系统的改革［D］．长春：吉林大学，2004：189.

（三）译作类

亚当·斯密．国富论［M］．唐日松，等译．北京：华夏出版社，2005：224.

（四）报纸类

郑志刚．CDR：只是刚刚吹响上市制度改革的号角［N］．经济观察报，2018－04－16.

（五）辞书类

沃克．牛津法律大辞典［M］．北京社会与科技发展研究所，译．北京：光明日报出版社，1988：68.

（六）外文类

遵从该文种注释惯例。英文注释体例如下：

1. 著作类

Harold U. Faulkner. American Economic History［M］. Harper & Brothers Publishers，1960：23－25.

2. 论文类

Gavin Goh & Andreas R. Iiegler，Retrospective Remedies in the WTO after Automotive Leather［J］. Journal of International Economic Law，2003，9.

（七）网络类

梁慧星．关于中国物权法的起草［EB/OL］．［2009－08－08］．http：//article. chinalawinfo. com/article/user/article_display. asp？ArticleID＝29283.

七、其他要求

（一）关于文章中的外文词语

1. 文章正文中第一次出现的外文词语，请不仅要标注出中文译义，并写全外文单词。

2. 图表中的图标、表头与单位等请用中文词汇。如引用外文，请标注中文译义。

（二）关于文章引用法律法规条文

1. 发布与实施的时间及发文单位要正确。

2. 法律法规的名称及引文内容要准确无误。引用具体法律法规、规范性文件应当加用书名号，首次引用应当使用全标题，如《中华人民共和国证券法》《中国证监会关于进一步推进全国中小企业股份转让系统发展的若干意见》。

3. 法条或文件内容序号（第×条、第×款、第×项）、时间（世纪、年代、年月日等）、数量金额等使用阿拉伯数字，但直接引用原文的从原文。

（三）关于图表

1. 文中若出现图表，内文中应提到见表1（或表2、表3、……）或见图1（或图2、图3、……）。

2. 图表中如有数字，请注明单位，图表中的图标、表头与单位等请用中文词汇。

3. 请注明图表的数据来源。

（四）关于统计百分比数据

含有百分比的数据要四舍五入精确到0.01%，各占比部分相加之和的误差小于或等于0.01%。